KB242607

기독교가 문화적으로 뒤떨어졌다고 말하는 이 시대에, 문화 변증에 관한 최고 입문서가 출간되었다. 이 책은 우리가 진리와 선함과 아름다움(삶의 모든 영역에서 인간이 번영하기 위한 핵심과 본질)을 추구하려고 할 때, 우리와 함께하시며 우리를 위하시는 하나님의 이야기, 즉 예수 그리스도의 복음이 그 어느 때보다 가장 절실히 필요하다는 사실을 이성적, 예술적, 실제적 방식으로 보여 준다.

케빈 J. 밴후저 _트리니티 복음주의 신학대학원, 조직신학 연구교수

정말 이런 책이 필요했다. 문화들이 서로 충돌하고, 많은 문화권에서 기독교가 외면당하거나 진짜가 아닌 껍데기만 걸치고 있는 이 시대에, 복음이야말로 문화를 깊이 이해하면서도 사람들에게 현재 제공되는 그 어떤 대안보다도 가장 낫다는 사실을 말해 줄 접근법이 필요하다. 이 책의 각 장은 기독교에 도전적인 세상에서 하나님을 올바르게 드러내야 하는 신자들의 소명을 우리 모두가 완수할 수 있는 길을 제시한다. 타인의 갈망에 귀를 기울이면서도 은혜와 진리가 충만한 성경적 응답으로 담대하고도 세심하게 소통할 것을 촉구하는 훌륭한 책이다.

대럴 L. 보크 _헨드릭스센터 문화 참여 국장, 달라스 신학교 신약학 수석 연구교수

비기독교적이거나 반기독교적인 문화권에서 그리스도를 전하는 일에 익숙한 수많은 동료 신자들이 있다. 하지만 미국 그리스도인들은 그렇지 못하다. 이제는 우리도 그렇게 되어야 한다. 어떻게 해야 하는지 그 방법을 알고 싶다면 이 책을 읽으라.

마이클 호튼 _웨스트민스터 신학교 캘리포니아,
조직신학 및 변증학 J. 그레샴 메이천 석좌교수

이 책은 창의적인 현대 기독교 사상가들을 한데 모아, 기독교에 대해 이미 알 건 다 안다고 생각하는 냉소적이고 세속적인 서구인들에게 "어떻게 신앙을 변증할 것인가"라는 문제를 정면으로 다룬다. 그 결과물은 21세기를 살아가는 신자들에게 격려와 도전이 된다.

몰리 워든 _Spellbound_(스펠바운드) 저자

복음을 증언하기 위해서는 여러 영적 역량 중에서도 특히 일종의 이중 문해력이 필요하다. 성경의 진리에 능통해야 하며, 우리가 처한 문화적 맥락에도 능숙해야 한다. 《무종교 시대 복음 전달법》은 이러한 유창함을 길러 주는 필수 입문서로서 강력한 복음 선포를 가능하게 한다. 이 책에 집약된 지혜를 강력히 추천한다.

젠 폴록 미셸 _작가, 강연가

변증학은 예로부터 기독교가 가진 소망을 사람들에게 설득하려 끊임없이 노력해 왔다. 그중 가장 좋은 접근법은 문화 변증이다. 이는 인간 전체, 인간의 역사, 인간이 처한 상황을 인식하는 것이다. 이 책은 탈기독교시대의 세계에서 기독교 신앙의 정당성을 입증해야 할 필요성을 아주 훌륭하게 소개한다. 오늘날처럼 혼란스러운 시대에 비신자와 신자 모두에게 기독교 신앙을 설명하고자 고민하는 이들이라면 반드시 읽어야 할 책이다.

윌리엄 에드거 _웨스트민스터 신학교 변증학 명예교수

서구에서 기독교가 현저히 쇠퇴했다는 사실은 이제 비밀도 아니다. 그렇다면 이런 시대에 신실한 증인의 삶은 어떤 모습이어야 하는가? 콜린 핸슨, 스카일러 플라워즈, 이반 메사는 명석한 기독교 사상가들을 불러 모아 하나님의 백성이 시대를 분별할 수 있도록, 신학적으로 풍성하고 성경적으로 신실하며 목회적으로 지혜로운 방향을 제시한다. 냉소적이지도 낙관적이지도 않은 이 자료는 부흥과 복음의 전진을 간절히 바라는 모든 신자에게 격려와 도전이 될 것이다. 모든 목회자는 이 책을 서재에 비치해야 한다.

이 놀라운 책은 참으로 많은 훌륭한 가치를 동시에 제시한다. 전도에 관한 실용적 지침서이자, 성경적이고 문화적인 통찰의 보고이며, 문화 변증 그 자체에 대한 강력한 변증인 동시에, 우리가 켈러문화변증센터에서 함께 경험한 즐거운 동역의 결실이기도 하다. 서구 문화 속에서 예수 그리스도의 아름다운 메시지를 어떻게 전할지 고민할 때, 이보다 더 곁에 두고 싶은 책은 없다.

'문화 전쟁'(culture wars)부터 '문화적 기류 변화'(vibe shifts)에 이르기까지 온갖 현상이 분출되는 점점 예측하기 어려운 세상에서, 그리스도인은 문화에 작용하는 깊은 흐름을 그 어느 때보다 잘 이해해야 한다. 이 책은 문화 변증이 무엇인지, 이를 추구하는 다양한 방식에 어떤 것이 있는지, 그것이 다룰 수 있는 근원적 질문은 무엇인지를 설명한다. 독자들은 팀 켈러가 남긴 유산, 곧 우리의 문화적 상황을 이해하고 그 안에서 복음 전하는 일을 계승하고 있는 여러 분야 전문가들의 명쾌하고 고무적이며 유익한 글을 만나게 될 것이다.

문화는 쉬지 않고 움직이는 표적과 같다. 그러므로 그리스도인은 문화 변증을 실천할 때 반드시 의도적이고 민첩하며 영리해야 한다. 이 책은 문화라는 우상을 거부하는 용기와 확신을 유지하면서도, 문화 속에서 효과적으로 복음을 전할 수 있는 은혜와 솜씨를 기르는 데 유익한 자원이 된다.

날씨가 그렇듯 문화도 급격히 변하고 있으며, 그리스도인들은 새롭게 나타나는 문화적 기후를 헤쳐 나가는 것이 얼마나 도전적인 일인지 빠르게 깨닫고 있다. 이 책은 그리스도인이 나아갈 길을 찾도록 돕는 훌륭한 자원으로 다양한 기독교 사상가들의 견해를 끌어와 핵심 쟁점을 설명할 뿐 아니라 문화 참여를 위한 실천적 지혜를 제공한다. 기독교가 어떻게 사려 깊고 신실하게 문화 변증에 참여할 수 있는지 목회자와 기독교 지도자들이 이 책을 읽으며 탐구해 보길 권한다.

스티븐 O. 프레슬리 _남침례 신학교 교회사 부교수

'문화 변증'이라는 단어 자체는 비교적 최근에 등장했을지 모르나, 바울이 아테네에 발을 내디뎠을 때(혹은 그 이전)부터 그리스도인들은 문화 변증에 참여해 왔다. 문화 변증은 늘 필요했지만, 오늘날 서구 교회의 복음 전도를 위해서는 특히 중요하다. 이 책은 문화 변증의 무엇(what), 왜(why), 어떻게(how), 어디서(where)를 신선하고 통찰력 있게, 지극히 실제적인 방식으로 잘 설명한다.

제임스 N. 앤더슨 _리폼드 신학교 샬럿 캠퍼스,
조직신학 및 철학 칼 W. 맥머레이 석좌교수

'변증학'이라는 단어가 많은 이에게 쓴맛을 남기기 시작했다. 변증학은 계몽주의적 전제와 감수성을 반영한 경우가 많았고, 사람들을 사랑하기보다 전투적이었으며, 지적으로 사려 깊기보다 오만한 어조와 태도를 취해 왔기 때문이다. 우리의 변증은 전인격적(머리, 손, 가슴)이어야 하며, 문화에 대한 이해를 바탕으로 해야 하고, 복음에 깊이 젖어 있어야 한다. 그런 점에서 내용과 어조면에서 실질적이면서도 관대한 이 책이 특히 고맙다. 우리 안에 있는 소망의이유를 설명하려는 모두에게 이 책은 큰 도움이 될 것이다.

켈리 M. 캐픽 _커버넌트 칼리지

문화 변증은 새로운 것이 아니다. 기독교 증언에 있어 역사적이고 전인적이며 소망에 찬 접근법을 회복하는 것이다. 이 책은 우리가 세속 시대에 경험하는 교차 압력, 즉 무관심과 행동주의, 오만과 절망을 직시하도록 돕는다. 저자들은 우리가 어떻게 더 주의 깊게 경청할 수 있을지, 그리스도 안에서만 발견되는 아름다움과 선함과 진리를 어떻게 더 설득력 있게 증언할 수 있을지를 보여 준다.

저스틴 아리엘 베일리 _ 도르트 대학교 교목실장 및 신학 교수

이 책은 문화 변증이라는 매력적인 새 이름을 가진 아주 오래된 실천에 대한 훌륭한 입문서다. 이 책은 기독교의 지적 가치를 평가할 때 흔히 논쟁거리가 되는 논거와 증명의 이면으로 안내하며, 선함과 진리와 아름다움을 갈망하는 이들의 더 근본적이고 직관적이며 상상력과 감정에 기반한 삶을 탐구한다. 또한 단지 머리만을 위한 것이 아니라 가슴과 손을 위한 증언을 제안함으로써, 우리가 살아가는 탈기독교시대의 성향과 전제를 다루고 우리의 사랑이 예수 그리스도의 길로 다시 향하도록 돕는다.

더글러스 A. 스위니 _샘포드 대학교 비슨 신학대학원

이 책은 문화 변증 실천에 관한 탁월한 안내서다.《무종교 시대 복음 전달법》은 교회 지도자들이 지혜로운 문화 기상학자로 살아가며, 끊임없이 변화하는 문화적 맥락의 도전에 맞서 변치 않는 예수님의 영광을 증언하도록 준비시킨다. 저자들은 현재 우리가 처한 시대의 도전을 잘 인지하면서도 비관하거나 두려워하지 않는다. 그 결과 명쾌하면서도 친절하고, 타협하지 않으면서도 온유하며, 현재의 도전을 우려하면서도 여전히 소망으로 가득 찬 자원이 탄생했다.

티모시 폴 존스 _남침례 신학교, 기독교 가정 사역 C. 에드윈 긴스 석좌교수,

변증학·윤리학·철학 학과장

*The Gospel After Christendom*

© 2025 by The Gospel Coalition

Originally published in English as *The Gospel After Christendom* by Zondervan, Grand Rapids, MI, USA.
Published by arrangement with HarperCollins Christian Publishing, Inc.
through rMaeng2, Seoul, Republic of Korea.

This Korean translation edition © 2026 by Duranno Ministry, Seoul, Republic of Korea.
All rights reserved.

## 무종교 시대 복음 전달법

엮은 이 | 콜린 핸슨·스카일러 R. 플라워즈·이반 메사
옮긴이 | 정영준
초판 발행 | 2026. 4. 22.
등록번호 | 제1988-000080호
등록된 곳 | 서울특별시 용산구 서빙고로65길 38 두란노빌딩
발행처 | 사단법인 두란노서원
영업부 | 02)2078-3333    FAX | 080-749-3705
출판부 | 02)2078-3330

책값은 뒤표지에 있습니다.
ISBN 978-89-531-5294-6 03230

독자의 의견을 기다립니다.
tpress@duranno.com    www.duranno.com

두란노서원은 바울 사도가 3차 전도여행 때 에베소에서 성령 받은 제자들을 따로 세워 하나님의 말씀으로 양육하
던 장소입니다. 사도행전 19장 8-20절의 정신에 따라 첫째 목회자를 돕는 사역과 평신도를 훈련시키는 사역, 둘째
세계선교(TIM)와 문서선교(단행본·잡지) 사역, 셋째 예수문화 및 경배와 찬양 사역, 그리고 가정·상담 사역 등을
감당하고 있습니다. 1980년 12월 22일에 창립된 두란노서원은 주님 오실 때까지 이 사역들을 계속할 것입니다.

# The Gospel After Christendom

## 무종교 시대
## 복음 전달법

콜린 핸슨·스카일러 R. 플라워즈·이반 메사 엮음

정영준 옮김

두란노

**차 례**

●○ 2부

선교적 만남의 목적과 태도

불신자의 마음을 얻고
복음을 있는 그대로 전하다

●○ 3부

선교적 만남에서 맞닥뜨릴 질문

기독교에 의구심을 가진 이들에게
대답할 말을 준비하다

●○ 4부

선교적 만남이 일어나는 현장

복음의 참됨을 그리스도인의
말과 삶으로 보여 주다

**결론** • 244

어둡고 차가운 시대,

소망 있는 십자가 앞으로

_ 콜린 핸슨

○

팀 켈러(1950-2023)를 기리며

당신은 문화 변증의 거장이자
우리 모두의 멘토였습니다.

# 이 시대의 문화 기후,
# 무종교 · 탈교회 · 세속적

콜린 핸슨

지난 2016년, 나는 저명한 사회학자 제임스 데이비슨 헌터에게 혼란스러웠던 당시 정치 상황에 대해 몇 가지 질문을 던졌다. '문화 전쟁'(culture war)이라는 용어를 대중화시킨 학자만큼 이 질문에 적절한 답을 줄 이가 또 어디 있겠는가?[1] 그러나 그의 대답은 놀라웠다. 그는 내 질문을 일축했고, 자신은 날씨를 예보하는 사람이 아니라고 말한 것이다.

그렇다. 헌터는 기후학을 연구하는 사람이었다.

그의 말이 뇌리에서 떠나지 않았다. 오늘날 우리에게는 더 많은 문화 기후학자가 필요하다. 매일 뉴스피드에 올라오는 즉각적인 사건들(날씨)에 단순히 반응하는 것을 넘어, 우리 문화 저변에 깔린 가치들과 이데올로기, 서사와 패턴(기후)을 연구하고 평가할 사람들이 필요하다.

켈러문화변증센터는 '문화 변증'이 기독교 신앙을 수호하는 유일한 방법이라거나, 심지어 항상 최고의 방법이라고 생각하지 않는다. 하지만 지금이야말로 문화 변증이 필요한 최적의 기후라는 점은 확신한다. 문화 변증은 우리를 성경적, 신학적, 역사적 지혜의 핵심 원천과 연결하며, 이를 통해 이 세속 시대에서 설득력 있는 방식으로 복음을 전하고 적용할 수 있도록 돕는다.

실제로 우리는 미국 역사상 가장 거대한 종교적 변화의 한복판에 있다. 지난 25년에서 30년 사이에 미국인 약 4천만 명이 교회를 떠났다.[2] 다른 많은 서구 국가들 역시 이미 유사한 감소세를 겪었다. 하지만 이것만이 유일한 도전은 아니다. 20세기 들어 여러 서구 국가에서 교회 출석률이 급락하면서 기독교 국가 체제(Christendom)가 몰락한 이래로, 서구 신자들은 이제 복음을 향한 무관심과 적대감이 묘하게 뒤섞인 상황을 직면하고 있다. 우리의 이웃 중 다수는 기독교를 하루 지난 뉴스처럼 낡은 것으로 여길 뿐만 아니라, 오늘날 일어나는 문제들의 근원으로 간주한다.

이것은 새로운 도전이자 거대한 도전이다. 더구나 수많은 교회 지도자들은 무엇을 해야 할지 전혀 갈피를 잡지 못하고 있다. 우리는 이 책이 도움이 되기를 바란다.

## 모든 것은 문화적이다

많은 이들이 변증이라는 말에서 이성적이고 철학적인 증명을 두고 벌이는 논쟁을 떠올린다. 변증은 마음보다는 머리의 문제, 감정보다는 사실에 관한 토론으로 여겨진다.

하지만 어떤 종류의 변증을 하든, 당신은 특정 규칙에 따라, 특정 언어로 그리고 당신이 처한 시간과 장소에서 공명을 일으킬 것이라 기대되는 방식에 맞추어 논증하고 있는 것이다. 다시 말해, 변증은 언제나 문화적이며 결코 시대를 완전히 초월할 수 없다.[3] 결코 순수하게 이성적이지도 않다.

우리는 머리뿐 아니라 마음과 행동의 문제로 변증을 회복해야 한다. 논쟁을 즐기는 사람들만의 전유물이 아니라, 교회 전체의 과업으로 변증을 회복해야 한다. 문화 변증은 새로운 학문 분야가 아니다. "성도에게 단번에 주신 믿음"(유 1:3)을 제시하고 지키기 위해, 교회를 성경적이고 역사적인 자원의 정수와 다시 연결시켜 주는 수단이다.

복음서에서 우리는 예수님이 농경 사회 이웃들과 소통하기 위해 일상의 예화를 쉽고도 적절하게 활용하시는 모습을 본다. 사도행전에서도 오순절에 행한 베드로의 설교와 아레오바고에서 행한 바울의 설교는 동일한 복음 메시지를 전달하지만, 청중(유대인 디아스포라와 헬라 철학자들)에 따라 각기 다른 접근 방식을 취한다(행 2:14-41; 17:16-34). 2세기 순교자 유스티누스의 *First Apology*(제1 변증서)와 5세기 아우구스티누스의 《하나님의 도성》은 로마 제국 역사 가운데 극적으로 다른 상황 속에서, 시대에 적실한 방식으로 시대를 초월한 진리를 선포했다.[4]

이러한 성경적, 역사적 사례를 통해 알 수 있듯, 문화 변증은 결코 새로운 것이 아니다. 어떤 전략을 취하든 문화를 피할 수는 없다. 왜냐하면 문화 자체가 우리가 종교라고 부르는 그 무엇을 설명하는 또 다른 방식이기 때문이다. 모든 사람은 무언가 혹은 누군가를 예배한다. 선교학자 레슬리 뉴비긴은 문화란 결국 우리가 종교를 묘사하는 또 다른 방식, 곧 우리가 어떻게 삶에서 의미와 이해를 추구하는지를 설명하는 또 다른 방식이라고 주장했다.[5]

종교는 문화의 하류에 있지 않다. 오히려 문화가 종교의 하류에 있다. 문화는 의미와 영원을 향한 인간의 필연적인 추구에서 비롯된 결과물이기 때문이다. 우리는 난해한 학술 서적부터 중독성 있는 TV 광고 음악에 이르기까지, 시선이 닿는 모든 곳에서 그러한 추구를 목격한다. 힙합 음악부터 예술 영화까지 모든 것이 우리 사회의 가장 깊은 갈망을 전달한다. 특히 스포츠 경기를 현장에서 직접 관람해 보면 그 문화의 소망과 두려움이 무엇인지 알 수 있다.

이 책에서 우리는 문화 기후 분석 기술을 발전시킬 수 있는 도구를 제공하고자 한다. 우리는 복음에 근거하여, 아마추어 변증가들과 숙련된 변증가들이 자신의 문화를 바르게 교정하고 그 문화와 잘 연결되도록 돕기를 원한다. 그리하여 비그리스도인들이 자신의 죄를 깨닫고 구원자를 찾을 수 있도록 돕기를 원한다.

## 희망의 다리

변증은 결코 순수하게 이성적일 수 없다. 머리는 결코 홀로 추론하지 않기 때문이다. 우리가 어떤 욕망을 받아들이고 어떤 욕망을 거부할지는 문화가 결정한다. 아우구스티누스의 전통을 따르는 문화 변증가들은 욕망을 신앙의 핵심 동력으로 인식한다.

사회심리학자 조너선 하이트는 직관과 이성의 관계를 코끼리와 기수로 묘사했다. 이성(기수)이 방향을 잡을 수는 있지만, 직관(코끼리)은 동기가 부여되어야만 움직인다. 머리는 마음이 원하는 것을 정당화할 뿐이다. 직관은 갈망을 따른다. "나는 어떤 사람이 되고 싶은가?" 또는 이 질문을 다르게 표현한 "내가 속한 집단은 어디인가?"(who's my tribe?, 'tribe'[부족]는 공통의 관심사와 가치관, 믿음이나 경험을 공유하는 사람들을 가리키는 현대적 은유다. ─ 옮긴이)와 같은 질문의 답이 직관을 결정한다. 우리는 객관적 진리를 신중하게 검토하여 논증을 펼치는 독립적이고 합리적인 행위자라고 스스로를 생각할지도 모른다. 하지만 실제로는 자주 부족적 본능에 의해 움직인다. 이 부족적 본능은 어떤 신념이 우리 삶을 변화시키도록 허락할 것인지는 물론이고, 어떤 신념을 한번 고려해 볼지조차 걸러 낸다. 우리가 변화를 원하기 전까지, 새로운 공동체 안에 있는 자신의 모습을 그려 볼 수 있기 전까지, 이성이라는 방어막을 거둘 가능성은 희박하다.[6]

따라서 문화 변증은 비그리스도인들이 이 기쁜 소식을 완전히 이해하기 전에, 복음이 진짜이기를 바라도록 돕는 역할을 한다. 우리는 "통치자들과 권세들"(엡 6:12)의 추악한 주권에 대비되는, 그리스도의 주권이 지닌 아름다움을 제시한다.

서구 전역에 퍼져 있는 문화적 허무주의에 맞서 우리는 희망을 제시한다. 그리스도 안에서 우리는 아름다움, 정의, 평화, 진리, 선에 대한 우리 욕망이 성취됨을 깨닫는다.[7] 대다수 사람들은 삶을 변화시키는 복음의 능력을 볼 수 있는 교회 공동체라는 맥락 안에서 그 희망을 발견할 것이다.[8] 교회는 주변의 어두운 문화라는 날씨 체계에 도전하면서 생명을 주는 대안적 기후를 제공할 수 있다. 그리스도인 자신이야말로 비그리스도인과 희망 사이를 잇는 가장 좋은 다리다. 세상은 그리스도의 몸 된 교회가 은혜와 진리 안에서 서로 사랑하며 살아가는 모습을 통해 예수님을 본다. 그러므로 문화 변증은 변혁시키는 복음의 능력을 증언하기 위해 교회의 영적, 도덕적 갱신을 추구한다.

폴 굴드는 문화 변증을 "기독교가 참되고 만족스러운 것으로 인식되도록 문화 속에서 기독교적 목소리와 양심, 상상력을 세워 가는 작업"으로 정의한다.[9] 수많은 목소리들이 주의를 끌기 위해 경쟁하는 이 소란스러운 문화 속에서, 우리가 비그리스도인들을 사랑하고 서로를 사랑할 때, 교회는 그들의 상상력을 사로잡을 수 있다. 이것이 바로 요한복음 17장 23절에서 예수님이 기도하신 내용이다. 즉 우리가 하나 될 때 세상은 아버지께서 아들을 보내셨음을 알게 될 것이다.

물론 우리가 함께 살아가는 모습만 보고서는, 예수님이 하나님의 아들이시며 죄인을 위해 죽으시고 부활하셨고 하늘과 땅을 새롭게 하기 위해 곧 다시 오실 것이라고 결론 내릴 사람은 없다. 우리는 이 기쁜 소식을 전해야만 하며, 죄를 회개하라고 경고해야 하고, 믿음을 갖도록 초대해야 한다. 하지만 비그리스도인들이 우리 안에서 복음이 어떻게 영향을 미치는지를 목격할 때, 그들은 이 소식을 기쁜 소식으로 더 잘 인식할 것이다. 분명 그들은 우리의 부족함을 볼 것이다. 우리의 실패도 볼 것이고, 우리의 죄도 보게 될 것이다. 그러나 우리는 그들에게 우리의 완벽함을 제시하는 것이 아니다. 우리 죄를 씻어 준 바로 그 그리스도의 보혈을 가리킬 뿐이다. 자신이 용서받았음을 아는 사람은 동료 죄인에 대한 사랑으로 가득 차기 마련이다(눅 7:47).

## 매력적인 공동체

하지만 오늘날 교회 밖에 있는 사람들이 교회에 대해 가장 흔히 떠올리는 이미지는 사랑이 아니다. 2016년 대선 직전, 나는 코넬 대학교에서 그리스도인 학생들을 만났다. 그들은 나를 이타카(Ithaca, 뉴욕주 코넬 대학교 소재지 — 옮긴이)로 초청해 '종교 우파'(Religious Right, 미국 보수 기독교 정치 세력 — 옮긴이)의 역사에 대해 강연해 달라고 요청했는데, 사실 아이비리그 캠퍼스 안에서 종교 우파는 그리 강력한 세력이 아니었다. 그럼에도 이 주제가 중요했던 이유는, 미국 외딴 구석에 있는 그리스도인들이 뉴욕주 북부에 위치한 이 학생들의 평판과 선교 사역에까지 영향을 미칠 수 있기 때문이다.

나는 동료 학생들이 '기독교' 하면 가장 먼저 무엇을 떠올리는지 학생들에게 물었다. 그들이 들려준 대답은 믿기 힘들 정도였다. 그 이후 나는 전국을 다니며 청중에게 같은 질문을 던져 보았다. 그리고 매번 똑같은 답을 들었다.

그들의 대답은 '웨스트보로 침례교회'(Westboro Baptist Church)*였다.

나는 다소 어처구니가 없어서 이렇게 물었다. "제가 제대로 이해했는지 확인해 볼게요. 이 나라의 명문 대학에 다니는 학생들이 세계 최대의 종교를 생각할 때, 캔자스주 토피카에 있는 가족 중심의 사이비 집단을 떠올린다는 말입니까? 어떻게 그럴 수가 있죠?"

우리의 문화 변증이 아무리 설득력 있다 한들 늘 긍정적 반응만을 기대할 수는 없다. 실제로 예수님은 우리에게 환난을 약속하셨다(요 16:33). 베드로는 우리가 행실을 바르게 하더라도 비그리스도인들의 호의가 보장되는 것은 아니라고 경고했다(벧전 2:12). 한편 바울은 교회에 대한 부정적 인식이 교회 내의 부도덕한 행위에서

---

* 캔자스주에 위치한, 가족 중심의 소규모 독립교회다. 극단적 혐오 발언을 일삼는 교회로 악명이 높다. — 옮긴이

비롯될 수 있음을 강조했다(고전 5:1; 롬 2:1). 때로는 자업자득도 있는 법이다.

나는 교회 이미지 문제의 일부 원인은 문화에 대한 피상적인 이해, 즉 '기후'는 보지 못한 채 '날씨'에만 치중하는 태도에 있다고 본다. '날씨', 곧 구체적인 현상에만 집중하다 보면 종종 타인에게 무슨 문제가 있는지에만 매몰되기 쉽다. 반면 '기후'는 교회 안팎의 모든 이들에게 영향을 미치는 근본 조건에 집중한다. 어쩌면 전도의 열매를 더 많이 맺지 못하는 이유는 교회가 세상과 별반 다를 바 없어 보이기 때문일지도 모른다. 우리 공동체는 무엇이 매력적인가?[10] 그리스도를 위해 살기보다는 세상에 동화되어 가고 있는 것은 아닌가? 수많은 복음주의 교회에서조차 복음은 중산층의 관습을 장식하는 노리개로 전락해 버렸다. 우리는 '문화를 수호하기' 위해, 즉 우리의 정치적 반대 세력의 악에 대항하기 위해 특정 방식으로 투표할지 모른다. 하지만 소비지상주의나 편의주의, 안락함에 사로잡힌 우리 자신의 문화적 포로 상태는 어떠한가? 이미 두려움과 혐오가 가득한 세상에서, 교회마저 똑같이 두려움과 혐오를 보여 준다면 어떻게 세상과 구별된 방식으로 주목을 받을 수 있겠는가?

외부인들에게, 심지어 원수에게까지 사랑을 베푸는 공동체의 차별성을 생각해 보라(마 5:44). 타인을 자신보다 낫게 여기는 공동체를 생각해 보라(빌 2:3). 자기 목숨을 잃을 때 비로소 목숨을 얻게 됨을 깨달은 공동체를 생각해 보라(마 10:38-39). 그런 공동체의 문화는 회의적인 세상조차 주목하게 만든다. 그 공동체는 변혁시키는 복음의 능력과 소망을 비그리스도인들에게 보여 줄 것이다. 그 공동체는 자신의 결점과 실수를 은폐하는 대신 솔직히 인정함으로써 세상을 놀라게 할 것이다.


## 또 다른 폭풍 속으로


오늘날의 날씨를 '흐림, 문화 전쟁 확률 100%'라고 예보하기는 쉽다. 그러나 기후학으로 보면 우리는 지금 문명의 태풍 한가운데 있다. 우리는 이미 파괴적인 폭풍 하나를 통과했고, 이제 또 다른 폭풍 속으로 진입하고 있다. 수백 년 동안 기독교적 가치관은 서구 문명이 아끼고 치열하게 수호해 온 토대, 곧 관용, 소수자 인권, 평등한 정의 그리고 그 밖의 많은 것을 제공해 왔다. 그러나 철학자 찰스 테일러가 세속주의의 '뺄셈 이야기'(subtraction story)라고 묘사한 흐름 속에서 기독교는 무시당하면 다행이고 최악의 경우 비난의 대상이 되었다. 기독교를 빼기만 하면 우리가 원하는 모든 것을 가질 수 있다는 논리다.[11]

하지만 세속주의는 서구에 안정적인 새로운 토대를 가져다주지 못했다. 종교의 도움 없이 보편적 가치를 세우려 했던 소위 계몽주의의 시도 역시 결국 무너졌다.[12] 문화 변증은 세속주의가 어떻게 여전히 공동선을 탐색하는 일종의 영적 프로젝트인지를 관찰하도록 돕는다. 사회학자 크리스천 스미스는 다음과 같이 썼다.


모든 것을 새롭게 하고, 과거를 뒤로하며, 어떤 전통에도 얽매이지 않고, 최대한의 선택권을 누리며, 어떤 제약으로부터도 자유로워지는 것. 감당할 능력이 있으면 무엇이든 살 수 있고, 원하는 방식대로 살아가는 것—이것이 현대성의 영적 프로젝트가 인도하는 비전이다. 이것은 영적이다(그저 이데올로기나 문화가 아니다). 이것이 영적인 이유는, 무엇이 신성불가침인지, 무엇이 궁극적 관심사인지, 개별적 삶을 초월하는 의미에서 무엇이 가장 가치 있는지 그 비전을 명시하기 때문이다. 그것은 인간의 가장 깊은 개인적 주관성과 선에 대한 가장 초월적 비전, 궁극적 성취에 대한 정의를 말한다는 점에서 영적이다. 또 이것이 영적인 이유는, 그것이 깊은 문화 구조로서, 현대성이 해체해 버린 전근대 기독교 국가 체제에서 소중히 여겨졌던 하나님 안에 있는 구원과 상응하는 위치를 현대 서구 내에서 차지하고 있기 때문이다. 마지막으로 이것이 영적인 이유는, 그것은 신성하기에 보호하고 방어하며 감시하고 싸울 가치가 있으며, 아마도 그것을 위해 죽거나 심지어 살인까지 할 가치가 있다고 여겨지기 때문이다.[13]

모든 면에서 우리가 사는 세속 시대는 여전히 매우 종교적이다(행 17:22). 하버드 대학교 인간진화생물학과 학과장조차 기독교가 서구의 심리 그 자체를 형성했다고 주장한다. 조지프 헨릭은 수 세기에 걸쳐 적용된 기독교 가치관이 우리를 'WEIRD'—Western(서구적), Educated(교육받은), Industrialized(산업화된), Rich(부유한), Democratic(민주적인)—로 만들었다고 말한다.[14] 그러나 세속주의가 이러한 종교적 가치들을 보편적 진리로 재포장하려 했기 때문에, 우리는 우리 문화에 미친 기독교의 영향력을 보지 못한다. 수상 경력이 있는 역사학자이자 팟캐스트 진행자인 톰 홀랜드는 이 점을 이렇게 설명한다. 그는 나에게 "최근 몇 세기 동안 서구가 가진 천재성은 인권이나 동의(consent) 개념 같은 지극히 기독교적인 가치와 개념을 수출했다는 데 있다. 이 모든 것은 기독교 역사와 신학이라는 토양에 깊이 뿌리박고 있다"라고 말했다.[15] 1948년 세계 인권 선언이 대표적인 예다. 이 선언은 기독교적 전제에 크게 의존하지만 하나님을 언급하지 않는다.

실로 기독교는 세상을 재편한 혁명이다. 홀랜드는 묻는다. "오래전 사라진 제국의 이름 없는 죄수의 처형에서 영감을 받은 이 작은 종교 집단이 어떻게 이토록 변혁적이고 지속적인 영향력을 세상에 행사하게 되었는가?"[16] 홀랜드의 서사에 따르면, 교회는 자기 성공의 희생자가 되었다. 기독교가 너무나도 광범위하게 퍼져 있어서 서구 문화는 그것이 거기 있는지조차 모른다. 홍콩의 그리스도인들이 민주주의를 위해 시위할 때, 인도의 그리스도인들이 카스트에 기반한 차별에 맞서 싸울 때, 그들은 기독교적 세계관으로 행동하는 것이 아니라 보편적 진보를 위해 행동하는 것으로 비춰질 뿐이다. 홀랜드는 "만약 그것을 기독교적 가치라고 규정한다면, 인도나 다른 곳의 사람들에게는 그것이 특정 문화에 종속된 것처럼 보일 것이다. 하지만 그것이 보편적 가치라고 말한다면 수출이 가능하다"라고 설명했다.[17]

따라서 우리 문화에서 소중히 여기는 것들이 실제로는 기독교에 의존하고 있음을 보여 줄 문화 변증이 필요하다. 오늘날 우리가 깨닫고 있듯이, 기독교를 잃으면 계몽주의의 유산 또한 잃게 된다. 우리가 진입하고 있는 태풍의 두 번째 벽 뒤는 암흑이다. 우리에게는 서구 전역에서 꺼져 버린 등불을 다시 밝힐, 그리스도의 사랑으로 불타는 변증가들이 필요하다. 5세기에 영원한 도성으로 여겨지던 로마와 그 제국이 무너질 때 아우구스티누스가《하나님의 도성》을 통해 했던 그 작업이 우리 시대에도 필요하다.

켈러센터와 이 책은 그러한 노력을 지원하고자 한다. 지금 이 순간에도 크리스토퍼 왓킨의《성경적 비판 이론》[18], 레베카 맥러플린의 *The Secular Creed*(세속주의 신조)[19], 앤드루 윌슨의 *Remaking the World*(세상을 다시 만들다)[20] 같은 희망의 불빛을 볼 수 있다. 이 책에서 계속 살펴보겠지만, 해야 할 일이 아직도 많이 남아 있다.

우리는 이 책이 지역 교회와 이웃과 강의실과 직장에 있는 문화 변증가들에게 영감을 주기를 희망한다. 최고의 문화 변증가는 자기 이웃의 이름을 아는 사람이다. 정체 모를 불안 속에서 조용히 살아가는 그 이웃들은, 지금 우리를 덮친 천둥 치는 어둠이 결코 우리의 마지막이 아님을 알아야 한다. 새벽은 밝아 올 것이며, 하나님의 나라는 지평선 바로 너머에 있다. 그들은 죄에서 돌이켜 그리스도를 믿을 때, 행복한 결말이 기다리고 있음을 알아야 한다.


## 심오한 담론에서 일상까지


이 책의 목적은 문화 변증을 정의하고 형성하는 신학적, 목회적, 실천적 자원을 발견하도록 돕는 데 있다. 편집자인 스카일러 플라워즈, 이반 메사와 함께 나는 켈러센터의 연구원으로 섬기는 석학들과 실천가들을 한자리에 모았다. 우리는 문화 변증을 정의하고, 그 성경적·역사적 근거를 설명하며, 이것이 오늘날 교회에 왜 중요한지를 입증해 보일 것이다.

이 일에 참여한 연구원들이 당신이 이 책에서 읽게 될 모든 내용에 의견이 일치하는 것은 아니다. 그들은 문화 변증의 상호 보완적인 측면을 강조하며, 때로는 이 학문을 공식적으로 정의하는 세부 사항에서 견해 차이를 보이기도 한다. 이런 이견 덕분에 뉴욕에서 열리는 연례 리트릿에는 늘 활기가 넘친다. 하지만 복음 안에서 하나 된 이 다양한 관점들이 우리의 모임을 더욱 풍성하게 만들었다. 서로 다른 은사와 소명을 가진 연구원들은 영적으로나 지적으로 서로를 독려하고 확장하며 보강해 준다. 이것이 바로 2023년 별세하기 직전, 팀 켈러가 센터를 설립하며 가졌던 비전이었다. 그는 우리에게 이 글을 남겼다. "켈러센터의 사역에 깊이 감사드립니다. 제가 최근 몇 년간 성취하고자 노력했던 핵심 과업 중 하나는, 미국 교회가 사람들에게 그리스도를 전하기 위해 반드시 해야만 하는 바로 그 일을 실천하는 젊은 작가와 학자, 목회자를 격려하는 것이었습니다. 현장에는 그런 남녀 사역자들이 많이 있으며, 그들에게는 많은 지원이 필요합니다. 켈러센터가 저를 대신해 이 사역을 이어 가게 되어 매우 기쁩니다." 이 센터와 연구원들은 무엇보다도 복음 속에 계시되고 제시된 예수 그리스도를 많은 사람이 알게 되기를 바랐던 켈러의 열망을 공유한다.

제1부에서는 문화 변증이라는 접근 방식의 개념적 토대를 쌓는다. 트레빈 왁스는 21세기 서구 문화의 맥락을 살피며, 교회가 다시 서구 사회에 다가갈 수 있는 방법으로 문화 변증을 제안한다(1장). 크리스토퍼 왓킨은 문화 변증이 현대의 발명품이 아니라 성경 자체에 나타난 방법론임을 입증한다(2장). 조슈아 채트로우는 아우구스티누스를 비롯해 기독교의 문화 변증을 형성해 온 수많은 역사적 사례를 교회사에서 찾아 이 논의를 이어 간다(3장).

　제2부에서는 문화 변증의 과업을 다룬다. 앨런 노블은 우리가 세상에 '순응'해서도 안 되고 세상을 '공격'해서도 안 된다고 말하며 이 장의 문을 연다(4장). 대니얼 스트레인지는 한 문화의 서사 속으로 들어가, 그들이 기독교의 이야기를 어떻게 우상 숭배적으로 전유했는지를 발견하도록 돕고, 기독교의 이야기가 어떻게 그들의 희망과 욕망을 영광스럽게 성취하는지 보여 준다(5장). 그레이 수탄토는 인간이 어떻게 하나님을 알 수 있는지, 죄 가운데서 하나님에 관한 지식을 어떻게 억누르는지에 주목하며 통합적인 신학적 인간론을 구축한다(6장). 개빈 오틀런드는 불신앙이 거짓일 뿐만 아니라 삶에서 불가능한 선택임을 폭로하며, 복음이 이러한 절망에 어떻게 답하는지 보여 줌으로써 이 부분을 마무리한다(7장).

　제3부에서는 문화 변증가들이 마주하게 될 구체적인 주제, 즉 진리, 선함, 아름다움의 추구를 깊이 파고든다. 레베카 맥러플린은 기독교를 폄하하는 이들과 많은 회의론자들에 맞서, 번영을 향한 비전에 담긴 기독교의 도덕적 선을 보여 준다(8장). 레이첼 길슨은 이해할 수 있고 칭찬받을 만하며 그 자체로 거부할 수 없는 매력을

가진 기독교 고유의 아름다움을 그려 낸다(9장). 데릭 리슈마위는 기독교의 이야기가 삶의 모든 영역을 지탱하는 실재임을 일깨우며 끝을 맺는다(10장).

마지막으로 제4부에서는 문화 변증이 실제로 전개될 수 있는 장소를 살펴본다. 밥 튠은 문화 변증의 본향이라 할 수 있는 교회에 주목하며, 복음을 선포하고 구현하는 유기적이고 제도적인 공동체로서의 교회를 다룬다(11장). 제임스 에글린턴은 비그리스도인들이 안전하게 예수님의 주장을 배우고 탐색할 수 있는 공간을 어떻게 만들 것인지 고찰함으로써 교회의 사역을 진전시킨다(12장). 이 책을 마무리하며 샘 찬은 앞선 장들의 자원을 활용하여, 그리스도인들이 문화적 텍스트를 매개로 한 일상적인 대화에 문화 변증을 어떻게 풍성하게 녹여 낼 수 있는지 보여 준다(13장).

이 책에서 여러분은 문화 변증이 학술적 담론부터 일상의 경험에 이르기까지 폭넓게 걸쳐 있음을 알게 될 것이다. 두꺼운 전문 서적에서 사회적 예의라는 얇은 겉면에 이르기까지, 문화 변증은 그리스도인이 믿고 선포하는 것, 즉 모두에게 참되면서도 각 개인에게 고유한 방식으로 선한 그 복음을 살아 내도록 돕는다.

열흘짜리 일기 예보 너머를 보면서 기후를 연구하라. 모든 기상 패턴 속에서도, 하나님의 말씀은 영원히 서 있다(사 40:8). 이 문화적 폭풍의 반대편에서, 당신은 결코 끝나지 않을 나라의 평안과 고요함을 발견할 것이다.

# 문화적 맥락을 읽고
# 복음과의 접점을 찾다

The Gospel After Christendom

# 1.
# 지성, 마음,
# 상상력에 호소하다

° 트레빈 왁스

1896년 강연인 '믿으려는 의지'(The Will to Believe)에서 미국 철학자 윌리엄 제임스(1842 – 1910)는 종교적 신념을 '살아 있는 전선'(live wire) 혹은 '죽은 전선'(dead wire)으로 묘사했다. '살아 있는 가설(hypothesis)'이란 누군가에게 실제적 가능성이 있는 상태를 뜻한다. 예를 들어, 제임스의 설명에 따르면, 만약 그가 당신에게 '마흐디'(Mahdi, 이슬람에서 종말의 때에 나타나 세상의 악과 불의를 몰아낼 것이라고 주장하는 메시아적 인물)를 믿으라고 요청한다면, 당신은 아마 질문의 의도조차 파악하지 못할 것이다. '당신의 본성과 어떠한 전기적 연

32

결'도 일어나지 않기 때문이다. 신뢰의 불꽃이 전혀 튀지 않는다. 그것은 당신에게는 '죽은 전선'인 셈이다. 그러나 아랍인에게 똑같은 요청을 한다면(그가 마흐디의 추종자가 아닐지라도) 그 가능성은 살아 있는 것이 된다. 제임스는 "가설이 죽었는지 살았는지는 가설 자체의 고유한 속성에 달린 것이 아니라, 그것을 생각하는 개인과의 관계에 달려 있다"라고 말했다.[1]

　종교적 신념의 가능성은 살아 있는 전선 아니면 죽은 전선이다. "선택 가능성이 살아 있다는 것은 두 가설이 모두 살아 있는 상태를 의미한다." 제임스가 살던 시대에는, 많은 이들에게 무슬림이 되는 것과 신지학자(theosophist, 신비주의 밀교적 종교 철학 체계 ─ 옮긴이)가 되는 것 중 하나를 선택하는 것은 기본적으로 '죽은 선택 사항'이었으나, '불가지론자와 그리스도인' 중 하나를 선택하는 것은 살아 있는 가능성이었다(실제로 그의 동시대인 중 상당수는 전통적인 기독교 대신 불가지론을 택했다).

　오늘날 우리는 세속주의 부상, 그에 따른 종교 단체 구성원의 비율 및 종교적 신앙을 고백하는 사람들의 비율 감소를 목격하고 있다. 지난 25년 동안 미국인 약 4천만 명이 교회를 떠났다. 다른 국가들도 비슷한 감소세를 보였다.[2] 이토록 거대한 종교 인구 통계 변화는 사회의 저변에 깔린 신념과 욕망, 희망을 뒤흔들 수밖에 없다. 한때는 종교적 전통을 따르지 않기로 결정하는 일이 드물었고 무신론은 설득력이 없었다. 그러나 오늘날 타당성 구조(plausibility structures)가 바뀌어 어떤 지역에서는 하나님을 믿거나 교회에 출석하는 것이 더 생소한 일이 되어 버렸다.

수 세기 동안 서구에서 인간의 삶은 대개 기독교의 영향을 받은 사회적 개념 틀 안에서 이해되었다. 보이지 않는 영역에 대한 믿음, 사후 천국이나 지옥이 존재한다는 전제, 인간 죄성의 실체와 하나님의 구원의 필요성 등은 일종의 '상식적인 사고'로 널리 퍼져 있었다. 따라서 전도의 과업은 비교적 단순했다. "예수님이 악의 세력을 이기시고 죄로부터 해방해 주시는 분임을 보여 주는 것, 예수님이 우리 죄의 형벌을 대신 담당하셨기에 영생으로 가는 유일한 길은 예수님임을 보여 주는 것, 우리는 구원자가 필요한 죄인이며 예수님은 우리의 필요를 채우시고 구속을 성취하시는 하나님의 아들이심을 보여 주는 것"이었다. 이제 기독교적 틀이 사회에서 희미해짐에 따라 이러한 문화적 접점은 더 이상 당연한 전제가 될 수 없다. 전도자의 역할은 더욱 복잡해졌다. 이제 우리는 하나님의 존재 여부부터 시작해서, 죄의 문화적인 개념과 성경이 말하는 인간의 전적 부패 사이의 차이를 드러내거나, 교회의 선함과 아름다움을 변호하는 일 등 훨씬 근원적인 지점부터 시작해야 한다.

　공유된 문화적 전제가 사라진 세상에서 예수님을 따르라고 누군가를 초청한다는 것은 무엇을 의미하는가? 종교가 개인화되고 사유화되어 공적 진리가 아닌 선택되는 가치의 영역으로 밀려난 세상에서 복음을 전하면 사람들은 새로운 유형의 종교적 경험을 추천받는다고 생각할 것이다. 즉 내면의 평화를 얻거나 현대 세계의 부침에 대처하는 데 도움이 되는 무엇 정도로 여긴다는 말이다. 만약 기독교가 계속 쇠퇴한다면, 예수님을 따르라고 권하는 것이 언젠가는 1896년 평범한 미국인에게 마흐디를 따르겠느냐고 묻는 것만큼 생뚱맞은 일이 될지도 모른다. 세속주의가 기독교를 설득력 없는 선택 사항, 즉 대다수에게 '죽은 전선'으로 서서히 만들어 버린다면 어떻게 대응해야 하는가?

문화 변증은 이러한 고민을 해결하는 한 가지 방법으로, 복음의 씨앗을 위해 토양을 고르는 새롭고도 오래된 방식이다. 이 접근법이 '오래된' 이유는 고대에서 이어져 온 이 방식의 계보를 수 세기에 걸친 교회 역사 속에서 추적할 수 있기 때문이다. 반면에 '새로운' 이유는, 과거에 당연하게 여겼던 문화적 접점이 더 이상 존재하지 않는다는 사실을 깨닫지 못하고 복음 변증에 천편일률적 방식만 고수하면서 최근 수십 년간 우리가 간과했던 도구이기 때문이다. 이것은 도구함 속에 있던 오래된 도구이지만, 이제 먼지를 털어내고 오늘날의 세상에 맞게 새롭게 활용해야 한다.

## 복음과 문화의 선교적 만남

이 접근법은 문화를 향한 특정 태도에서 시작된다. 선교 신학자 레슬리 뉴비긴(1909-1998)은 복음과 우리가 접촉하고자 하는 문화 사이의 선교적 만남을 그리스도인들에게 촉구했다.[3] 우리는 우리 시대의 맥락에서 기독교를 이해 가능하고 칭찬받을 만하며 매력적인 방식으로 제시하고자 한다. 마찬가지로 우리는 복음을 뿌릴 토양을 고르고 그 땅이 복음의 씨앗을 받아들일 수 있도록 기도할 때, 단순히 머리에만 호소하는 것이 아니라 마음과 상상력에도 호소하고자 한다.

이런 관점에서 볼 때, 문화 변증은 일종의 예비 단계의 복음 전도다. 이는 타인의 이야기를 주의 깊게 듣고 그 문화의 서사 속으로 들어가서, 그 사람의 세계관을 복음으로 '재구성'할 것을 요구한다. 우리는 복음의 빛을 비춤으로써, 하나님이 주신 그들 내면의 가장 깊은 갈망과 열망을 긍정하는 동시에 거짓과 반쪽짜리 진리를, 불행으로 이끄는 잘못된 방향성을 폭로한다. 문화 변증은 이처럼 이중 작업을 수행한다. 복음이 사회 구성원들의 가장 깊은 갈망을 어떻게 성취하는지 보여 주면서 그들이 속한 사회가 믿고 있는 거짓을 드러내는 것이다. 흔히 갈망과 거짓은 연결되어 있다. 초월을 향한 갈망, 즉 하나님과의 관계를 향한 갈망이 잘못된 방향으로 흐를 때 우리는 거짓을 믿게 되고 허위 속에 빠진다.[4]

문화 변증은 문화 속에 있는 사람들을 '움직이게 하는 것'이 무엇인지 발견하는 작업이다. "그들은 왜 그들이 믿고 있는 바를 믿는가? 이 사회에서 믿을 만한 것은 무엇인가? 그들이 생각하는 좋은 삶이란 무엇인가?" 우리는 영화, 드라마, 책, 노래, 뮤지컬에서, 때로는 유튜브 교육 영상에서, 특히 일대일 대화에서 이러한 감수성을 파악할 수 있다. 이러한 방식의 변증은 문화를 면밀히 살핀 후, 복음의 진리가 그 문화와 선교적으로 만날 수 있는 방도를 찾는다.

전통적인 변증이 기독교 진리를 변호할 논거를 만드는 것이라면, 문화 변증은 문화적 접점을 복음 증언의 기회로 활용하면서 기독교의 아름다움과 선함을 드러내는 논거를 만드는 것이다. 이것은 복음 전도의 전 단계다. 복음의 아름다움이 더 돋보일 수 있도록 무대를 설정하는 작업이다.

세속화되는 세상에서 왜 문화 변증이 더 이상 방치된 도구가 아니라, 사람들과 소통하기 위한 필수적인 방식이 되어야 하는지 네 가지 이유를 제시하고자 한다.

## 1) 새로운 사회적 · 문화적 서사에 지혜롭게 대응하기 위해

다시 윌리엄 제임스의 죽은 전선과 살아 있는 전선 비유로 돌아가자. 이런 의문이 들 수 있다. "기독교, 즉 전통적인 기독교와 그 신조, 신앙 고백과 회중과 예배당은 급진적으로 세속화되고 교회 경험이 전혀 없는 사람들에게 설득력 있는 선택 사항인가? 대다수 사람에게 그것은 살아 있는 전선, 즉 가능성 있는 이야기인가? 아니면 죽은 전선이 되어 가고 있는가?"

이 질문은 오늘날 그리스도인들이 느끼는 불안의 근원을 건드린다. 많은 그리스도인이 기독교 국가 체제의 쇠퇴와 전통적 도덕 가치 상실을 걱정하는 이유는, 그것이 전도와 제자 양육을 훨씬 더 어렵게 만들기 때문이다. 문화적 기독교가 사라진 자리를 새로운 사회적 · 문화적 서사들이 메우고 있다. 그 새로운 사회적 · 문화적 서사들은 좋은 삶이 무엇이고 어떻게 충만해질 수 있는지에 대한 다른 비전을 제시한다.

### 표현적 개인주의

오늘날을 지배하는 비전 한 가지는 '표현적 개인주의'(expressive individualism)라는 용어로 요약할 수 있다. 이는 로버트 벨라의《미국인의 사고와 관습》을 비롯해서 여러 미국 사회학자들이 설명한 관점이다. 벨라는 이를 다음과 같이 정의한다. "표현적 개인주의는 각 개인이 독특한 본질과 직관적 감정을 가지고 있으며 개별성을 실현하기 위해서는 이를 드러내거나 표현해야 한다고 믿는다."[5] 다시 말해, 모든 인간은 독특하며, 우리가 인간으로서 자기다움을 완성하고 인성을 온전히 실현하는 길은 우리 내면의 감정, 즉 그 독특함의 불꽃을 공적으로 펼쳐 보일 때라는 것이다.

표현적 개인주의를 설명하는 또 다른 방식은 철학자 찰스 테일러의 저서 《불안한 현대 사회》와 《세속의 시대》에서 찾을 수 있다.[6] 테일러는 우리가 '진정성의 시대'에 살고 있다고 말한다. 우리 그리스도인들은 '진정성'이라는 단어를 '위선'과 대조되는 개념으로 보아 이 단어에 긍정적으로 반응하는 경향이 있지만(예수님도 위선자들을 꾸짖으셨으므로!) 테일러가 사용하는 의미는 다르다. 테일러가 말하는 '진정성'의 반대말은 '위선'이 아니라 '순응'이다. 진정성 있게 산다는 것은 외부에서 오는 어떤 비전이든 그것에 자신의 삶을 맞추기를 거부한다는 뜻이다. 테일러의 정의는 다음과 같다.

18세기 후반 낭만주의적 표현주의와 함께 등장한 삶의 이해 방식이다. 즉 우리 각자에게는 인간성을 실현하는 자신만의 방식이 있으며, 사회나 이전 세대 혹은 종교나 정치적 권위가 외부에서 강요하는 모델에 순응하여 굴복하지 않고 자신만의 방식을 찾아내어 살아가는 것이 중요하다는 것이다.[7]

다시 말해, 진정성의 시대에 지배적인 질문은 이것이다. "어떻게 내 참된 자아를 찾아 내면의 본질을 세상에 표현할 수 있을까? 어떻게 하면 내 가족, 내 사회, 내 종교라는 전제들—이런 모든 문화적 표현들—이 나다운 나가 되는 길을 방해하지 않게 할 수 있을까?"

이러한 정의들은 표현적 개인주의가 무엇을 의미하는지 이해하는 데 도움이 되지만, 우리가 매일 만나는 대다수 사람은 이런 학술 용어를 들어 본 적이 없다. 그 대신 그들은 "너 자신이 되어라", "너 자신에게 솔직해져라", "네 마음을 따라라", "너답게 살아라" 같은 슬로건을 통해 표현적 개인주의의 정신을 받아들인다. 이러한 말들은 하나같이 표현적 개인주의의 핵심을 담고 있다.[8] 수많은 자기계발서도 이러한 생각을 강화한다.

### 다른 문화적 서사들

표현적 개인주의는 최근 수십 년간 부상한 문화적 서사의 한 예일 뿐이다. 삶을 바라보는 또 다른 관점도 있다.

**자연주의.** 어떤 이들은 세상을 순수하게 자연주의적 관점으로 보며, 무신론적이거나 종교에 적대적인 태도를 취한다. 어떤 종류의 종교적 경험에는 열려 있지만 모든 것을 내재적 틀(눈에 보이는 영역 안에서만 의미를 찾으려는 세속주의적 사고의 틀 ― 옮긴이) 안에서 해석하여 진정한 초월성을 배제하는 세속적 사고방식을 갖기도 한다.[9]

**자유.** 미국에서 우리가 자유와 행복추구권에 부여하는 가치는, '어떤 것을 위하여' 자유로워진다는 전체적이고 적극적인 의미(삶에

서 성취하기 어려운 특정한 비전을 이루기 위한 자유)에서, '어떤 것으로부터'
해방된다는 소극적 의미(주로 가까운 관계, 종교 단체, 가족의 기대 등이 우리
에게 강요하는 제약들로부터의 해방)로 이동했다.[10]

**정체성 정치.** 오늘날 사회에서 사람들에게 의미를 부여하는 또
다른 사회적 서사는 정체성 정치 급증에서 볼 수 있다. 내재적 준
거 틀 안에는 초월적 공동체나 초월적 의미가 존재하지 않는다. 따
라서 특정 '집단'(tribe)과 자신을 동일시하며 정체성 정치에 참여할
때, 그들은 자신보다 더 큰 사명을 가진 '선택받은 사람들'의 일부
가 되려 하며, 이는 그들의 삶에 의미와 중요성을 부여한다. 누구든
혹은 어떤 집단이든 그들의 사명에 반대하는 것은 그들을 개인적
으로 반대하는 것이며 그들이 의미와 중요성을 찾는(혹은 만드는) 길
을 가로막는 것이다.[11]

**직관적 종교.** 1896년 윌리엄 제임스가 지식인들에게 살아 있는
전선이라 보았던 '불가지론 대 기독교' 구도는, 찰스 테일러가 말한
'노바 효과'(nova effect)—세속 시대에 믿음과 의미에 대한 여러 선택
가능 사항이 폭발적으로 늘어나는 현상—로 대체되었다. 이제는
'이것' 아니면 '저것'이 아니라, 수많은 '저것'들 중에 '이것'을 선택
하는 것이다. 너무나 많은 믿음과 실천이 있고, 타라 이사벨라 버튼
이 지적했듯 많은 것이 어떤 면에서 '재조합'되었다. 버튼은 '제도
적' 종교에서 '직관적' 신앙(개인의 직관과 경험을 중시하는 현대 신앙 형태
— 옮긴이)으로 옮겨 가는 과정을 기록했다.[12] 오늘날 목회자와 교회
지도자들이 "왜 기독교인가?"뿐만 아니라 "왜 다른 건 안 되는가?"
라는 질문에 답해야 하는 처지가 된 것은 놀라운 일이 아니다.

예수님이 더 낫다

훌륭한 선교사가 되려면 변화하는 문화적 맥락을 무시해서는 안 된다. 어쩌면 우리는 과거에 문화적 기독교나 기독교 국가 체제의 요소들이 복음 전도의 길을 닦아 주던 방식에 너무 익숙해져 있는지도 모른다. 이제는 그럴 수 없다. 오늘날 세상에서는 사람들이 성경을 잘 알 것이라고 가정해서는 안 된다. 복음 전도에 우호적인 분위기라고 가정해서도 안 된다. 기독교의 도덕적 비전이 설득력 있을 것이라고 전제해서도 안 된다. 과거에 사용했던 방법이 미래에도 똑같이 열매를 맺으리라 생각해서도 안 된다. 선교사는 현장의 조건에 적응해야 하며, 우리 역시 그래야 한다.

문화 변증은 우리의 사고방식과 방법론을 이러한 새로운 조건에 적응시켜 기독교를 통합적으로 변증하도록 돕는 방법이다. 이러한 문화적 서사들에 대한 대응으로 이웃이 믿는 바의 결함과 실패를 지적하는 데 그쳐서는 안 된다. 그 관점들이 왜 궁극적으로 만족을 줄 수 없는지, 왜 오직 예수님만이 현세와 내세에 구원을 주실 수 있는지를 보여 주어야 한다.

## 2) 이웃을 돌본다는 것은 우리 동네를 궁금해하는 것이기에

오늘날 문화 변증이라는 학문이 중요한 또 다른 이유는 무엇인가? 바로 문화가 중요하기 때문이다. 상황화되지 않은 복음 제시란 존재하지 않는다. 우리가 복음을 선포할 때는 언제나 신적이고 강력한 메시지를 문화적 용어로 제시한다. 고린도전서 1장에서 보듯, 그 메시지는 누군가에게는 걸림돌이 되고(바울이 유대인에게 전했을 때), 누군가에게는 어리석게 들린다(바울이 헬라인에게 전했을 때).

　문화적 맥락에 따라 기독교 가르침의 어떤 측면은 사람들의 공감을 얻기도 하고, 어떤 측면은 어리석게 들리기도 한다. 얼마 전 나는 극도로 세속적인 독일 현지인들과 중동 출신 이민자를 대상으로 사역하는 교회 개척자와 대화를 나누었다. 그는 단 하루 동안의 대화에서도 기독교의 동일한 가르침이 서로 다른 이유로 걸림돌이 되는 경우를 여러 번 본다고 했다. 예를 들어, 결혼 바깥의 모든 성관계는 죄라는 기독교 관점은 세속적 독일인에게는 커다란 장애물이다. 반면 무슬림 이민자에게는 온갖 성적 죄를 저지른 사람을 품는 기독교의 자비가 오히려 장애물이다. 첫 번째 대화에서는, 왜 성에 관한 기독교의 가르침이 선한지, 왜 그것이 성소수자(LGBT) 정체성을 가진 이들을 향한 혐오가 아닌지 설명해야 한다. 반면 두 번째 대화에서는 입장을 바꾸어, 왜 인간의 죄와 하나님의 사랑에 대한 기독교의 가르침이 선한지, 왜 우리를 향한 하나님의 자비가 성적 죄를 저지른 사람에 대해 우월감이나 혐오를 갖지 못하게 하는지 설명해야 한다.

　서구 사회에서 문화들이 점점 더 크게 충돌함에 따라, 모든 사람들 혹은 대다수 사람들이 같을 것이라 전제하며 과거와 똑같은 변증 방식에 의존할 수는 없게 될 것이다. 이웃을 효과적으로 사랑하는 법을 배우려면 그들을 이해하려고 노력하는 길밖에 없다. 그들이 자기 자신과 사랑하는 이들을 위해 무엇을 바라는지, 세상을 어떻게 생각하는지, 세상이 어떠하기를 바라는지 살펴야 한다. 이웃을 돌본다는 것은 우리가 동네, 곧 우리가 사는 세상의 규범, 가치, 전제, 문화에 관심을 기울인다는 의미다.

우리가 문화에 관심을 두는 이유는 단순히 '멋있어 보여서', '시대에 뒤처지지 않으려고' 혹은 복음을 모든 사회의 입맛에 맞게 바꾸고 싶어서가 아니라, 문화가 인간 삶의 일부이기 때문이다. '실재하는 사람들'에게 영향을 미치는 문화적 영향력과 산물에 관심을 두지 않는다면, '실재하는 장소'를 다른 장소와 구분 짓는 특징을 무시한다면, 우리의 이웃(실재하는 장소에 있는 실재하는 사람들)을 진정으로 사랑할 수 없다. 우리가 사는 동네를 이해하지 못하고 이웃을 사랑할 수는 없다. 문화 변증은 주변 세상을 이해하도록 돕는다. 그때 복음을 포괄적이고 설득력 있는 방식으로 전할 수 있다.

### 3) 지성과 상상력을 함께 가진 인간을 전인격적으로 상대하기에

하나님께 이르는 길은 예수님뿐이지만 예수님께 이르는 길은 수없이 많다. 그리스도를 믿는 신앙을 갖도록 사람들을 초청할 때, 그들의 마음을 사로잡는 다양한 현실과 방식에 주의를 기울여야 한다. 지난 세기 독보적인 기독교 변증가였던 C. S. 루이스(1898-1963)는 기독교를 변호할 때 도구 상자에서 여러 도구를 꺼내어 사용했다. 우리는 루이스에게서 기독교의 진리 주장을 옹호하는 논리적이고 이성적인 변증뿐만 아니라, 기독교의 이야기를 풍부한 상상력으로 재구성한 작품들도 만날 수 있다. 루이스는 이야기, 특히 판타지가 어떻게 우리의 이성과 회의론이라는 방어막을 우회할 수 있는지 설명하면서 "경계하는 용들 몰래 지나가기"라고 표현했다.[13] 이러한 이야기들은 독자의 상상력을 사로잡음으로써, 더 직접적으로 제시되었을 때 일어날 저항감을 유발하지 않고도 더 심오한 진리와 도덕적 교훈을 전달한다.

오랫동안 호평을 받고 있는 〈마스 힐 오디오 저널〉(Mars Hill Audio Journal)의 진행자 켄 마이어스는 전통적 변증과 문화 변증을 구분한다. 그는 "전통적 변증은 기독교의 진리 주장을 변호하는 논거를 만드는 데 관심을 두고, 흔히 철학이나 지적 원천에서 오는 도전에 대응해 왔다"라고 말한다.[14] 반면 문화 변증은 "영화, 대중음악, 문학, 예술, 대중매체 등 지배적인 문화 기관을 통해 전달되는 메시지를 고려하면서, 기독교 주장의 타당성을 높이려는 체계적인 노력"을 의미한다. 마이어스는 문화 변증을 이렇게 정의함으로써 상상력의 역할과 영향력 있는 문화적 산물을 깊이 이해할 필요성을 강조한다. 그는 이어서 다음과 같이 말한다. "따라서 전통적 변증가들이 특정 철학자들의 저작에서 기독교 신앙에 도전한 내용을 들어 비판한다면, 문화 변증가들은 대중가요 가사, 인기 영화 줄거리, 심지어 광고 슬로건에 내재된 짧지만 강렬한 철학을 살펴본다."

예수님께 이르는 길은 많다. 누군가는 기독교의 진리 주장을 탐구하는 것으로 그 여정을 시작할 것이다. 어떤 이는 세상 속에서 드러나는 기독교의 아름다움에 매료되고 갈증과 호기심을 느끼면서 그 여정을 시작할 것이다. 누군가는 교회의 공동체적 삶이 따뜻하고 매력적이라고 느낄 수 있는데, 레슬리 뉴비긴은 이를 복음이 실제로 전시되는 '복음의 해석학'이라고 불렀다. 적지 않은 이들이 슬픔과 고통으로 삶이 무너져 내릴 때 예수님을 바라볼 것이다. 또 다른 이들은 구속 이야기의 아름다움을 보여 주는 이 세상의 서사들에 상상력이 자극되어, 복음이라는 교향곡 안에서 울려 퍼지는 그 메아리를 모두 발견하게 될 것이다. 문화 변증은 우리가 온전한 복음을 인간이라는 존재 전체에게 전한다는 사실을 인식하는 한 가지 방법이다. 마치 논쟁에서 이성적으로 승리해서 얻는 결과가 회심인 양 누군가를 억지로 설득해서 신앙을 갖게 할 수는 없다. 우리는 성령을 의지하여 인간 존재의 모든 측면에 호소하는 방식으로 그들에게 예수님의 아름다움을 보여 주며 그들이 신앙을 갖도록 구애해야 한다.

### 4) 예수님의 선하심과 아름다우심은 드러낼 가치가 있기에

오해하지 말라. 복음은 선하고, 예수님은 아름다우시다. 문화 변증가들은 그 아름다움의 가치를 정당하게 다루며, 기독교가 왜 참된지 그리고 왜 '선한지' 답하기를 원한다. 프랑스 철학자 블레즈 파스칼(1623-1662)은 아주 오래전 이미 문화 변증의 길을 제시한 바 있다. "사람들은 종교를 경멸한다. 그들은 종교를 미워하며 그 종교가 참일까 봐 두려워한다. 이를 치유하려면 먼저 종교가 이성에 반(反)하지 않는다는 것을 보여 주며 시작해야 한다. 종교는 존경받을 가치가 있으며 존중되어야 한다. 그다음에는 종교를 사랑스럽게 만들어, 선한 이들이 그 종교가 참되기를 바라게 해야 한다. 그러고 나서 그것이 실제로 참임을 보여 주라."[15]

여기서 우리는 참됨, 선함, 아름다움이 아름답게 교차하는 지점을 목격한다(이에 대해서는 나중에 더 자세히 다룰 것이다). 전통적 변증은 장애물을 제거하고 기독교가 이성에 반하지 않으며 존중받을 가치가 있음을 보여 주는 데 도움을 준다. 문화 변증은 여기서 한 걸음 더 나아가 복음의 아름다움을 보여 주며, 성령에 의해 마음이 움직인 사람이 복음이 정말 '참되기를 바라게' 만드는 방식으로 복음을 제시한다. 파스칼은 "그것을 사랑스럽게 보이게 하라"라고 말한다. 증명과 이성적 논거도 중요하지만 거기에만 머물지 말라. 아름다움을 강조하라.

아름다움을 강조하는 한 가지 방법은 교회의 중심성을 기억하는 것이다. 인간관계의 힘을 과소평가하지 말라. 교회는 부활의 생명이 살아 움직이는 곳이다. 함께 예수님을 따르는 사람들 간의 새로운 교제는 기독교의 타당성을 논할 때 결코 빠질 수 없는 요소다. 찰스 테일러는 선택 가능한 종교적 사항이 너무나 많은 세상에서 관계가 지닌 힘을 다음과 같이 지적한다.

이러한 신앙의 다양성은 그들처럼 되는 것이 나에게 실제적인 선택 사항이 아니라는 인식을 통해 중화되는 한, 내게 거의 영향을 미치지 못한다. 대안이 되는 신앙이 낯설고 이질적이며, 어쩌면 경멸스럽거나 너무나 다르고 이상하며 이해 불가능하게 느껴진다면, 그래서 내가 그렇게 되는 것을 도저히 상상조차 할 수 없다면, 그들의 다름은 내가 가진 신앙의 뿌리를 흔들지 못한다.

하지만 타인의 신앙이 갑자기 실현 가능한 선택 사항으로 보이는 사건이 일어난다. 그 일은 대개 관계를 통해 일어난다. 테일러는 이어서 이렇게 말한다.

접촉과 교류가 증가하고 심지어 다른 신앙을 가진 사람과 결혼하면서, 신앙 외의 모든 면에서 상대방이 점점 나와 비슷해질 때 상황은 변한다. … 그러면 서로의 다름에서 비롯된 질문은 더욱 집요해진다. '왜 그녀의 방식이 아니라 내 방식이어야 하는가?' 신앙의 전향을 터무니없거나 상상할 수 없는 일로 치부해 버릴 만한 다른 차이점이 더 이상 남아 있지 않기 때문이다.[16]

로드니 스타크도 초기 기독교에 대해 유사한 점을 지적했다. 회심은 "사람들이 그 집단의 구성원이 아닌 사람들보다 그 집단의 내부 구성원들과 더 강력한 유착 관계를 맺거나 발전시킬 때"[17] 일어날 가능성이 크다. 이 사실은 지금도 유효하다. 급진적으로 세속화된 세상에서 그리스도를 따르는 것이 실제적이고 실현 가능한 선택임을 세상에 '보여 주려면' 개인 전도와 공동체 교제 모두 필수적이다.

## 성령의 초자연적 개입

왜 문화 변증에 관심을 가져야 하는가? 예수님을 사랑하고 이웃을 사랑하기 때문이다. 이 도구는 도구 상자에서 꺼내어 사용할 가치가 충분하다. 물론 이 방법론을 사용할 때 몇 가지 주의사항이 있다. 모든 도구에는 긍정적인 면과 부정적인 면이 있기 때문이다.

문화 변증을 우선시할 때 먼저 경계해야 할 점은 '문화'가 '변증'을 압도할 수도 있다는 것이다. 접근하고자 하는 문화나 사회를 연구하는 데 너무 치중한 나머지 성경 연구에 소홀해질 위험이 있다. 애초에 왜 이 과업에 뛰어들었는지를, 즉 타인과의 선교적 만남을 촉진한다는 목적을 놓칠 수 있다는 말이다. 단순히 만남이나 대화에 그쳐서는 안 된다. 복음으로 빚어진 선교적 순간, 즉 공통분모를 찾아 토대를 쌓되 복음의 거리끼는 점이 반드시 드러나야만 하는 갈등의 지점도 정면으로 다루어야 한다.

문화 변증을 우선시할 때 마주하는 또 다른 위험은, 대상이 되는 사람들을 이해하는 데 몰두한 나머지 그들이 이미 가진 필요와 질문에만 맞추어 기독교를 제시할 수도 있다는 점이다. 기독교를 다른 사고의 틀에 억지로 끼워 맞추어 사람들의 갈망에 어떻게 답하고 그 갈망을 어떻게 성취하는지만 보여 주려고 한다는 것이다. 시작점으로서는 좋다. 각 세대가 던지는 질문을 주의 깊게 듣고 복음이 어떻게 답하는지 보여 주어야 한다는 말은 옳다. 하지만 그것뿐이라면 부족하다. 복음에 충실하다는 것은 사람들이 던지는 질문에 답할 뿐 아니라 그들이 마땅히 질문해야 함에도 하지 못하는 질문들을 우리가 직접 제기하는 것까지 포함한다. 복음은 세상과 문화가 짜 놓은 각본과 틀을 어느 정도 뒤엎기 마련이다. 복음은 끈질기게 다른 질문을 던진다. 문화 변증의 위험성은 문화적 트렌드와 질문이 모든 것을 주도하여 기독교가 세상을 향해 던지는 도전이 희석될 수 있다는 데 있다.

아마도 가장 중요하리라 생각되는 마지막 주의 사항은, 복음이 구원을 주시는 하나님의 능력이 되려면 문화적 기독교나 문화 변증이 반드시 필요하다고 생각하는 불신앙에 빠지지 말라는 것이다. 기독교 국가 체제 이전의 교회는 문화적 기독교라는 버팀목 없이도 굳건했다. 오늘날 세계 곳곳의 그리스도인들은 문화라는 목발 없이도 하나님과 잘 동행하고 있다. 물론 기독교 국가 체제가 사회학적 의미에서 기독교를 '살아 있는 전선'으로 만들어 주는 타당성 구조의 자산이 될 수는 있다. 그러나 신학적으로 볼 때 문화적 기독교가 전기를 공급한다고 생각해서는 절대 안 된다. 복음을 들불처럼 번지게 만드시는 분은 성령이시며, 그분은 원하시는 때에 원하시는 곳으로 다니신다.

초자연적 개입 없는 회심이란 언제나 불가능하다. 문화적 기독교는 하나님께서 길을 닦으실 때 사용되는 한 가지 도구일 수 있으며, 이를 통해 누군가는 그리스도의 구체적인 부르심 앞에 서기 전에 성경적 진리의 기초를 이해할 수 있다. 그러나 하나님은 기독교 국가 체제에 의존하지 않으시며, 우리 역시 그래야 한다. 기독교를 믿는 것이 조로아스터교를 믿는 것만큼이나 생뚱맞게 여겨지는 척박한 땅에서 사역하든, 여전히 보편적인 기독교 가치관의 향기가 남아 있는 곳에서 사역하든, 전도와 선교를 향한 우리의 소명은 동일하다. 비록 문화적 맥락에 따라 방법론은 바뀌어야 할지라도 말이다.

어떤 접근법을 제안하고 어떤 방법을 사용하든 끝까지 잊지 말아야 할 사실이 있다. 결국 나사렛 예수가 부활하셔서 무덤에서 걸어 나오셨다는 이 믿기 힘든 증언을 믿는 사람이 생기는 근본 원인은 '살아 있는 전선'이나 '죽은 전선'의 문제도 아니고, 전통적 변증이나 문화적 변증 때문도 아니며, 우리의 탁월한 복음 전파 기술 때문도 아니다. 오직 성령께서 그들을 깨우시기 때문이다.

2.

# 복음만이 현대인의 갈망을
# 성취함을 설명하다

° 크리스토퍼 왓킨

기독교는 우리의 세계 그 자체다. … 우리의 모든 과학,
우리의 머릿속을 스쳐 가는 모든 생각은 필연적으로
이 역사를 통해 왔다. _ 카를 융, 바젤 세미나, 1934년[1]

영화 〈본 아이덴티티〉에서 기억상실증에 걸린 제이슨 본은 유럽 곳곳을 다닌다. 그는 이유는 알 수 없지만 특정 장소에 이끌린다.[2] 한 장면에서 본은 자신의 서류상 이름으로 등록된 파리의 아파트를 찾아간다. 그곳과 관련한 기억은 전혀 없지만 자신이 그곳에 살았던 흔적은 남아 있다. 친숙하면서도 낯선 아파트다. 자기 집이 분명한데 기억에는 없는 집이다. 결국 그는 (아직 이 영화를 보지 않

았다면 다음 단락으로 바로 넘어가기 바란다) 자신이 비밀 요원으로 이곳에 살았음을 알게 된다. 고도로 효율적이고 도덕에 얽매이지 않는 암살자를 만들기 위해 설계된 정부의 비밀 프로그램의 일부로 활동하던 중 그의 기억이 지워졌던 것이다.

영국 역사학자 톰 홀랜드는—그가 기분 나빠 하지 않기를 바라는데—제이슨 본 같은 인물은 아니다. 하지만 그가 겪은 일도 놀라울 정도로 비슷하다. 홀랜드는 파리 아파트에서 본을 엄습했던 그 느낌을 그의 저서 《도미니언》에서 증언한다. 소년 시절부터 홀랜드는 고대 그리스와 로마 문화, 즉 영웅들의 전투와 강력한 영웅들 그리고 서로 다투는 신들의 이야기에 매료되어 있었다. 그러나 고대 그리스·로마 시대를 오래 연구할수록 그는 "고대 세계의 도덕적 확신들이 얼마나 나와 이질적인지 깊이 깨닫게 되었다."[3] 파리 아파트에 있었던 본처럼, 홀랜드는 기이하게 친숙한 기독교 전통 속에 있는 자신을 발견했다.

> 내가 태어난 문명은 천 년이 넘도록 기독교 국가 체제였다. 내가 자라면서 가졌던 전제들—사회가 어떻게 조직되는 것이 적절한지, 사회가 고수해야 할 원칙은 무엇인지에 관한 생각—은 고대 그리스·로마 시대에서 길러진 것도, 하물며 '인간의 본성'에서 나온 것도 아니었다. 그것은 매우 독특하게도 그 문명이 거쳐 온 기독교적 과거의 산물이었다.[4]

그는 기독교를 본향으로 여기지는 않았지만 친숙하게 느껴진다는 사실은 알고 있었다.

이것을 어떻게 이해해야 할까? 의심할 나위 없이 많은 요소가 있겠지만, 우리는 그중에서도 21세기 초·중반을 지나는 문화 변증의 핵심을 보여 주는 매혹적인 창을 발견한다. 홀렌드가 묘하게 친숙하다고 느꼈던 신념과 가치의 원천인 성경은, 현대 서구인들에게 완전히 이질적이지도, 온전히 친숙하지도 않다. C. S. 루이스의 《영광의 무게》에 나오는 이미지를 빌려 표현하자면, 그것은 "한 번도 맡아 본 적 없는 꽃의 친숙한 향기이고, 한 번도 들어 본 적 없는 사랑했던 곡조의 메아리이며, 한 번도 가 본 적 없는 나라에서 들려온 잘 알고 있던 소식"[5]과 같다. 이 장에서 나는 성경이 가진 이러한 이질적인 친숙함을 탐구하고, 성경적 패턴이 어떻게 자신들이 떠난 줄도 몰랐던 그 본향으로 후기 현대인들을 다시 이끌 수 있을지 제안해 보고자 한다.


## 성경: 인간 본성에 관한 최상의 설명


한번 이렇게 해 보라. 성경 전체를 요약하되 단 네 단어만 사용하라. 당신이라면 어떻게 하겠는가? "하나님이 이 세상을 사랑하신다." "예수님이 당신을 위해 죽으셨다." 이렇게 말하고 싶은가? 이런 문장이든 이와 유사 다른 표현이든 모두 훌륭한 성경의 진리를 담고 있지만, 성경 이야기 전체의 리듬을 포착하기에는 조금 부족하다. 다소 지루하게 들릴 위험을 무릅쓰고, 나는 다음 단어들을 제안하고자 한다. 바로 "창조, 타락, 구속, 완성"이다.[6] 앞의 문장만큼 입에 착 붙지 않는다는 것은 인정한다. 하지만 이 네 단어에는 팽팽하게 압축된 용수철처럼 인생과 세상과 인간에 대한 총체적인 이해가 압축되어 있다.

성경이 다루는 모든 주제는 하나님이 선한 세상을 만드신 이야기, 죄로 인해 그 세상이 망가진 이야기, 하나님이 영웅적이고도 무서울 정도로 강한 인내로 행하신 구조 작전, 새 하늘과 새 땅에서 만물이 완성되는 이야기라는 거대한 서사의 일부다. 그리스도인이 생각하고 느끼는 모든 것―관계, 자연 세계, 정치, 일, 취미, 승리, 비극, 지루함―이 네 단계 이야기의 일부를 이룬다.

이는 매우 섬세하고 정교한 이야기이며, 오늘날 그리스도인들이 문화 변증에 참여하는 방식에 깊은 영향을 준다. 이 네 단어가 그리스도인의 문화 참여에 주는 함의를 적으라면 수백 쪽이라도 쓸 수 있지만,[7] 여기서는 이 단어들이 어떻게 문화 변증의 렌즈로 기능할 수 있는지, 어떻게 자신이 떠났다는 사실도 인식하지 못하고 떠난 본향으로 돌아오도록 사람들을 초대하는 방편이 될 수 있는지 보여 주고자 한다.

먼저 성경 이야기 서두에서 중요한 순간인 창조와 타락부터 살펴보자. 인내심을 갖고 들어 주길 바란다. 우선 창세기 3장은 창세기 1장 다음에 나온다는 사실을 짚고자 한다. 다시 말해, 선한 세상을 창조한 일과 그 세상이 훼손된 사건은 동일한 사건이 아니다. 세상이 늘 지금 같았던 것은 아니며, 현재 상태가 하나님의 본래 계획도 아니었다. 결과적으로 그리스도인들은 인간 행위의 당혹스러운 다양성을 설명하기가 별로 어렵지 않다. 살기 위해 몸부림치는 이들을 돕기 위해 지구 반대편으로 날아갈 때처럼, 무거운 장바구니를 힘들게 들고 가는 이웃을 도와주러 길을 건널 때처럼, 인간은 천사처럼 행동할 수도 있다. 그러나 서로에게 잔인해질 수도 있다. 그저 잔인함을 즐기고 고통을 가하려는 목적 외에는 아무 이유 없이, 말로 표현할 수 없을 만큼 비열해질 수 있는 존재가 인간이기도 하다. 인간의 행동 스펙트럼은 이토록 넓다.

성경 바깥의 거의 모든 철학과 인간관은 이 두 실재 중 어느 한쪽을 지나치게 강조하는 경향이 있으며, 그 과정에서 다른 쪽의 진실을 훼손하거나 배신한다. 인간 본성의 한 극단에서 반대 극단으로 시소 타듯 오가는 모습은 서구의 현대성에 깊이 각인되어 있는 듯하다. 한쪽 끝에는 토머스 홉스(1588-1679)의 《리바이어던》에 제시된 우울한 인간 본성론이 있다.[8] 아마도 이 책은 현대 서구 정치사상의 기초가 되는 텍스트일 것이다.[9] 홉스에 따르면 인간 행동에 대해 알아야 할 내용은 모두 세 가지 특성으로 요약된다. 우리는 서로를 두려워하고, 서로 경쟁하며, 타인을 희생시켜서라도 영광과 인정을 얻고자 한다.[10] 겉보기에 이타적으로 보이는 모든 행위는 사실 명성을 높이려는 책략에 불과하다.

스펙트럼의 반대편 끝에는 현대 사상 발전에 똑같이 중추적 역할을 한 장 자크 루소(1712-1778)가 있다. 루소의 《인간 불평등 기원론》에 따르면 인간에게는 두 가지 근본적인 특성이 있을 뿐이다. 하나는 자신의 생명을 보존하려는 욕구이고, 다른 하나는 타인의 고통에 공감하는 자연적 연민이다.[11] 그러나 불평등, 정신없이 반복되는 삶, 경쟁심을 부추기는 현대 사회가 우리가 가진 이 연민의 정을 협박해서 몰아냈고, 그 자리를 남보다 더 나아 보이고 싶어 하는 홉스식 욕망이 차지해 버렸다.

이러한 근본적 성향과 그 변형은 현대 정치와 사회에서 재현된다. 인간은 강력한 권위로 통제해야만 하는, 본질적으로 음모를 꾸미는 짐승인가? 아니면 진정한 자아를 표현할 수 있도록 보살펴야 하는 상처 입은 꽃인가? 한 가지 중요한 의미에서, 우리의 정치는 인간 본성을 묻는 질문에 답하는 근본적으로 다른 답변들의 관점에서 이해될 수 있다.

그렇다면 여기서 문화 변증은 어떤 역할을 하는가? 사람들에게 묻는다면 대다수는 루소나 홉스처럼 극단적 견해를 취하지는 않을 것이다. 우리는 인간이 자기 홍보나 개인적 이득으로 설명할 수 없는 이유로 대단한 선의와 친절을 베풀 수 있다는 것을 본능적인 감각으로 안다. 한편, 인간의 악과 자기 파괴 능력은 거의 무한하며 기회만 주어진다면 더 내려가지 못할 바닥이란 없다는 것 또한 안다. 문제는 선의 기원과 악의 기원을 구분하지 않는 한, 인간 본성의 이 광범위한 두 측면을 설명하기가 지극히 어렵다는 점이다. 본능적인 감각으로 두 극단을 느낄 수 있고 각 극단에 맞는 행동 사례들을 제시할 수 있지만, 그 거대한 다양성에 대한 우리의 느낌을 설명하고 정당화하는 것은 실제로 너무나 어렵다. 실제 삶의 경험은 그 두 측면을 동시에 붙들고 있지만, 이론은 양극단 중 하나로 기울어지는 경향이 있기 때문이다.

그러므로 세속적이고 회의적인 후기 현대 사회 사람들에게 창조와 타락이라는 성경적 패턴을 설명하는 것은 적진으로 들어가는 위험한 일이 아니다. 우리는 방황하는 자들을 본향으로, 곧 인류의 가장 선한 모습과 가장 악한 모습을 다 설명해 줄 수 있는 세계관 속으로 초대하는 것이다. 간단히 말해 성경은 우리가 누구인지를 이해시킨다. 성경은 우리가 자신을 이해할 수 있는 수준보다 훨씬 더 잘 우리를 이해시킨다.

이것이 바로 아우구스티누스의 《하나님의 도성》이 가진 위대하고 끝없이 풍성한 논증이며, 이 책은 성경을 제외하면 문화 변증서 중 단연코 가장 중요하다.[12] 아우구스티누스는 로마 후기 문화 앞에 전문 메이크업 숍에나 있을 법한 거울을 들이밀었다. 얼굴에 강렬한 조명을 비추어 아주 작은 결점, 티, 주름까지 다 보여 주는 거울 말이다. 그는 로마가 스스로를 온전히 설명하지 못하고 있음을 증명했다. 로마가 숨기려 했던 그 기이함과 긴장들이, 사실 '창조-타락-구속-완성'이라는 성경 이야기로만 명쾌하게 설명된다는 사실도 보여 주었다.

문화 변증가들이 《하나님의 도성》에서 배울 수 있는 주요 교훈—표현하기는 쉽지만 탐구하는 데는 평생이 걸리는 교훈—은 성경 그 자체가 곧 변증이라는 사실이다. 전체 성경 이야기는 창조, 타락, 구속, 완성이라는 네 가지 순간으로 가장 단순 간결하게 표현되고, 세부적으로 파고들수록 풍성하고 다층적이며 지극히 복잡해진다. 그것은 실재의 이야기이고, 우리가 실제 살아가는 우주의 이야기이며, 바로 그 이야기가 변증이라는 무거운 짐을 떠안는다.

훌륭한 문화 변증가가 되기 위해 최신 사회학 이론에 통달할 필요는 없다. 예리하고, 적실하며, 생각할 거리를 던지고, 매혹적인 문화 변증가가 되기 위해 복잡한 철학적 개념을 갖출 필요도 없다 (이 말을 하는 나는 철학자다!). 물론 그런 것들은 때로 도움이 되고, 문화 변증 생태계 안에서 해야 할 역할이 분명히 있다. 그러나 그 생태계는 — 적어도 그래야만 하는데 — 근본적으로 그리고 궁극적으로 성경적 형태를 갖추어야 하고 성경적 리듬을 따라야 한다. 기독교 문화 변증은 곧 성경적 변증이다.

## 복음: 우리 문화의 욕망을 전복적으로 성취하다

이제 성경 전체의 서사 패턴에서 눈을 돌려 한 단락을 구체적으로 살펴보자. 고린도전서 1장에서 바울은 팔을 걷어붙이고 문화 변증이라는 실전에 뛰어든다. 그는 패러다임을 결정짓는 네 구절(22-25절)을 통해 문화 변증가에게 필요한, 철저하게 성경적인 청사진을 제시한다.

22절에서 바울은 1세기 세계의 두 주요 문화가 가진 깊은 갈망과 가치를 알아본다. "유대인은 표적을 구하고 헬라인은 지혜를 찾으나." 본문 후반부에 보면 유대인들이 신적 권능의 시현을 원했음을 분명히 알 수 있다. 단선적 문화 변증은 즉시 이런 식으로 말할 것이다. "그러니 와서 당신들이 찾는 그 능력과 지혜를 그리스도 안에서 발견하십시오. 그분은 전능하시고 전지하신 분입니다. 그분 안에서 당신의 모든 욕구가 만족됨을 발견하십시오."

그러나 바울은 그렇게 말하지 않았다. 23절에서 그는 유대인과 헬라인이 찾는 것과 정확히 반대되는 무엇을 내놓겠다고 선언한다. "우리는 십자가에 못 박힌 그리스도를 전하니 유대인에게는 거리끼는 것이요 이방인에게는 미련한 것으로되." 바울은 이렇게 말한 것이다. "친애하는 유대인 여러분, 당신들은 능력을 찾고 있을지 모르나, 나는 수치심 속에서 숨을 헐떡이며 최악의 죄수들이나 당하는 죽음을 맞이한 한 남자의 약함만을 가지고 당신들에게 갑니다. 지혜를 원한다는 헬라인 여러분, 미안하지만 나는 당신들에게 미련함이라는 메시지를 들고 갑니다. 여기에 토가(고대 로마의 공식 행사나 의례에서 착용하는 옷 — 옮긴이)를 걸치고 위엄 있게 멋진 문장을 읊는 웅변가는 없습니다. 십자가에 매달려 발가벗겨진 채 한마디도 제대로 할 수 없는 남자가 있을 뿐입니다. 힘을 원하는 자들이여, 와서 약함을 보십시오. 지혜를 갈망하는 자들이여, 와서 미련함을 보십시오." 십자가의 도는 문화가 소중히 여기는 가치를 좌절시키고 당혹하게 만들며 전복한다.

그러나 바울의 이야기는 여기서 끝나지 않는다. "오직 부르심을 받은 자들에게는 유대인이나 헬라인이나 그리스도는 하나님의 능력이요 하나님의 지혜니라 하나님의 어리석음이 사람보다 지혜롭고 하나님의 약하심이 사람보다 강하니라"(24-25절). 뭐라고? 바울은 방금 십자가의 도가 약하고 미련하다는 사실을 고통스러울 정도로 도발적으로 명시하지 않았는가? 그런데 어떻게 십자가가 하나님의 능력이자 하나님의 지혜가 될 수 있는가? 유대인의 눈에는 약해 보이고 헬라인의 눈에는 미련해 보이는데 어떻게 사람의 지혜보다 지혜롭고 사람의 힘보다 강할 수 있는가? 이것이 바로 십자가의 탁월함이다. 십자가는 고대 근동 문화의 욕구와 가치를 가장 확실하게 성취한다. 그러나 그것들을 당혹하게 만들고 전복시킨다는 조건하에서 그렇다.

이 두 가지를 하나로 합쳐 보자. 바울은 유대인과 헬라인에게 이렇게 말하는 셈이다. "찾아야 할 능력과 구해야 할 지혜가 있습니다. 하지만 당신들은 완전히 엉뚱한 곳에서 그것을 찾고 있습니다. 이 시대의 시인이 노래했듯, 우리는 달리고, 기어오르며, 이 도시의 성벽을 넘었지만, 여전히 우리가 찾는 것을 찾지 못했습니다. 유대인 여러분, 헬라인 여러분, 진정 지혜를 찾고 있습니까? 능력을 찾고 있습니까? 자존심을 꺾고, 전혀 있을 법하지 않다고 생각되는 곳을 들여다볼 마음이 있습니까? 이 말이 이상하게 들린다는 것을 압니다. 여러분은 기대조차 하지 않겠죠. 그러나 당신들을 위한 하나님의 약속이 있습니다. '지혜란 이런 모습이어야 해. 능력이란 마땅히 이런 형태여야 해'라고 고집하던 편협하고 문화적으로 굳어진 선입견을 버릴 수 있다면, 그 선입견을 십자가 아래 내려놓고 하나님의 약한 능력과 미련한 지혜를 받아들인다면 당신은 능력과 지혜를 발견할 것입니다. 그것은 당신이 상상조차 할 수 없는 풍성함과 깊이와 강렬함을 지녔습니다. 왜냐하면 그냥 지혜로운 분이 아니라 지혜 그 자체이신 분(잠 8장; 골 2:3), 그냥 강한 분이 아니라 모든 힘의 근원이시며 모든 권세가 복종하는 바로 그분(대상 29:11-12; 골 1:16-17)을 알게 될 것이기 때문입니다."

바울이 십자가를 탁월하게 제시한 방식을 우리의 본보기로 삼는다면, 오늘날 문화 변증을 위해 얻을 수 있는 교훈은 무엇인가? 세 가지를 생각할 수 있다.

첫째, 후기 현대 문화를 경멸하고 정죄만 하는 그리스도인들, 그 문화에 동화되어 복음이 얼마나 그 문화에 적실한지만 보여 주려는 그리스도인들, 둘 다 중요한 지점을 짚고는 있다. 그러나 전체 이야기의 일부만 말하고 있기에 전체 이야기는 왜곡된다. 헬라인의 중요한 가치인 지혜와 유대인의 중요한 가치인 능력에 도전했던 십자가의 도는 우리 문화의 가장 위대한 가치인 자유와 평등에도 도전한다. 그러나 십자가의 도는 그 가치들을 무너뜨리고 재건하는 과정을 통해 오히려 그 가치들을 급진적으로 성취하며, 공중누각과 같은 그들의 성을 하나님의 성품이라는 견고한 토대 위에 세운다.[13]

둘째, 문화 변증은 십자가 중심이다. 바울은 1세기 철학의 세세한 사항에 빠져들 필요를 전혀 느끼지 않은 채 문화 변증이라는 집중 공격을 퍼붓는다. 우리는 바울의 다른 글을 통해 그가 헬라 시인들과 사상에 문외한이 아니었음을 알고 있다(참고. 행 17:28; 고전 15:33; 딛 1:12). 그러나 이 구절에서 바울은 사람들이 어떻게 생각할지 두려워 십자가를 숨기는 대신, 오히려 십자가를 밀어붙임으로써 심오하고 예리한 문화 비평을 견지한다. 나는 기독교 문화 변증은 성경적 변증이라고 단언하며 앞부분을 끝맺었다. 고린도전서 1장에서 울려 퍼지는 메시지는 기독교 문화 변증은 곧 십자가 중심 변증이라는 것이다. 우리는 십자가를 비껴가는 것이 아니라 그 지혜와 능력의 깊이 속으로 뛰어들어 보화를 건져 올림으로써 우리 시대를 에워싼 문화적 가치들과 어떻게 관계를 맺고, 그 가치를 어떻게 전복하며 성취할지를 배운다. 문화 변증의 심장은 복음의 심장과 같다.

셋째이자 마지막으로, 문화 변증가는 고린도전서 1장을 통해 하나님의 능력과 계획에 대한 겸손한 확신을 가질 수 있다. 이 본문은 반복되는 모티프와 리듬, 고조되는 전개와 예상치 못한 반전이 담긴 놀랍도록 잘 구성된 탁월한 글이다. 그러나 바울은 자신의 뛰어난 헬라어 구사 능력이나 헬라 사상을 다루는 솜씨에 자신감을 갖지 않는다. 그의 실력이 모두가 알 수 있을 정도로 명백히 드러나지만 말이다. 이 단락 전체를 관통하며 울려 퍼지는 소망의 베이스라인은 인간의 영리한 논증이라는 박자를 따르지 않는다. 사실 성경 전체를 통틀어 인간의 논증을 이토록 무자비하고 끈질기게 비판한 구절도 찾기 힘들 것이다.

그럼에도 바울은 소망에 차 있다. 그가 소망을 갖는 이유는 "하나님께서 전도의 미련한 것으로 믿는 자들을 구원하시기를 기뻐하셨기"(21절) 때문이며, 그가 소망을 갖는 이유는 십자가에 못 박힌 그리스도가 "부르심을 받은 자들에게는 유대인이나 헬라인이나 … 하나님의 능력이요 하나님의 지혜"(24절)이기 때문이다. 우리가 문화 변증의 현장에서 수고할 때, 바울은 이 사역이 다른 모든 사역과 마찬가지로 오직 하나님의 은혜와 능력에 처절할 정도로 철저하게 의존한다는 사실을 일깨운다. 보라, 이 얼마나 놀라운 은혜이며, 얼마나 놀라운 능력인가!

# 우리의 모든 탐험이 끝나는 곳

'창조-타락-구속-완성'의 성경 서사 패턴과 고린도전서 1장에 나타난 바울의 문화 변증적 접근은 오늘날의 예비 문화 변증가들에게 중요한 사실을 일깨운다. 우리가 사람들을 그들의 경험과 완전히 동떨어진 무언가로 부르는 것도 아니고, 그렇다고 그들이 이해하는 방식 그대로 그들의 깊은 가치와 갈망을 성취하라고 부르는 것도 아니라는 점 말이다. 자신이 진짜 누구인지 알아내려고 전 세계를 헤매는 제이슨 본에게 예기치 못한 플래시백이 불쑥 떠오르는 것처럼, 톰 홀랜드의 마음을 끈질기게 붙잡고 있는, 그가 속한 세상이 성경으로 빚어졌다는 느낌처럼, 문화 변증가는 끈기 있게 속삭이는 존재다. 우리는 이 후기 현대 문화 속에서 성경을 내밀며, 우리에게 귀 기울이는 모든 이에게 부드럽게 말을 건넨다. "당신은 이곳에 속해 있습니다. 비록 당신이 생각하는 방식은 아니지만 말입니다."

우리는 현대인들에게 근본적 질문을 멈추라거나, 그저 편안하게 무감각한 상태에 안주하라고 말하지 않는다. 그 대신 우리는 T. S. 엘리엇의 〈리틀 기딩〉(Little Gidding)의 마지막 구절에 담긴 아름다운 탐구로 그들을 초대한다. 그 구절의 내용은 이렇다. 모든 탐험이 끝나는 지점에 이르러 우리는 출발했던 장소로 돌아오고 그곳을 비로소 처음으로 알게 된다.[14] 그렇다. 그 장소를 알 뿐 아니라 그 장소를 만드신 분을 아는 것이며, 능력을 알 뿐 아니라 모든 능력이 그 안에 계신 분을 아는 것이요, 지혜를 알 뿐 아니라 지혜 그 자체이신 그분을 아는 것이다.

종종 문화 변증가들은 다른 대안들보다 더 기이하고 더 도전적이며 더 매혹적인 실재로 나아오라고 사람들에게 요청하곤 한다. 더 기이하다고 말하는 이유는 G. K. 체스터턴이 《정통》에서 명쾌하게 포착했듯 기독교의 그 모든 튀어나온 것들과 꼴사나운 덩어리들이 존재하는 이유가 다 있기 때문이다. 기독교는 그 자체로 결코 매끄럽거나 투명하지 않은 실재에 정교하게 맞물리도록 설계되었다. 그중 하나라도 제거한다면 전체 구조는 비틀거리기 시작할 것이다.

> 기독교는 거대하고 거칠며 낭만적인 바위와 같아서, 받침대를 살짝만 건드려도 바위가 흔들릴 것 같지만 과장되게 튀어나온 돌출부들이 서로 정확하게 균형을 이루고 있기에 천 년 동안 그 왕좌를 지키고 있다. 고딕 성당의 기둥들은 제각기 다르게 생겼지만 모두 꼭 필요하다. 모든 지지대는 우발적이고 기괴한 지지대처럼 보일지 모르지만, 모든 버팀벽은 공중 버팀벽(flying buttress, 고딕 건축에서 건물 외벽을 떠받치는 아치형 구조물 — 옮긴이)이었다. 이처럼 기독교 국가 체제 안에서도 겉으로는 우연처럼 보이는 요소들이 균형을 이루고 있다.[15]

성경은 인간의 실존이라는 손에 장갑처럼 꼭 들어맞는다. 하지만 장갑은 완벽한 대칭이 아니다. 손가락 길이는 제각각이고, 엄지손가락은 옆에서 따로 노는 것처럼 보인다. 장갑의 그 모든 불규칙

성과 비대칭은 제멋대로인 것도 아니고 어리석은 공상의 결과도 아니다. 굴곡, 묘한 각도, 볼품없이 튀어나온 부분에는 다 이유가 있다. 그 이유들은 단 하나의 목적을 향한다. 바로 인간의 손에 잘 들어맞기 위함이다.

후기 현대 사회에서, 지치고 무거운 짐을 진 사람들뿐 아니라 야망과 의욕이 넘치는 사람들, 우울하게 고군분투하는 사람들, 그저 평범한 사람들에게 문화 변증가가 전하는 메시지는 일관적이다. "자, 가서 성경이 당신 몸에 맞는지 시험 삼아 입어 보십시오. 꼭 맞는 장갑처럼 놀라울 정도로 잘 맞을지 모릅니다."

3.

# 복음 논증을
# 창의적으로 상황화하다

° 조슈아 D. 채트로우

"[비그리스도인들은] 추상적 존재가 아닙니다. 그들은 그리스 문화권의 비그리스도인이고, 유대 문화권의 비그리스도인이고, 불교 문화권의 비그리스도인입니다. 그러니 변증은 저절로 상황화될 수밖에 없습니다."

몇 년 전 뉴욕에 있는 팀 켈러의 사무실에서 변증에 관해 이야기를 나눌 때 팀 켈러가 내게 했던 말이다.[1] 그날 팀이 말하고자 했던 핵심을 다르게 표현하자면, 구체적 사회의 역사적 배경이라는 특수성과 동떨어진 순수 이론적 학문으로 변증을 생각하면 안 된다는 것이다. 맥락을 이해하는 것—문화적 서사, 제도, 산물뿐만 아니라 이러한 실재들이 사람들의 가치, 열망, 삶의 양식 그리고 타당성 구조를 형성하는 방식을 이해하는 것[2]—은 효과적이고도 신실한 변증에 필수적이다.

이렇게 서두를 뗐으니 독자들은 내가 '문화 변증'이라는 라벨을 기꺼이 긍정할 것이라고 짐작할 것이다. 하지만 투명성을 위해 다소 놀라운 고백을 해야겠다. 몇 가지 우려되는 문제가 있다.

첫째, '변증' 앞에 형용사 '문화적'을 붙이는 것은, 마치 문화 바깥에 있는 어떤 지점에서 보편적 타자에게 변증을 할 수도 있다는 잘못된 암시를 줄 수 있다. 이론적이고 비문화적인 학문적 관점에서 볼 때와 달리, 변증은 추상이 아닌 구체적인 상황에서 이루어진다. 우리는 자신만의 문화적 서사를 품은 구체적인 개인에게 말할 수밖에 없다. 따라서 모든 변증은 문화 변증이다. 왜냐하면 모든 설득은 특정한 문화 안에서 일어나며 그 문화의 구체적인 도전을 다루기 때문이다.[3] 의사소통의 기초적인 단계나 타당성 구조에서조차, 논쟁에 사용되는 언어와 "합리성"은 그 자체로 특정 맥락에 결속되어 있다.[4]

문제는 사람들이 "문화 변증"을 하고 있느냐가 아니라, 변증가가 자신의 문화적 전제는 물론 자신이 호소하고 있는 대상의 문화적 맥락의 전제를 얼마나 인식하고 있느냐다. 문제는 사람들이 자신의 역사적 맥락의 합리성이나 문화적 서사에 얽매여 있느냐 아니냐가 아니라, 변증가가 그 맥락을 잘 연구하여 설득의 기회로 삼고 고유한 도전에 대응하느냐다.

문화 변증이라는 라벨을 붙일 때 생기는 실질적 위험은 변증가들을 '변증가'와 '문화 변증가'라는 두 집단으로 나누게 된다는 점이다. 이렇게 구분해 버리면 '문화 변증가'들이 (자신들에게 손해가 됨에도) 역사적이고 과학적이며 정밀한 논증을 회피하게 만들 가능성이 있다. 또한 '문화 변증가'라는 라벨은 '변증가'들이 자신은 문화와 무관한 변증을 하고 있다는 잘못된 생각을 하게 할 수도 있다. 즉 그들의 설득력은 끊임없이 변화하는 문화의 영향을 받지 않으므로 어떤 맥락에서든 그저 "꽂기만 하면 바로 작동하는"(plug and play) 기독교 진리의 보편적 증거를 제공하고 있다고 말이다.[5] 그러나 문화는 사람들이 사고하는 방식과 무엇을 참되고 선하며 아름다운 것으로 여기는지를 형성한다. 그러므로 문화 분석을 자신의 접근법에 통합시키는 법을 배우지 못하고 '변증' 훈련만 받은 사역자들은, 자신이 배운 접근법과 실제 사역 현장에서 사람들을 이해하고 설득하기 위해 필요한 도구 사이의 괴리 때문에 좌절을 겪곤 한다.

이쯤 되면 내가 왜 "문화 변증 입문서"(An Introduction to Cultural Apologetics)라는 부제가 붙은 이 책의 한 장을 쓰고 있는지 의아한 것이 당연하다. 짧게 답하자면, 나는 "변증은 저절로 상황화된다"라는 수년 전 팀 켈러의 말에 여전히 동의하기 때문이다. 나는 이 책 서론에서 콜린 핸슨이 문화적 전제, 서사, 역사적 분석, 예배하는 존재인 인간에 대해 강조하면서 설명한 전반적 접근 방식을 지지한다. 다만 '문화 변증'이라는 라벨이 새로운 문제를 야기할 수 있다는 점을 여전히 염려할 뿐이다.

내가 '문화 변증'이라는 라벨에 갖는 두 번째 걱정은, 이 용어가 특정 복음주의권 내에서 아주 최근에서야 힘을 얻기 시작했다는 점이다. 따라서 이 용어를 사용하면 마치 이 접근법을 택한 사람들이 뭔가 새로운 것을 한다고 볼 위험이 있다.[6] 이 장은 그러한 인식에 대한 응답이다. 이 용어 자체는 비교적 새로울지 모르지만, 이 책의 각 장을 관통하는 아이디어들은 결코 일시적인 유행이 아니기 때문이다. 그 아이디어들은 기독교 전통 내의 위대한 변증가들에게서 선례를 찾을 수 있다. 이 주장을 뒷받침하기 위해 이 장에서는 영향력 있는 세 변증가의 공헌을 살펴볼 것이다.

## 아우구스티누스
### : 이교도를 향한 초기 변증가들의 모범

스티븐 프레슬리는 초대 교회가 그들의 문화적 환경에서 물려받은 "수사학 도구 풀세트"를 어떻게 변증을 위해 사용하도록 발전시켰는지 기록했다.[7] 자신이 처한 특정 맥락에서 발생하는 도전에 대응한 초기 변증가들은 "기독교의 독특함을 방어했고, 기독교의 교리와 도덕이 다른 대안들보다 지적으로 더 만족스럽다는 점을 논증했으며, 기독교의 유구한 역사에 호소하는 한편, 기독교가 공익에 어떻게 기여하는지 보여 주었다."[8] 프레슬리는 초기 변증가들이 어떻게 '수용'과 '정복'이라는 양면 전략을 동시에 사용했는지 설명한다. 순교자 유스티누스, 오리게네스, 아리스티데스 같은 변증가들의 저작을 살펴보면, 이들이 자기 문화의 수사학 도구와 논증 형식을 사용하면서 경쟁자들의 관점을 비판하고 기독교의 진리와 선함을 논증했음을 알 수 있다.[9]

마찬가지로 존 카바디니는 초기 기독교 변증의 역동적이고 상황적인 본질을 주목한다. 이는 후대 신학자들이 자신의 조직신학적 방법을 사용해서 이러한 변증을 시대착오적으로 해석하려는 경향과 대조된다.

> 그러한 [초대 교회의] 맥락에서는 아마도 공유된 수사학 관습과 철학적 지혜를 사용하여 기독교적 헌신을 이끌어 내고 공고히 하려 했던 설득 전략에 대해 말하는 것이 더 나은 선택이었을 것이다. 후대 조직신학이나 스콜라 신학에 더 어울릴 법한 '자연 신학'과 '계시 신학'의 대조라는 틀로 사고하는 것은 적절하지 않다. … 우리가 시대착오적으로 '하나님에 대한 자연적 지식' 같은 범주를 사용하는 데만 급급했다면, 고대의 설득과 해명 전략이 지닌 천재성을 보지 못했을 것이며 그들에게 배울 수 있는 많은 것을 놓쳤을 것이다.[10]

초기 변증가들이 현대의 분류법(예: 전제주의 변증, 증거주의 변증, 문화 변증 등) 중 어디에 속하는지 묻는 것은 초대 교회가 자유민주주의에 대해 어떻게 생각했느냐고 묻는 것과 같다. 이런 시대착오적인 틀로 답을 찾으려 하면 그들의 사역을 깊이 이해하거나 충실히 회복하려 들 때 방해가 될 뿐이다.

초기 변증가 중에서 아우구스티누스는 우리 목적에 가장 부합하는 모범적 사례다. 제러드 오데일리가 보여 주듯, 아우구스티누스는 논증의 많은 부분을 선배 변증가들의 저술에서 가져왔지만 다른 상황에 맞추어 창의적으로 상황화했기 때문이다.[11] 오데일리는 "콘스탄티누스 이후 로마 제국이 기독교화되면서 변증의 맥락이 바뀌었다"라고 주장한다. "로마는 새로운 국교가 생겼고, 이 국교가 로마를 보호하는 데 얼마나 실효성이 있느냐는 질문에 답하기 위해 새로운 논증이 필요해졌다. 아우구스티누스는 이전 변증의 많은 요소를 활용할 수 있었고, 실제로 활용했다."[12] 아우구스티누스는 인간 마음의 보편적 갈망과 공포를 의식하고 있었다. 욕망과 의심 형성이 역사적 요인에 달려 있음도 이해하고 있었다.

예를 들어,《하나님의 도성》을 쓴 직접적 계기는 로마 함락과 그로 인해 발생한 목회적, 변증적 우려였다. 로마가 폐허가 되자 의심스러워진 것은 제국의 미래만이 아니었다. 많은 그리스도인이 로마 제국을 통해 하나님 나라에 대한 소망을 품고 있었기에, 로마 함락은 교회의 정당성과 미래에 대한 의구심을 불러일으켰다. 로마가 함락되자 이교도 전통주의자들은 아우구스티누스가 있던 북아프리카로 피신했고 제국이 쇠퇴한 이유가 기독교 때문이라고 비난했다. 이러한 이교도들의 집요한 공격은 지각 변동 같은 격변의 시기와 불확실한 미래 한가운데 있던 그리스도인들의 불안감을 가중시켰다.[13]

이러한 구체적인 우려를 염두에 둔 아우구스티누스는 세 집단—이교도 비판자, 과거에 신앙을 고백했던 그리스도인, "로마를 위대하게 만든 모든 가치, 특히 로마의 신들을 기독교가 배신했다고 몰아세우는 로마의 종교적·정치적 전통의 압박"에 눌려 흔들리기 시작한 그리스도인─을 위해 변증을 사용한 역작을 집필했다.[14] 아우구스티누스의 답변은 역사를 깊이 파고들었고, 그들이 처한 특수한 사회적 위치의 전제에 도전했으며, 새롭게 전개되는 상황에서 살아갈 정교한 신학적 길을 제시했다.

《하나님의 도성》에서 그가 취한 메타-접근법은 기독교가 로마제국과 시민의 안녕에 해롭다고 비난하는 목소리를 더 나은 서사로 압도했다. 아우구스티누스는 첫 열 권에서 이교도들이 스스로 인정하는 권위에 호소함으로써, 경쟁자들의 역사 서사를 약화시키는 내재적 비판을 수행했다. 후반부(11-22권)에서 아우구스티누스는 성경의 이야기가 맞는지 한번 입어 보라고 독자들을 초대하며, 기독교가 역사와 인간 경험과 물질세계를 어떻게 잘 설명해 내는지를 논증했다.

아우구스티누스의 성경적 비전은 로마 사회의 사회적 근간을 비판할 수 있는 자원들을 구비시켰다. 아우구스티누스는 세속적 선(善)들이 가진 상대적 가치를 완전히 부정하지 않으면서도, 자신의 성경적 종말론을 통해 로마 제국의 신화와 궁극적 목표를 초월하고 비판할 수 있는 유리한 관점을 확보했다. 그러나 최근 학자들이 지적하듯 그의 문화 비평은 단순한 해체가 아니었다. 아우구스티누스는 유능한 의사처럼 치료하기 위해 도려냈다.[15]

아우구스티누스는 '평화', '행복', '정의' 같은 단어로 대변되는 이교도와 로마인들의 열망을 가져와 그것들이 어떻게 기독교 서사 안에서 제대로 이해되고 성취되는지를 보여 주었다. 예를 들면, '행복'을 구하지 말라고 말하는 대신에 행복을 어떻게 추구해야 하며 그 행복이 궁극적으로 어디에 있는지 재고해 보라고 유도했다. 이생에서 흔히 누리는 "타고난 선(善)"은 일시적이며, 그 선을 누리고는 있지만 그 경험 역시 언젠가는 결국 잃게 될 것이라는 사실을 알고 있기에 부담감이 있다. "그러므로 이토록 크고 가혹한 악의 무게에 짓눌려 있거나 그런 악들이 언제 닥칠지 모르는 위험에 노출된 삶을 결코 행복하다고 말해서는 안 된다."[16] 아우구스티누스는 다른 종류의 행복이 존재할 가능성을 생각해 보라고 독자들에게 도전했다.

> 누군가가 열렬한 사랑과 흔들리지 않는 신실함으로 소망하는 저 내세의 삶을 향하기 위한 목적으로 이 현세의 삶을 사용한다면, 비록 실재가 아닌 소망 안에서의 행복일지라도 '지금 그는 행복하다'는 표현이 결코 터무니없지 않다. 사실 그 소망이 없다면 현실재는 거짓된 행복이자 거대한 불행일 뿐이다. 왜냐하면 그것은 영혼의 참된 선(善)을 사용하지 못하기 때문인데, 신중함으로 분별하고, 용기로 견디어 내고, 절제로 자신을 제한하고, 정의롭게 분배하는 모든 일이, 하나님이 확실한 영원과 완전한 평화 가운데서 만물의 전부가 되실 그 목적지로 향하게 하지 않는다면 어떤 지혜이든 참된 지혜일 수 없기 때문이다.[17]

'행복' 개념을 다루는 아우구스티누스의 방식은 그의 설득 전략의 중요한 특징을 보여 준다. 아우구스티누스는 당대의 지배적인 문화적 서사 속으로 들어가 냉철한 진단을 내렸으나 훌륭한 의사처럼 예수 그리스도라는 처방전을 내놓으며 환자들을 안심시켰다. 복음을 겸손히 받아들이기만 한다면 그들의 개인적인 이야기는 구속될 것이며 그들의 갈망은 치유될 것이라고 말이다.


## 블레즈 파스칼
### : 태동하는 탈기독교 세계를 향한 변증가


피터 크리프트는 파스칼의 《팡세》 주석에서 다음과 같이 썼다. "오늘날 기독교 변증은 대부분 어떤 의미에서 여전히 중세적 사고방식으로 작동된다. 마치 복음을 뒷받침해 주는 기독교 문화, 기독교 문명, 기독교 사회 속에 우리가 아직 살고 있는 듯 말이다. 아니다. 신혼여행은 끝났다. 중세는 끝났다." 크리프트는 파스칼의 독보적인 측면과 오늘날을 향한 적실성을 옹호하며 현재 상황을 이렇게 지적한다. "[파스칼]은 새롭게 등장한 탈기독교화 세계, 탈성례화 세계를 가장 먼저 깨닫고 그 세계를 향해 발언한 인물이다."[18]

파스칼의 변증은 최소한 초기 근대 프랑스의 두 가지 지적 조류에 대응하기 위해 설계되었다. 첫 번째 조류는 파스칼이 태어나기 30년 전에 사망한, 영향력 있는 에세이 작가 미셸 드 몽테뉴가 이끌었다. 몽테뉴는 유럽을 황폐화시킨 종교 전쟁의 근본 원인이 강한 신념과 확신에 있다고 진단했다. 그는 확신이 폭력을 부추기고 삶의 소박한 즐거움을 해친다고 보았다. 신성한 진리를 확인하려는 시도는 몽테뉴가 볼 때 어리석은 짓이었다. 종교적 진리를 지리와 역사의 부산물로 본 그는 평범한 인간이 이를 해독할 수 있다는 사실에 회의적이었다. 따라서 종교적 열정에 휩쓸리지 말고 가볍게 살며 소박한 즐거움을 누리는 것이 낫다고 판단했다. 형식적 가톨릭 신자로 남은 몽테뉴는 인생의 근원적 질문에 대해 이성이 뒷받침된 답을 내놓을 가능성을 포기하는 일종의 회의주의를 받아들였다. 초월적인 해답을 열렬히 추구하는 대신 '내재적 만족'을 추구해야 한다고 생각한 것이다.[19]

두 번째 인물은 파스칼과 동시대인이자 근대 철학의 아버지인 르네 데카르트다. 데카르트는 몽테뉴식의 회의주의에 진저리를 쳤다. 데카르트는 과거의 확실성이 불안하게 흔들리기 시작하자 확실성에 도달하는 혁신적 접근법을 개발했다. 그의 전략은 자신을 사유 안에 격리시키고 방법론적으로 모든 것을 의심하는 것이었다. 그가 의심할 수 없었던 유일한 사실은 자신이 생각하고 있다는 것뿐이었다. 여기서부터 그는 하나님이 존재한다는 증명으로 이어지는 논증을 자신의 사유 속에서 구성해 나갔다. 데카르트는 이러한 내면으로의 전환(우발적 상황에서 자신을 분리하고 자율적으로 진리를 증명하려는 시도)으로 이성을 최종적이고도 궁극적인 권위로 강조하는 현대 사고방식에 기여했으며 전통이나 계시에 뿌리를 둔 진리는 최소화했다.

몽테뉴와 데카르트의 아이디어는 파스칼의 동시대인들이 들이마시는 공기에 스며들었다. 크리프트가 "탈기독교화", "탈성례화"되었다고 언급한 이 문화적 대기는 변화된 조건에 민감해지는 변증적 접근을 요구했다.

파스칼은 진리, 아름다움, 선함을 포괄하는 마음의 논리는 각 인간에게 깊이 새겨져 있다고 보았다. 이 논리에는 수학적 증명이 불가능한 본능적인 제1원리들이 포함되는데, 이것들은 증명될 수 있는 것이 아니다. 우리가 그 존재를 당연히 전제하고 그로부터 추론을 시작해야 하는 실재들이다. 공간, 시간, 운동은 물론 믿음, 소망, 사랑도 그러하다. 파스칼은 신앙의 이성적 근거를 제시하면서도 마음의 논리는 데카르트가 촉발한 환원주의적 인식론을 넘어선다고 주장했다. 그리하여 파스칼은 확실하지 않은 모든 것을 마음에서 걷어 내고 방법론적 의심으로 하나님의 존재를 '증명'하려 들기보다, 훨씬 더 포괄적인 합리성 위에서 변증하려 했다. 게다가 그는 동시대 사람들이 종교를 조롱하고 증오하는 모습을 목격했기에, 그들을 '치유'하려면 먼저 기독교가 존중받아야 할 가치가 있음을 논증해야 한다고 권했다. 특히 그는 인간 본성에 대한 기독교의 설명력을 강조했다.[20] 둘째로, 파스칼은 기독교가 참되기를 사람들이 바라도록 설득하는 내용으로 넘어갔다. "기독교를 매력적으로 만들라. 선한 사람들이 기독교가 참되기를 바라게 만들라." 마지막으로는 기독교가 실제로 참되다는 논거를 제시해야 한다고 주장했다.[21]

파스칼은 인간 본성에 대한 몽테뉴의 생각이 끔찍하리 만큼 틀렸다고 믿었다. 우리는 위대하면서도 동시에 비참한 존재이기 때문이다. 사소한 삶에 안주하지 않으려는 본능과 싸운다면, 인간은 영원히 안식할 수 없다. 파스칼은 회의주의에 안주하며 이 세상의 덧없는 즐거움에서 찾는 행복으로 충분하다고 스스로를 설득하려는 몽테뉴의 방식은 인간의 눈을 가려 실재를 보지 못하게 하고 결국 절망에 빠뜨릴 것이라고 주장했다. 몽테뉴의 삶의 방식은 결국 우리를 더 비참하게 만들 뿐이다. 벤저민 스토리(Storey)와 제나 스토리는 파스칼의 관점을 이렇게 요약한다. "우리의 유한성에 대한 의식과 우리의 무지에 대한 자각은 우리를 불행하게 만든다. 몽테뉴가 바랐던 것처럼, 우리는 죽기를 배울 수도 없고*, 무지라는 베개에 우리의 잘난 머리를 편히 눕힐 수도 없다. 갈망이 가능성을 철저히 앞지르는 존재에게 심리적 평형이란 불가능하다. 우리가 원하는 것과 우리 실체 사이의 간극을 정직하게 대면한다면, 비참함이 뒤따르는 것은 불가피하다."[22]

파스칼은 몽테뉴의 방식을 따르는 사람들은 기독교를 믿기가 어려워지도록 길들여졌다고 생각했다. 이러한 맥락에서 파스칼은 그 유명한 "내기"를 제안했다. 그의 목표는 오락(diversions)**이 가져다준 무감각한 상태에서 사람들을 깨우는 것이었다. 그들은 신성한 진리에서 확신을 찾을 기회를 비웃으며 세상적인 즐거움으로 관심을 돌렸다. 우리는 그들이 이렇게 생각하는 것을 상상할 수 있다. '어차피 진짜 확실하게 알 수도 없는데 뭐 하러 내기를 하지?

---

\* '죽기를 배운다'는 것은 죽음의 불가피성과 죽음의 공포를 당연하게 받아들여 현재를 더 자유롭게 사는 태도를 의미한다. — 옮긴이

\*\* 인간이 비참한 실존과 죽음이라는 근본 문제를 직시하지 않기 위해 탐닉하는 것들. — 옮긴이

내기는 잊고 정원이나 가꾸며 그냥 흘러가는 대로 즐겁게 살자.' 본질적으로 파스칼은 이렇게 응수한다. "하지만 그것 역시 내기 아닌가? 하나님께 모든 것을 걸었을 때 얻는 것과, 세상 즐거움에 걸었다가 알고 보니 하나님이 존재하실 경우 잃을 것을 고려해 보라!" 이것은 하나님의 존재를 증명하려는 보편적 논증이 아니었다. 교만과 세상 오락에 사로잡힌 죄인들이 자신의 삶을 재고할 뿐 아니라 하나님에 관한 질문에 내기를 걸 때 가장 지혜로운 방법이 무엇인지 고민하게 만들려는 설득의 논거였다.[23]

　"내재적 만족"을 추구하는 일에 삶을 거는 것이 위험하다는 사실을 깨달았음에도 여전히 불신으로 얼어붙은 사람에게 파스칼은 유명한 조언을 건넨다. "불신을 치유받기 원해서 치료법을 묻는 것인가? 한때 당신처럼 얽매여 있었으나 이제는 자신이 가진 모든 것을 걸고 내기하는 이들에게 배워라. 이들은 당신이 가고자 하는 길을 아는 사람들이며, 당신이 벗어나고자 하는 고통을 치유받은 사람들이다. 그들이 시작한 방식을 따르라. 그들은 성수를 찍은 뒤 미사에 참여하면서 마치 믿는 것처럼 행동했다."[24] 삶의 양식(pattern)이 그 사람이 무엇을 믿을 만한 것으로 여기는지에 영향을 미친다는 사실을 알았기에 파스칼은 이러한 실존적 도전을 자신의 변증에 통합시켰다.[25]

# C. S. 루이스: 세속화라는 사악한 마법에 걸린 사람들을 깨우는 변증가

20세기 유럽의 변증은 동시대 미국과 비교했을 때 "덜 구조화된, 더 유연한 접근 방식"을 띠었다.[26] 이는 형식적(혹은 계파적) 방법론 논쟁이 부재했던 점과 유럽의 선도적 변증가들의 배경이 다양했던 점에 부분적으로 기인한 듯 보인다. 이 변증가들 중 가장 영향력 있는 인물은 영문학자이며 작가였던 C. S. 루이스였다. 앞서 살펴본 두 변증가와 마찬가지로 C. S. 루이스 역시 우리에게 친숙한 인물이지만 그의 변증 접근법을 하나로 정리하기는 어렵다. 알리스터 맥그래스가 올바로 강조했듯이, "[루이스를] 미리 정해진 어떤 사상적 '학파'에 배정하려는 시도는 결국 그의 접근 방식을 왜곡한다. 그의 방식은 편의적으로 분류되는 것을 거부하기 때문이다."[27]

루이스는 20세기 지적 환경에서 도전받아야 할 문화적 전제를 예리하게 인식하고 있었다. 특히 그는 합리주의적 무신론자 시절 자신이 직접 수용했던 '환원주의적 유물론' 및 고대의 사고방식을 얕잡아 보는 '시대착오적 우월감'(chronology snobbery)을 경계했다. 그는 "거의 백 년 동안 우리를 덮치고 있는 세속성이라는 사악한 마법으로부터" 사회가 깨어날 필요가 있다고 보았다. 그의 변증적 대응은 이 마법을 깨기 위해 "새로운 마법을 엮는" 것이었다.[28] 우리의 목적을 생각할 때, 그의 접근 방식은 두 가지 특징이 두드러진다.

첫째, 루이스는 오늘날 흔히 상황화로 불리는 작업의 중요성을 강조했다. 예를 들어, 그는 변증가의 역할을 "시대를 초월한 진리를 우리 시대 구체적인 언어로 제시하는 것"이라고 규정했다. 그러면서 우리가 "청중의 언어"를 배우고 문화적 공감을 불러일으키며 통찰을 주는 방식으로 개념과 아이디어를 번역함으로써 이 일을 수행한다고 설명했다.[29] 그는 제2차 세계 대전 중 BBC 라디오 방송으로 전달된 가장 영향력 있는 변증서인 《순전한 기독교》에서 평범한 일상을 살아가는 사람들을 위한 신학적 번역 작업의 전형을 보여 주었다. 각기 다른 사람들에게 각기 다른 방식으로 말하는 변증가로서 그가 사용한 다양한 장르들은 유사한 아이디어를 다양한 청중에게 재상황화한 사례들이다.

루이스는 늘 논리 실증주의를 무너뜨리고, 신비를 잃어버린 세상을 다시 신비롭게 만들고자 했으며, 이를 위해 놀라울 정도로 다양한 장르를 활용했다. 가상의 악마가 쓴 편지 《스크루테이프의 편지》, 이후에 《인간 폐지》로 출간된 구두 강연, 직접적인 변증 담론 《기적》, 아동 문학 《나니아 연대기》, 사후 세계를 가정한 소설 《천국과 지옥의 이혼》 그리고 과학 소설인 우주 3부작 시리즈 등이 그것이다. 루이스의 변증 저술 전반은 다양한 청중의 필요를 알아차리는 예리한 감수성을 보여 주며, 각 작품은 "당대의 기성 진리를 전복하고 그것이 그림자와 환상임을 폭로"하려는 시도로 특징지어지고, 실재에 대한 대안적 비전을 제공한다.[30]

둘째, 루이스와 동시대 사람이었던 옥스퍼드의 오스틴 파러 (1904-1968)는 루이스의 천재성에 관해, "[루이스는 우리로 하여금] 어떤 논증을 듣고 있다"라고 믿게 만들지만 실제 "우리는 어떤 비전을 제시받고 있으며, 우리를 설득하는 것은 바로 그 비전이다"라고 설명했다.[31] 이는 루이스가 직접적인 논증을 피했다는 뜻이 아니다. 《순전한 기독교》나 《기적》에는 논증이 분명히 드러난다. 그러나 루이스는 기독교를 '증명'하려 들기보다 자신이 제시하는 비전을 통해 기독교의 합리성을 뒷받침했다. 심지어 그의 세부적인 설득 방식—예를 들어 '갈망으로부터의 논증'—조차 거대한 태피스트리를 엮는 한 가닥 실이 된다. "만일 내 안에서 이 세상의 어떤 경험으로도 채울 수 없는 갈망을 발견한다면 가장 그럴듯한 설명은 내가 다른 세상을 위해 만들어졌다는 것이다."[32] 모든 보편적인 인간의 욕구(예를 들면, 배고픔과 목마름)에 대응하여 이 세상에는 그 욕구를 충족시키는 무언가(음식과 음료)가 존재한다. 이 세상을 초월하는 무언가에 대한 인간의 보편적 갈망을 가장 잘 설명하는 방법은 우리가 다른 세상을 위해 창조되었다는 것이다.

루이스는 이 세상의 일상적 경험이 제공하는 어떤 것보다도 거대한 이 갈망을 증거가 아니라 하나의 단서로서 이해했다. 다른 단서들과 함께 놓였을 때 하나님의 존재를 가장 잘 설명해 주는 단서 말이다.

루이스는 허구적인 이야기를 통해 청중이 상상력을 발휘하여 기독교를 '입어 보도록' 초대했다. 그는 청중에게 각인될 수 있도록 정교하게 선택한 이미지와 은유를 통해, 문화적 전제가 깔린 단편적 세계관에 도전하고 기독교라는 렌즈를 통해 세상을 다시 보기를 권했다. 종합해 본다면, 그의 변증력은 이성과 이미지, 서사를 사용하여 기독교를 세상을 가장 잘 설명하는 '보는 방식'으로 제시한 데 있었다. 루이스가 남긴 유명한 말처럼 말이다. "나는 태양이 떠 있다는 사실을 믿듯 기독교를 믿는다. 내가 그것을 보기도 하지만 그것 덕분에 다른 모든 것을 보기 때문이다."[33]

## 더 중요한 질문

이 장의 서두에서 언급했듯 나는 '문화 변증'이라는 용어 자체가 몇 가지 문제를 안고 있다고 생각한다. 그럼에도 어떤 명칭이 최선인가라는 문제보다 더 중요한 것은 어떻게 변증의 증인으로서 섬길 것인가라는 계속되는 질문이다.

이 책을 움직이는 핵심 아이디어―상황화, 서사, 역사적 우연성, 갈망하는 존재로서 인간을 설명함―는 새로울 것이 없다. 지면의 제약만 없다면 이 장에는 더 많은 역사적 사례가 포함되었을 것이다. 앞서 아우구스티누스가 초기 변증가들에게 어떤 유산을 물려받았는지 언급했는데, 우리가 더 깊이 탐구할 수도 있었던 수많은 인물이 거기에 포함되어 있다. 고대 철학자 아리스토텔레스가 다시 영향력을 떨치던 상황에서 아리스토텔레스를 기독교적으로 수용한 후기 아우구스티누스주의자인 토마스 아퀴나스는 이 논의에 또 다른 역사적 통찰(그리고 복잡성!)을 더해 주었을 것이다. 파스칼과 어느 정도 유사한 요한 게오르크 하만이 독일 계몽주의와 그의 친구 임마누엘 칸트에게 보인 반응은 비록 덜 알려진 길이기는 해도 이 장의 주제와 관련해서 결코 뒤처지지 않는 역사적 경로로 우리를 안내했을 것이다. 루이스의 접근 방식에 큰 영향을 미친 영국 작가 G. K. 체스터턴 역시 주목할 만한 인물이다. 그리고 팀 켈러가 여전히 우리 곁에 있었다면 의심할 여지 없이 헤르만 바빙크를 추가하라고 말했을 것이다. 바빙크는 19세기 말과 20세기 초 신학자로, 정통 신학의 장에서 현대 세계와 소통하는 일에 헌신했으며 팀 켈러의 후기 사상에 지대한 영향을 끼친 인물이다.

제한된 지면이기는 하지만 변증학 역사상 저명한 세 변증가만 살펴보더라도 이 책에 붙은 '문화 변증'이라는 라벨이 새로운 발명이 아니라 변증의 회복으로 간주되어야 한다는 점은 명백하다. 기독교 변증 전통에 담긴 지혜를 물려받은 열정적인 상속자로서 우리의 목표는, 단번에 받은 유일하고 참된 신앙을 신실하게 보존하고(유 1:3), 우리 안에 있는 소망에 관한 이유를 묻는 자들에게 어떻게 대답하는 것이 최선일지 주의 깊게 분별하는 것이다(벧전 3:15). 사람들이 결국 이것을 무엇이라 부르기로 결정하든, 역사적·문화적으로 세심하게 주의를 기울이는 비전을 가진 변증의 회복은 이 학문의 갱신에 필수적이다.

# 불신자의 마음을 얻고
# 복음을 있는 그대로 전하다

The Gospel After Christendom

4.
# 세상에 순응하지도,
# 세상을 정죄하지도 않다

ㅇ 앨런 노블

문화 변증에서 어려운 과제는 올바른 자세를 갖추는 것이다. 목에 힘을 주고 뻣뻣하게 굴거나, 구부정하게 움츠리기는 쉽다. 하지만 적대적인 세상과 적극적으로 관계를 맺으면서도 긴장하지 않고 자신감 있으며 곧은 자세를 유지하기란 어려운 일이다. 나는 기독교 대학들이 기숙사와 생활 방식에 대한 공동체 기준을 세울 수 있는 정치적 자유를 갖는 것이 중요하다는 글을 〈디 애틀랜틱〉(진보 성향의 권위 있는 미국 잡지 — 옮긴이)에 기고한 적이 있다.[1] 담대하게 발언한다면 편협한 사람이라고 온라인에서 공격받으리라는 점을 잘 알고 있었다. 말을 흐리면 내 신앙을 부인하는 것이며 논리적으로도 빈약한 주장이 되리라는 점 역시 알고 있었다. 글을 제대로 쓰려면 담대하게 논리를 펼치는 동시에 독자들이 내 관점을 고려해 보도록 정교한 수사법을 구사해야 했다. 그렇게 하더라도 많은 이들이 나를 편협하다고 여기리라는 점을 알면서도 말이다. 그리고 실제로 그런 공격을 받았다.

기독교 신앙이 단지 틀렸다는 생각을 넘어 폭력적이고 억압적이라고 간주되는, 점점 더 양극화되는 시대 속의 그리스도인들은 자연스레 두 가지 방향 중 한쪽으로 끌려간다는 느낌을 받는다. 한 가지는, 어깨를 움츠린 채 문화에 순응하고, 사회적으로 용인되기 어려운 성경의 가르침으로 비그리스도인들을 불편하게 만들지 말라는 유혹이다. 다른 하나는 목을 뻣뻣이 세운 채, 문화적 우상과 그 우상을 숭배하는 사람들을 정죄함으로써 성경의 가르침을 공격적으로 방어하라는 유혹이다. 두 자세 모두 근본적으로 방어적이며, 악하고 타락한 세상에서 사람들을 구원하시는 하나님의 주권을 신뢰하지 못하는 불안과 의구심에서 나온 것이다.

나는 심지어 두 가지 태도 모두 허무주의적이라고 묘사하고 싶다. 즉 진리로 설득할 수 있다는 희망을 잃어버린 상태다. 그런 태도는, 사람들을 속여서 하나님 나라로 끌어들이거나 아니면 하나님 나라 밖에 갇혀 있다고 정죄해야 한다고 가정한다. 문화 변증의 정당한 자세는 하나님의 주권, 즉 진리를 통해 사람들을 구원하시는 하나님의 능력을 온전히 신뢰하는 것이다. 이 자세는 특정 민족의 문화적 맥락 속으로 기꺼이 들어가 그들의 우상을 이해하고, 그 우상들이 말하지도 듣지도 깨닫지도 못하는 존재임을 폭로하는 것까지 포함한다.


## 세상 문화에 순응하라는
## 유혹


많은 복음주의자에게 더 큰 유혹은 문화에 대한 순응이다. 문화 변증은 문화적 맥락 속으로 들어가, 우상 숭배적 서사가 거짓임을 식별하고 그 우상이 얼마나 공허한 약속인지를 드러낸다. 그러고 나서 숭배를 향한 그 갈망이 어떻게 오직 그리스도 예수 안에서만 온전히 성취될 수 있는지 보여 준다. 그러나 문화에 순응하라는 유혹에 넘어가는 사람은 우상을 폭로하는 대신 그것을 무시하거나 그것에 세례를 주는(기독교적으로 미화한다는 의미 — 옮긴이) 쪽을 택한다.

예를 들어, 당신이 급진적인 성적 자율성이라는 우상으로 고통당하는 문화 속에 들어가 사역한다고 가정해 보자. 점심을 먹으며 삶을 나누던 중 난잡한 성생활 때문에 삶이 공허하다고 친구가 털어놓는다. 기회를 포착한 당신은 하나님은 우리가 여러 파트너와 함께하도록 설계하지 않으셨으며, 성관계라는 행위는 두 사람을 한 몸으로 연합시킨다는 점을 지적한다. 이 대답은 기독교의 진리와 친구의 삶에 있는 난잡함이라는 우상에 대해 새로운 대화를 열어 준다.

하지만 당신은 그 우상 숭배에 더 깊은 뿌리가 있음을 안다. 당신의 친구는 동성애를 비롯해 인간의 성과 관련된 수많은 문제에 대해서도 비성경적인 견해를 가지고 있다. 그러나 당신은 이 주제들을 다루기가 두렵다. 그것들이 문화적으로 매우 예민한 쟁점이라는 사실을 알고 있으며, 친구를 겁주어 쫓아 버리고 싶지 않기 때문이다. 그래서 결혼이 한 남자와 한 여자의 결합이라는 사실을 언급하지 않고 은근슬쩍 넘어간다. 우선 이번 점심 식사 자리에서 이 주제를 피하고, 앞으로도 영원히 피하기로 한다.

이와 같은 상호작용은 성적 지향과 성 정체성, 탐욕이나 정치적 권력이라는 우상처럼 사회적 대가가 큰 여러 주제에서 쉽게 일어날 수 있다. 이러한 우상을 직면하고 그 공허함을 폭로하려면 큰 대가가 따른다. 인간관계가 경직될 것이며, 사람들은 성과 결혼에 대한 하나님의 설계 등 까다로운 질문에 답하도록 당신을 몰아세울 것이다. 교만, 증오, 학대처럼 이미 문화적으로 지탄받는 일반적 우상에만 집중하는 편이 훨씬 쉬울 것이다.

현실은 이렇다. 만약 당신이 우리 문화의 모든 우상에 맞서기로 선택한다면 삶에서 여러 기회를 잃을 것이다. 모든 문이 당신 앞에서 닫힐 것이다. 우리가 하는 모든 말과 행동이 기록되어 온 세상에 공개되는 이 감시 시대에는 특히 그렇다. 다시 월드런 핑크니(Darcy Waldron Pinckney)의 사례를 생각해 보자. 홈디포(Home Depot) 직원이던 핑크니는 도널드 트럼프 암살을 시도한 저격수를 옹호하는 비열한 댓글을 페이스북에 게시했다. 누군가 그녀를 추적해 일터까지 찾아갔고, 댓글 내용을 두고 따지는 모습을 영상으로 찍었다. 그 영상이 올라가자 수백만 명이 조회했다. 그녀의 댓글은 변명의 여지 없이 잘못이지만 사람들이 보인 반응은 이 감시 시대에 우리의 모든 발언이 소셜 미디어 폭도들의 먹잇감이 될 수 있음을 보여 준다.[2]

그래서 우리 문화의 우상을 폭로해야 할 때가 오면, 우리는 말을 흐리고, 분석의 날을 무디게 하며, 비판을 매끄럽게 다듬는다. 왜 용서가 필요한지에 대해서는 토론하지 않고 복음의 긍정적 메시지(용서, 구속, 은혜)에만 관심을 돌린다. 이런 일은 우리에게 아주 미묘하게 일어날 수 있다. 이는 사람들을 그리스도께 효과적으로 인도하겠다는 열망으로 포장된, 우리 안에 슬며시 스며든 일종의 비겁함이다. 눈앞에 있는 사람들의 문화적 필요에 민감하게 반응하는 것이라고 믿지만 사실은 그들의 우상 숭배에 순응하고 있을 뿐이다. 우리는 심지어 '사랑'이라는 이름으로 그들의 우상에 순응하며, 그들과 그들의 우상을 용납함으로써 그들을 더 큰 '사랑'으로 인도하기를 바라기도 한다. 그러나 그리스도는 모든 거짓 우상을 버리고 당신을 따르라고 부르신다. 바로 오늘.

다른 한편, 우리는 "그런 부류의 그리스도인이 아니다"라고 인식됨으로써 얻을 수 있는 사회적 영향력 때문에 문화적 우상에 순응하기도 한다. 이는 영향력을 얻으려는 욕구가 강한 소셜 미디어에서 특히 치명적이다. 사회적으로 합의된 죄만 정죄하는 당신은 오늘날 세상에 적합한 '올바른 부류의 그리스도인'이라는 평판을 얻는다. 문화적 우상의 진실을 드러내면 사회적 기회를 상실하듯이, '올바른 부류의 그리스도인'이 되면 새로운 사회적 기회를 얻는다. 기독교에 비판적인 언론 매체들이 당신에게 글을 써 달라며 플

랫폼을 제공할 것이고, 출판사들은 계약서를 내밀 것이며, 기자들은 인용구를 따기 위해 당신을 찾아올 것이다.

마지막으로, 우리는 성경과 그 가르침에 대한 수치심 때문에 문화적 우상에 순응할지도 모른다. 결혼이 한 남자와 한 여자의 연합으로 본래 설계되었다고 고백하기는 한다. 하지만 감정적으로는 일부일처를 유지하는 동성 결혼이 부도덕하다고 느끼지 않을 수도 있다. 그래서 성경의 가르침을 부끄러워하고 가능한 한 그 가르침을 피하려 한다. 대놓고 그 가르침을 부정하는 데까지 나아가지는 않지만 그렇다고 굳이 드러내지도 않는다. 사랑 때문이든, 수치심이나 두려움 때문이든, 인정받고 싶은 욕구 때문이든, 이 시대의 우상에 순응하는 모든 형태는 이웃을 사랑하는 데 실패한 것이며 잃어버린 자를 하나님이 구원하실 수 있다는 사실을 신뢰하지 못하는 것이다. 그런 의미에서 그것은 일종의 절망이다.

기억하라. 요나는 사악한 니느웨에 가서 돌아다니며, 그들이 회개하지 않으면 멸망이 닥칠 것이라고 경고했다. 그리고 그들은 회개했다(욘 3장). 우리는 한 사람의 담대함을 통해 도시 전체를 회개로 이끈 하나님을 섬기고 있다. 우리는 오늘날 우리 사회를 파멸로 이끄는 문화적 우상에 대해 담대하게 말해야 한다. 그 담대함에는 하나님의 구속 사역에 대한 소망이라는 미덕이 필요하다.[3]

# 사람들과 대결하라는
## 유혹

우리가 빠질 수 있는 절망의 또 다른 오류는 적대감과 악의가 담긴 자세를 취함으로써 우상 너머에 있는 한 인간을 보지 못하는 것이다. 이를 '대결하는 자세'라고 부르겠다. 그렇다고 해서 변증 사역에서 죄를 대면시키는 일을 배제하려는 것은 아니다. 결국 예수님도 사람들이 죄를 직면하게 하셨다. 어떤 식으로든 우리는 어느 시점이 되면 사람들이 우상을 직면하도록 도와야 한다. 그러므로 대결 그 자체는 문제가 아니다. 내가 염두에 두는 것은 마음의 욕망에서 비롯된 대결의 '자세'다.

구체적으로 내가 우려하는 것은, 사람들과 문화의 회개를 진심으로 바라고 이를 소망하는 데 실패하는 것이다. 극단적인 예로는, 각종 죄를 정죄하는 팻말을 들고 다니며 지옥과 저주를 외치는 이들, 죄인이라는 이유로 진심으로 사람을 증오하는 이들이 있다. 하지만 우리 대다수는 그 정도로 지나친 행동은 할 마음이 없을 것이다.

우리가 맞닥뜨릴 유혹은 적대적인 사회에서 신앙에 대해 너무 방어적인 태도를 취하다가 결국 맞서 싸우게 되는 것이다. 세상이 우리를 편협한 자로 취급한다면 차라리 그 꼬리표를 달갑게 받아들이고 사회적으로 받아들여지기 힘든 신앙의 부분들을 더욱 '강조하자'는 식이다. 결국 예수님도 요한복음 15장 18-25절에서 세상이 자신을 미워했기에 제자들도 미워할 것이라고 경고하지 않으셨던가. 이 논리에 따르면 복음에 대해 일종의 전투적 접근이 필요해진다. 성경의 불쾌한 부분을 더 강조하고 그 불쾌함을 즐기며, 열왕기상 18장에서 엘리야가 바알의 선지자들을 조롱했듯 우리도 세상의 우상과 그 우상을 숭배하는 자들을 공개적으로 조롱하는 것이다. 듣는 이들을 위한 세심한 배려는 그것이 무엇이든 세상에 순응하는 행위로 간주된다. 언어를 신중하게 선택하거나 미묘한 뉘앙스를 고려하는 일은 아첨으로 비친다. 문화적 맥락을 이해하려는 시도는 상대주의로 치부된다. 오직 정제되지 않은 날것 그대로의 율법만이 우리가 사용할 수 있는 전도 방식이 된다. 우리의 과업은, 듣지도 말하지도 못하는 우상들 그리고 그 우상들이 숭배를 강요하는 역겨운 방식에 사람들이 직면하게 만드는 것뿐이다. 자신의 우상이 얼마나 추잡한지 깨닫고 충격을 받는 것과 그 우상은 생명이 없다는 사실에 담대하게 직면하는 것이 사람들에게 필요할 뿐, 그들이 이해받고 은혜롭게 복음으로 인도받는 것은 필요하지 않다는 것이다.

이러한 문화 변증의 자세는 몇 가지 문제가 있다. 첫 번째 문제는 방금 든 예시에서 볼 수 있다. 즉 우상을 담대하게 직면시키는 것과 은혜롭게 복음으로 인도하는 것 둘 중 하나를 택해야 한다는 생각이다. 이것이 대결적 자세가 가진 거짓 이분법이다. 이는 우상에는 생명이 없다는 사실을 담대하게 드러내는 것과 사람들이 왜 그 우상에 매력을 느끼는지 이해하는 시간을 갖고 그들을 긍휼히 여기며 복음으로 인도하는 일은 공존할 수 없다는 가정이다.

문화 변증에는 용기와 담대함이 필요하다. 방어적 태도는 필요

없다. 대결하는 자세는 적대적인 세상을 향한 방어 기제에, 그리고 성령의 역사가 있다 할지라도 우리의 능력으로는 세속적인 사람들을 진리로 설득할 수 없다고 여기는 허무주의에 기인한다.

이 자세의 두 번째 문제는 세속적인 사람들이 세속성에 깊이 찌들어 있으므로 호소와 논리적 설득은 효과가 없다는 가정에 있다. 그들은 이미 길을 잃었으므로, 우리가 바랄 수 있는 최선은 그들의 사악함을 폭로하고 복음을 전하는 것뿐이라는 생각이다. 청중에게 정중히 호소하기 위해 사용하는 수사법은 이 논리에 따르면 복음을 세상에 순응시키는 행위로 간주된다. 당신이 누군가를 설득할 수 없다고 믿는다면 실제 그렇게 될 가능성이 크다는 점이 여기서 발생하는 문제다. 사람들이 회개하고 하나님께 돌아오기를 우리가 갈망하지 않는다면, 그들의 마음이 여전히 완고하다고 해도 놀랄 일은 아니다. 그들을 조롱한다면, 그들이 우리의 말에 귀를 닫아 버린다 해도 놀랄 일이 아니다.

대결하는 자세로는 기쁜 소식을 듣도록 사람들을 초대하지 못한다. 오히려 그들을 방어적으로 만들고, 마음을 닫게 하며, 내면으로 숨게 만든다. 듣는 것을 멈추게 하고, 추론을 중단하게 하며, 복음을 더 이상 고려하지 않게 한다. 그렇다고 해서, 적절한 문화 변증만 있다면 언제나 복음 초청을 수락하는 결과가 나온다는 뜻은 아니다. 하지만 적절한 변증에는 언제나 진정한 초대가 포함되어야 한다. '순응하는 태도'가 가짜 복음을 믿으라고 초대한다면, '대결하는 태도'는 복음을 믿으라고 아예 초대하지도 않는다. 우리 말을 듣지 않는 청중에게 문화적 우상을 폭로하는 것이 가능한가? 그들이 듣도록 우리가 초대하지도 않고, 그들이 듣기를 우리가 갈망하지도 않는다면, 그들이 우리 말을 들으리라 기대할 수 있겠는가?

대결하는 자세가 가진 세 번째 문제는 인간의 전인적 측면을 고려하지 않는다는 점이다. 우리는 사람들의 역사와 문화적 맥락을 이해하려고 노력해야 한다. 그들은 죄인이지만, 우상을 매력적으로 느끼게 만드는 모든 것, 즉 고유한 마음과 동기, 욕망과 두려움을 가진 존재이기 때문이다. 대결하는 자세는 죄인을 그리스도께 인도하기보다 그리스도인의 자기만족에 더 집중하는, 적대적이며 상대를 소외시키는 문화 변증 방식이다.

물론 성령께서는 순응하는 자세나 대결하는 자세로 복음을 전하는 부족한 증언을 통해서도 사람들을 그리스도께 인도하실 수 있다. 그러나 우리는 때가 악하므로 세월을 아끼라는(기회를 잘 이용하라는) 부름을 받았다(엡 5:16). 순응하는 것, 대결하는 것, 둘 다 기회를 잘 이용하는 방식이 아니다. 우리는 두 극단 사이를 아슬아슬하게 오가는 방법 외에 다른 길을 찾아야 한다. 죄를 가볍게 여기는 것은 용납될 수 없다. 죄인을 증오하는 것 역시 용납될 수 없다. 우상에 대한 모든 오만한 정죄, 특히 상대방이 회개하기를 바라는 마음 없이 행하는 정죄는 결코 받아들여질 수 없다.

그렇다면 대안은 무엇인가?

# 은혜로 대하다

문화 변증을 신실하게 실천하려면 은혜의 자세가 반드시 필요하다. 이는 당신 앞에 있는 사람이나 문화를 이해하고 싶은 갈망, 그가 섬기는 우상에는 생명이 없음을 깨닫기를 바라는 갈망, 그들이 회개하고 그리스도께 돌아오기를 바라는 갈망을 의미한다.

여기서 '갈망'에 주목하라. 이 장에서 자세를 거듭 논의하는 이유는, 복음을 듣는 사람들을 향한 마음의 자세가 변증 수행 방식에 엄청난 영향을 미치기 때문이다. 은혜의 자세는 마음에 선을 향한 갈망을 품는 것을 포함한다. 즉 복음을 듣는 사람이나 문화에 유익이 되고 하나님께 영광이 되는 결과를 바라는 것이다.

우리는 먼저 눈앞에 있는 사람이나 문화를 이해하려는, 사랑하는 마음으로 그들을 알고자 하는 갈망에서 시작해야 한다. 그들은 누구인가? 그들 각자의 이야기는 무엇인가? 그들의 문화적 맥락은 무엇인가? 무엇이 그들에게 기쁨을 주는가? 그들은 무엇 때문에 불안한가? 그들은 무엇을 두려워하는가?

이 질문들에 답하려면 시간이 필요하다. 개인이나 문화를 알고 싶다면 우리의 시간을 투자해야 하고 그 대상과 관계를 쌓아야 한다. 문화의 경우, 소설과 비소설을 가리지 않고 읽고, 중요한 문화적 사상가들을 공부하고, 영화를 보고, 음악을 듣고, 유행과 태도를 관찰하는 것을 의미한다. 사람이든 문화든, 오랜 시간을 그들과 함께하며 그들의 동기를 이해하는 과정이 있어야 한다. 여기서 우리의 목표는 마치 암세포를 정교하게 잘라내는 외과의사처럼 암과 같은 우상을 도려내려는 것이 아니다. 철학자 에스더 라이트캡 미크가 묘사했듯이, "그를 알기 위해 그를 사랑하는" 친구가 되는 것이다.[4] 그들을 알아 가면서 그의 인생에서 가장 중요한 우상이 무엇인지 분별해 보라. 시간이 흐르면 우상은 저절로 드러날 것이다. 특별히 사람들의 불안과 걱정 그리고 교만에서 그 정체를 드러낼 것이다. 그렇게 이해하는 과정 가운데 그의 우상을 어디서 찾을 수 있을지 통찰이 생길 것이다. 당신은 이런 질문을 던질 수 있다. 무엇이 사람이나 문화를 움직이는가? 그들은 무엇을 예배하는가? 가장 중요한 질문은 이것일 것이다. 왜 그들은 그 우상에 매력을 느끼는가? 물론 죄 때문이라고 답할 수도 있겠지만, 인정, 확인, 안전, 보장, 쾌락, 행복을 찾고 있는 것은 아닌가? 다시 말해, 오직 하나님만이 제공하실 수 있는 무언가를 우상에서 찾고 있는 것 아닌가?

누군가(개인이든 문화든)를 알기 위해 사랑하는 이 과정에서 신중함이라는 덕목을 사용해야 한다.[5] 마태복음 10장 16절에 기록된 그리스도의 말씀에서 이 덕목을 볼 수 있다. "보라 내가 너희를 보냄이 양을 이리 가운데로 보냄과 같도다 그러므로 너희는 뱀같이 지혜롭고 비둘기같이 순결하라." 문맥상 이 구절은 제자들이 받을 박해에 초점이 있지만 더 넓게 적용할 수도 있다. 예를 들어, 이리 떼 안에서 사역할 때 "뱀같이 지혜롭고 비둘기같이 순결하라"라는 원칙은 세심하게 고려된 수사법을 사용해야 함을 암시한다.[6] 문화 변증에 참여하는 우리는 어떤 언어가 상대방의 마음을 여는 데 가장 효과적일지 분별하고 말을 가려서 해야 한다. 그것이 바로 신중함 혹은 지혜다. 또 순결함이란 진정한 사랑과 관심을 품고 이러한 지식을 추구하는 것이다. 문화의 경우에는 문화적 산물을 조사하고, 그 역사를 읽으며, 통찰력 있는 사상가들과 교류하는 데 시간을 쏟는 모습으로 나타난다. 한마디로 우리는 "여러 사람에게 여러 모습이 된" 바울의 실천을 따라야 한다(고전 9:22).

시간을 들여 한 사람이나 문화를 충분히 알고 그들의 가장 강력한 우상을 식별했다면, 이제 그 우상을 드러내고자 하는 갈망을 가져야 한다. 이때 신중함은 물론 용기와 담대함이 필요하다. 우리는 그들이 우상 자체의 공허함을 보도록, 즉 그들이 거짓 신을 예배해 왔음을 스스로 깨닫도록 곁에서 인도하고 싶다. 나는 내 책 《나는 내 것이 아니다》에서 우리가 우리 자신의 것이며 우리 자신에게 속해 있다는 가정이 바탕에 놓인 현대 세계의 무질서한 환경을 정직하고도 담대하게 묘사함으로써 이 작업을 시도했다.[7] 이상적으로 말하자면, 독자는 이 세상의 불안을 인식하고 느끼며 대안적인 삶의 방식의 필요성을 알고 있다. '나는 내 것'이라는 우상이 자신에게 도움이 되지 않는다는 사실을 깨달을 때, 그들은 자연스럽게 더 나은 무언가를 갈망하게 된다.

물론, 이렇게 손을 잡아 이끄는 사역은 궁극적으로 성령께서 하시는 일이다. 우리의 의무는 뱀처럼 지혜로워지는 것이며, 천천히, 긍휼히 그러나 담대하게 우상의 실체를 폭로함으로써 사람들을 계시로 초대하는 것이다. 이 과정에서 죄를 하나라도 숨기거나 축소해서는 안 되며, 복음을 세속성에 순응시켜서도 안 된다. 동시에 어떤 오만함도 가져서는 안 된다. 당신은 이 사람들을 알고 이 문화를 알기 때문에, 그들을 사랑하기 때문에 이 우상이 그들을 파괴하고 있다는 사실을 그들이 보기를 갈망한다. 그리고 그리스도께서 그들을 위해 죽으셨음을 알리기를 갈망한다. 그들의 가장 깊은 갈망이 올바르게 규정되었다면, 그 갈망이 문화적 우상이 아니라 그리스도 안에서 충족된다는 사실을 깨닫는 것이 가장 이상적이다.

때로 사람들은 자신의 욕망이 왜곡되어 있고, 예를 들어 기독교의 성 윤리 비전이 옳고 참되며 선하다는 것을 성령의 역사를 통해 깨닫기도 한다.[8] 그러나 대체적으로 기독교에 매력을 느끼기도 하지만 성 윤리나 낙태 혹은 다른 예민한 문화적 주제에 대한 그리스도의 가르침에는 공감하지 못할 수도 있다. 욕망이 왜곡되어 있지만 정작 본인은 그렇게 보지 않는 것이다. 이때가 매우 중요하다. 왜냐하면 그들을 교회 문턱 안으로 들이고 싶은 나머지 그들이 공감하지 못하는 가르침은 축소해 버리고 싶은 유혹이 생기기 때문이다. 혹은 그들이 회개할 준비가 되지 않았으니 잃어버린 바 된 자이고 구원받을 가망이 없다고 허무주의적으로 결론짓고 싶은 유혹을 받을 수도 있다. 이러한 순간에 우리가 해야 할 일은 진리 안에 신실하게 머무는 것이다. 문화적 우상이 생명 없는 것임을 담대하게 드러내고, 그리스도가 길과 진리와 생명이심을 선포하며, 성령께서 일하시도록 맡기는 것이다(요 14:6).

마지막으로, 우리는 그들이 회개하기를 갈망해야 한다. 문화를 이해하고 그 우상을 폭로하는 데 시간을 쏟는 것만으로는 불충분하다. 만약 문화나 사람을 충분히 사랑하여 그들이 회개하기를 갈망하는 마음이 없다면 그들의 우상을 폭로할 자격이 없다. 우상을 폭로하는 궁극적인 목적은 결국 회개로 인도하는 것이기 때문이다. 우리는 "모든 것을 바라"도록, 즉 사랑하도록 부름받았다(고전 13:7). 우리가 문화 변증을 한다면, 청중이 우상 숭배에서 돌이켜 그리스도를 구주로 믿고 신뢰하는 일의 아름다움과 선함을 보기를 소망해야 한다. 비록 우상을 폭로하는 사역으로 사람들이 그리스도를 받아들이지 않더라도 우리는 이 소망을 품어야 한다.

마가복음 10장에 나오는 예수님과 부자 청년의 만남을 생각해 보라. 청년이 평생 십계명을 잘 지켰다고 장담하자 예수님은 더 깊은 곳에 있는 그의 우상을 지목하셨다. "예수께서 그를 보시고 사랑하사 이르시되 네게 아직도 한 가지 부족한 것이 있으니 가서 네게 있는 것을 다 팔아 가난한 자들에게 주라 그리하면 하늘에서 보화가 네게 있으리라 그리고 와서 나를 따르라 하시니 그 사람은 재물이 많은 고로 이 말씀으로 인하여 슬픈 기색을 띠고 근심하며 가니라"(21-22절). 예수님이 청년을 사랑의 눈으로 바라보셨다는 점에 주목하라. 우상을 폭로하는 것은 담대한 행위이자 사랑의 행위다. 이 순간 그리스도의 변증은 청년을 회개로 이끌지 못했다. 그러므로 우리의 문화 변증 역시 늘 회개라는 결과로 이어질 것이라 기대해서는 안 된다.

하지만 그 청년이 "근심하며 갔다"라는 사실은 주목할 가치가 있다. 그의 내면에 깊은 갈등이 일어났다는 암시이기 때문이다. 부자 청년의 슬픔이 결국 회개로 바뀌었을 가능성이 있지 않을까? 성경에서 이 청년은 그리스도를 단 한 번 거부했을 뿐이다. 베드로는 그리스도를 세 번이나 부인했지만 구원받았다. 우리의 소망은 사악한 니느웨 성 전체를 기적적으로 회개시키신 하나님께 있다. 하나님이 하지 못하실 일이 무엇이겠는가? 우리의 의무는 "열매 없는 어둠의 일들"(엡 5:11)을 폭로하는 사역에 충실하면서, 아무도 멸망하지 않고 "다 회개하기에 이르기를"(벧후 3:9) 원하시는 하나님의 뜨거운 갈망을 품고 복음을 전하는 것이다.

문화 변증을 실천하는 동안 심각하게 해로운 유혹이 수없이 우리를 덮칠 것이다. 세상 사람들의 찬사를 바라거나 세상 사람들을 두려워한다면 우리는 진리로부터 돌아서거나 너무 민감한 주제의 문화적 우상은 못 본 체하라는 유혹을 받을 것이다. 세속적인 세상의 적대감은 우리로 하여금 방어적인 신앙을 갖도록 만들어, 이웃을 초대해서 그리스도의 선하심을 보게 하는 대신에 그들의 죄를 날카롭게 지적한 뒤 교회 안으로 달아나고 싶게 만들 것이다.

신실한 문화 변증에는 덕목이 필요하다. 언제 말해야 할지 아는 신중함, 우상을 거짓이라 폭로하는 정의로움, 어느 정도까지 밀어붙여야 할지를 아는 절제력, 말하기 힘든 진리라도 말할 수 있는 용기, 결과는 하나님께 맡기는 믿음, 그들이 회개하리라는 소망, 관계 맺는 문화(사람들)나 개인을 향한 사랑이 필요하다. 그것은 한 사람이나 문화를 "알기 위해 사랑하는" 은혜의 자세를 요구한다. 그리하여 생명 없는 우상 어디에 거짓 소망을 두고 있는지 파악하고, 가장 깊은 갈망의 성취이신 그리스도의 아름다움과 선함을 보도록 그들을 은혜로 안내하는 것이다. 이것은 겁이 많거나 오만한 사람이 감당할 일은 아니다. 은혜의 자세는 담대하면서도 겸손하고, 확신하면서도 온유하며, 뱀같이 지혜로우면서도 비둘기같이 순결하다.

5.

# 문화적 서사에 숨은 우상을
# 깨닫게 하다

° 대니얼 스트레인지

그리스도인들은 거주하는 국가나 언어, 그들이 지키는 관습으로 구별되지 않습니다. 그들은 그들만의 도시에 모여 살지도, 독특한 방언을 사용하지도, 특이한 생활 방식을 고수하지도 않습니다. 그들이 따르는 행동 양식은 호기심 많은 사람들의 사변이나 숙고로 고안된 것도 아니고, 어떤 이들처럼 단순히 인간적인 교리를 옹호한다고 선언하지도 않습니다. 그 대신 각자에게 정해진 운명에 따라 그리스나 이방의 도시에 거주하며, 의복이나 음식, 그 밖의 일상적인 처신에서 현지인의 관습을 따르면서도 그들만의 놀랍고도 너무나 인상적인 삶의 방식을 보여 줍니다. 그들은 자기 나라에 살고 있지만, 나그네일 뿐입니다. 시민으로서 모든 것을 다른 이들과 공유하지만, 외국인처럼 모든 것을 인내합니다. 그들에게는 모든 타국이 조국과 같고, 모든 고향이 이방 땅과 같습니다. 다른 이들처럼 결혼하고 자녀를 낳지만, 영아를 유기하지 않습니다. 식탁은 공유하지만, 침대는 공유하지 않습니다.
—《디오그네투스에게 보낸 서신》, 5장[1]

재밌는 퀴즈가 있다. 그리스도인이 "세상 속에 있으나 세상에 속하지 않은" 존재라는 말은 성경 어디에 나오는가? "나오지 않는다!"가 정답이다. 정경은 아니지만, 이 유명한 격언은 사실 1436년 콘스탄티노플의 한 생선 가게에서 '발견'된 익명의 2세기 필사본의 일부 내용이며, 오늘날에는 '속사도 교부' 문헌 중 하나인《디오그네투스에게 보낸 서신》으로 알려져 있다.[2] 이 서신이 평범한 그리스도인들에게, 특히 이 책에 어떤 의미와 관계가 있을까? 이 짧은 편지는 이른바 '문화 변증'의 초기 사례다. 성경적 인용과 암시로 가득 찬 이 서신은 "권면의 말"(logos protreptikos)로서, "회심자를 얻고 … 사람들을 특정한 삶의 방식으로 끌어들이기 위해 의도된" 글이다.[3] 문화 변증을 무엇이라 하든 간에 이 서신은 분명히 그 범주에 포함된다.

약 2천 년 전으로 건너가 보자. 이 장에서는 그리스도인과 기독교 신앙이 그들 주변의 문화적 세계, 특히 오늘날 "포스트 기독교" 세계와 맺는 관계를 성경적으로 신실하게 묘사하고자 한다. 더욱이 이 작업의 목적은 단순한 묘사에 그치지 않고 변증적 설득과 회심, 제자도 강화에 있다. '모델', '양식', '틀', '역학' 등 무엇이라 부르든 간에 이 관계를 포착하면서 이 장의 주제가 되는 용어는 바로 '전복적 성취'(subversive fulfillment)다.

'전복적 성취'라는 말은 언뜻 다소 위협적이며 추상적으로 들릴 수 있다. 아테네 사람들이 바울에게 물었듯 누군가는 이렇게 물을지도 모른다. "네가 말하는 이 새로운 가르침이 무엇인지 우리가 알 수 있겠느냐 네가 어떤 이상한 것을 우리 귀에 들려주니 그 무슨 뜻인지 알고자 하노라 하니"(행 17:19-20).[4] 그러나 전복적 성취는 새로운 가르침이 아니다. 이것은 《디오그네투스에게 보낸 서신》의 정신과 깊이 맞닿아 있으며, 의식적이든 무의식적이든 기독교 역사 전반에 걸쳐 나타난 수많은 유사한 표현들과 궤를 같이한다. 그나마 새로운 점을 든다면 이 개념이 선교와 선교학의 영역에서 유래했다는 사실에 있다. 이 개념의 지지자들이 동의하듯이 여기에는 더 넓은 숨겨진 맥락, 즉 선교에 관한 선교라는 주제가 담겨 있다. 훈련, 리더십, 목회, 문화 변증에 있어서 선교학은 더 이상 별도의 영역으로만 소외되거나, 이른바 타 문화 직무를 수행하기 위해 해외로 나가는 이들만을 위한 '전문 분야'로 간주되어서도 안 된다. 선교학적 담론은 지금 여기, 우리의 후기 현대 서구 맥락 속으로 들어와야 한다. 문화 변증에는 선교학적 사고방식이 필요하다. 이어지는 내용에서는 전복적 성취의 역사와 그 신학적 기초, 책임감 있는 활용 방안을 개괄할 것이다.

## 전복적 성취의 역사

'전복적 성취' 개념은 지난 10년 동안 큰 호응을 얻었다. 나는 이 용어를 집중적으로 사용했고, 팀 켈러는 이 용어를 받아들여 더 널리 알렸다.[5] 하지만 이 용어의 창시자는 내가 아니라 영향력 있는 네덜란드 개혁주의 선교학자 헨드릭 크래머(1888-1965)다. 그는 1938년 인도 탐바람에서 열린 세계 선교 대회를 주도했다.[6] 다작가였던 크래머는 전복적 성취라는 용어를 흥미롭게도 단 한 번 사용했다. 선교 대회를 준비하며 기독교와 타 종교의 관계를 다룬 방대한 연구서를 냈는데, 그로 인해 발생한 논쟁에 답하기 위해 짧은 에세이를 썼고 그 에세이에서 이 용어를 사용했다.[7] 이 용어에 우리만의 해석적 색채를 입히기 전에 본래의 맥락을 살펴볼 필요가 있다.

크래머의 에세이 제목인 "연속성인가, 불연속성인가"(Continuity or Discontinuity)는 문제의 핵심을 꿰뚫는다. 인류의 종교적 여정이 연속선상에 있으며, 이는 "그리스도 안에서의 소위 완성 혹은 성취로 나아가는 준비 과정"이라고 주장한 학자들이 있었다.[8] 크래머는 이에 강력하게 반발했다. 예수 그리스도 안에 나타난 하나님의 계시는 전적으로 유일하며, 인간의 모든 종교적 이성이나 전통과 단절되어 있다는 것(불연속성)이다. 만약 '성취'라는 단어를 굳이 사용해야 한다면, 그것은 "이전에 있던 것을 완성함"[9]이나 종교적 경험이 "그리스도께로 인도하는 초등교사"[10]라는 의미가 아니다. 그것은 "가치의 근본적인 재구성"을 의미해야 한다. "왜냐하면 그리스도의 탐색적이고 혁명적인 빛에 노출될 때, 이러한 인간의 열망과 이해가 눈먼 상태였거나 잘못된 방향으로 가고 있었음이 드러나기 때문이다."[11] 크래머는 다음과 같이 주장한다.

예수 그리스도 안에 계시된 신적 실재의 세계가, 인류 역사에서 우리가 알고 있는 종교적 분위기와는 본질적으로 구별되는 '타자성'을 지니고 있음을 파악하려면 단순한 조사나 추론으로는 불가능하다. 오직 성경을 주의 깊게 연구할 때만 '하나님의 능력'이자 '하나님의 지혜'이신 그리스도가 인간의 능력과 지혜에 대립하고 있다는 사실에 눈뜰 수 있다. 어떤 측면에서는 이를 모순적 성취 혹은 전복적 성취라고 불러야 적절할 것이다.[12]

크래머가 남긴 언급은 이것이 전부다.[13] 하지만 매우 통찰력 있는 용어다. 이제 이 '전복적 성취'를 종교뿐만 아니라 문화(들)에 대입해 보자. 이것은 억지스러운 속임수가 아니다. 성경적 렌즈를 통해 볼 때 "문화는 외면화된 종교"이기 때문이다.[14] 더 나아가 전복적 성취를 일반 문화뿐만 아니라 특별히 후기 현대 서구 문화에 적용해 보자.

바로 레슬리 뉴비긴이 이 작업을 했다. 그는 인도에서 40년가량을 보낸 후 1980년대에 영국으로 돌아와, 서구 교회에 타문화권 소통 및 신실한 상황화를 선교학적으로 사고할 것을 촉구했다. 뉴비긴의 유산에 대해 마이크 고힌은 그가 한편으로는 혼합주의로 변질될 끊임없는 위험성과 다른 한편으로는 세상과 동떨어질 위험성을 피하며 길을 찾으려 노력했음에 주목한다.[15] 고힌에 따르면 뉴비긴은 이 길을 설명하기 위한 표현으로 크래머의 '전복적 성취'라는 문구를 인지하고 있었다.[16] 고힌이 요약했듯, 복음은 모든 문화에 은혜와 심판의 메시지를 동시에 던진다. "창조에 대한 하나님의 '예'(Yes)와 죄로 인한 왜곡에 대한 하나님의 '아니오'(No)는 성경의 빛 아래 공동체 안에서의 대화를 통해 분별되어야 한다."[17] 그는 다음과 같이 덧붙인다.

특정 문화에서 상황화가 실패하는 경우는 이 두 '말씀' 중 하나가 억눌릴 때 발생한다. 하나님의 '아니오'인 심판의 말씀이 적용되지 않을 때 그 결과로 혼합주의가 나타난다. 문화가 긍정되기만 하고 복음은 그 문화의 타당성 구조 속에서 길들여진다. 반대로 하나님의 '예'인 은혜의 말씀이 부재할 때 그 결과로 세상과 동떨어진다. 문화는 거부되지만 문화적 구현은 피할 수 없기에, 교회는 다른 시대나 장소의 문화적 형태에 호소하게 되고, 결과적으로 현재의 문화와 무관해진다.[18]

전복적 성취는 예수 그리스도의 복음이 한 문화와 그 문화의 '형상들', 이야기들과 사회적 상상력을 향해 던지는 '예'인 동시에 '아니오'라는 점을 포착한다.[19] 전복적 성취는 연속성과 불연속성을 동시에 증명한다. 그것은 긍정이자 거부이고, 연결이자 대결이며, 은혜의 말씀이자 심판의 말씀이다. 전복적 성취는 복음이 회개를 요구하는 호소이자 가장 깊은 문화적 갈망을 건드리는 매력적인 소식임을 의미한다. 디오그네투스에게 편지를 쓴 2세기 익명의 신자는 이 역학을 파악하고 있었으며, 21세기를 사는 우리 역시 이를 파악해야 한다.

전복적 성취를 말이나 행동으로 묘사하거나 모방하기가 쉬우리라고 가정해서는 결코 안 된다. 이것은 끊임없이 씨름하고 지속적으로 되씹어야 할 문제이며, 쉽게 포착되거나 길들여지지 않는 성질이 있다. 세상과 동떨어짐, 혹은 혼합주의가 저항이 적은 더 쉬운 길임은 의심의 여지가 없지만, 이는 근본적으로 거짓이며 신실하지 않은 구성 방식이다. 궁극적으로 그러한 길은 하나님이 우리로 하여금 그 안에서 살게 하신 문화(들)를 향해 소망을 주는 변증을 제공하지 못한다. '전복적 성취' 같은 교리적 구성에 거부감을 느끼는 이들에게 나는 이렇게 도전하고 싶다(명칭 자체에 집착할 필요는 없으므로). 성경적으로 신실하여 혼합주의에 빠지지 않으면서도 세상과 동떨어지지도 않은, 복음과 문화 사이의 관계를 또 다른 형태로 제시해 보라는 것이다.

## 전복적 성취의 신학적 기초

전복적 성취는 피상적인 구호가 아니라 주해적, 신학적으로도 정당화될 수 있는 견고한 진술이다. 이 빙산의 일각 아래에 숨겨진 거대한 신학적 토대를 어느 정도 가시화할 필요가 있다.

첫째, 사도행전 17장 16-32절에 누가가 기록한 바울의 아테네 방문 기사를 살펴보자. 이것은 우상 숭배 개념을 해석학적 열쇠로 삼은 전복적 성취 문화 변증의 모범 사례다. 논의는 아테네가 우상 숭배에 빠진 모습을 보고 바울이 느낀 격분과 고뇌에서 시작해(16절), 회개를 촉구하는 것으로 끝난다(30절). 이 두 지점 사이에서 바울은 그들의 예배 대상 주위를 거닐며 자신이 관찰한 문화와 복음의 접점을 만든다(23절). 그는 아테네 사람들을 향해 "종교심이 많다"라고 말하는데(22절), 이는 풍성하고 복잡한 신학적 인간학을 담아내기 위해 신중하게 선별한 요약이다.[20] 인간은 하나님을 알면서도 동시에 그분을 무시하고, 피조물로서의 필요 때문에 그분을 향해 달려가는 동시에 자율적인 반항심 때문에 그분으로부터 도망치는 모순적인 존재다.

한편 "종교심이 많다"라는 표현은 예수 그리스도의 복음과 우상 숭배적 문화 사이의 근본적 차이와 불연속성을 나타낸다. 신학자들은 이를 '안티테제'(antithesis, 대립)라고 불러 왔다(서로 대치시킨다는 의미에서). 창세기 3장 15절 이후 하나님의 심판이자 저주는 '여자의 후손'과 '뱀의 후손' 사이에 원수 관계를 설정했으며, 성경은 이 분리선을 여러 방식으로 설명한다. 골로새서 2장 6-8절은 이 두 상태를 '그리스도 안에 뿌리를 박으며 세움을 받은 상태'와 '그리스도를 따르지 않고 사람의 전통과 세상의 초등학문을 따르는 헛된 속임수에 사로잡힌 상태'로 정의한다. 바울은 데살로니가 교인들을 가리켜 "우상을 버리고 하나님께로 돌아와서 살아 계시고 참되신 하나님을 섬기는" 자들이라고 묘사했다(살전 1:9). 이런 의미에서 "종교심이 많다"라는 말은 하나의 고발이다.

그러나 다른 한편 "종교심이 많다"라는 표현은 연결과 연속성을 설명하기도 한다. 인간이 하나님 형상의 보유자로서 갖는 연속성은 하나님의 일반 은총과 함께, 안티테제가 완전히 실현되는 것을 막는다. "탕자는 그의 주인의 음성을 완전히 억누를 수 없다."[21] 우리가 감사하게 여기는 변증적 '진입로'는 언제나 존재한다. 이런 의미에서 "종교심이 많다"라는 말은 하나의 긍정이다.[22]

우상 숭배 개념은 이 두 상반된 관점을 하나로 묶는다. 문화적으로 나타나는 우상과 우상 숭배는 무에서 창조된 것(ex nihilo)이 아니라 하나님의 선한 창조물을 개조한 것이다. 그것들은 하나님을 드러내는 창조 세계의 신적 계시에 대한 반응으로 만들어진, 뒤틀리고 왜곡된 환상적 악몽과 같다. 결과적으로 우상의 기생적이고 위조된, 유사 종교적인 성격은 불연속성과 연속성, '아니오'와 '예'를 동시에 보여 준다. 이러한 특징이, 전복하는 동시에 성취하는 변증을 가능하게 만든다. 복음은 옛 소망과 옛 갈망을 새것으로 바꾸라는 요청이다. 그 새것이야말로 우리의 가짜 이야기들이 더럽히고 찢어 놓은 위조품의 원형이기 때문이다.

사도행전 17장에 근거한 전복적 성취 문화 변증의 틀은 다음과 같다.

1. 진입(Enter): 세상 속으로 들어가 그들의 이야기를 경청함. "내가 두루 다니며 너희가 위하는 것들을 보다가…"(23절).

2. 탐색(Explore): 은혜의 요소와 그에 달라붙은 우상들을 찾아냄. "아덴 사람들아 너희를 보니 범사에 종교심이 많도다 내가 두루 다니며 너희가 위하는 것들을 살피다가 알지 못하는 신에게라고 새긴 단도 보았으니…"(22-23절).

3. 폭로(Expose): 우상이 파괴적인 사기 행각임을 밝힘. "이와 같이 하나님의 소생이 되었은즉 하나님을 금이나 은이나 돌에다 사람의 기술과 고안으로 새긴 것들과 같이 여길 것이 아니니라"(29절).

4. 전도(Evangelize): 예수 그리스도의 복음을 '전복적 성취'로 제시함. "그런즉 너희가 알지 못하고 위하는 그것을 내가 너희에게

알게 하리라"(23절).[23]

둘째로, 용어 창시자인 크래머가 암시했듯이 고린도전서 1장 18-25절에 나타난 바울의 설명을 살펴볼 필요가 있다. 십자가의 메시지는 세상의 방식과 대립한다. 우리가 지혜롭다고 생각하는 것을 하나님은 어리석게 여기시며 그 반대도 마찬가지다. 하나님의 진노와 자비가 만난 그 나무 십자가는 2천 년이 지난 지금도 여전히 수치스러운 것이자 불쾌한 것이다. 다시 한 번, "십자가에 못 박힌 그리스도"(23절)를 전파하는 것은 도전적이고 단호한 '아니오'의 선언이다. 복음은 대립하고, 걸림돌을 놓아두며, 위기를 불러일으키고, 돌이키라고 촉구한다. 그 과정은 매끄럽고 부드럽게 진행되지 않는다.

그럼에도 복음은 연결시키기도 한다. 같은 본문에서 바울은 유대인과 헬라인이라는 종교적, 민족적으로 아주 다른 두 집단을 끌어들인다. 각 집단은 그들만의 문화, 세계관, 사회적 상상력, 소망, 두려움, 갈망을 안고 있다. 유대인의 관심은 표적과 능력에 있고, 헬라인의 관심은 지혜다. 집단도 다르고, 세계도 다르고, 갈망도 다르다. 바울은 왜 굳이 이들을 구분하는 데 신경을 썼을까? 십자가의 '아니오'를 생각하면 바울은 "유대인이든 헬라인이든 그들의 문화가 무슨 상관인가? 이런 것은 중요하지 않다. 우리는 십자가에 못 박힌 그리스도만 전파할 뿐이다. 맥락은 상관없다"라고 말할 수도 있었다. 그러나 바울은 그렇게 말하지 않았다. 그 대신 "우리는 십자가에 못 박힌 그리스도를 전하니 유대인에게는 거리끼는 것이요 이방인에게는 미련한 것이로되 오직 부르심을 받은 자들에게는 유대인이나 헬라인이나 그리스도는 하나님의 능력이요 하나님의 지혜니라"(23-24절)라고 말했다. 여기에 '예'가 있다. 여기에 성취가 있다.

대담하게 그들의 언어를 사용한 바울은 십자가에 못 박힌 그리스도가 곧 능력이라고 말한다. 십자가에 못 박힌 그리스도가 곧 지혜라고 말한다. 다만 그리스도의 능력과 지혜는 유대인과 헬라인의 생각 방식과는 정반대되는 전복적 방식으로 나타난다. 그들의 정의에 따르면 십자가에 못 박힌 죄수는 결코 능력이 있거나 지혜롭지 않다. 그러나 바울은 십자가를 그들 각각의 문화적 서사와 연결함으로써 변증적 설득력을 얻는 동시에 그 서사들을 전복시킨다. 예수 그리스도의 복음 안에서 능력과 지혜는 하나님에 의해 '재탈환'된다. 이 재탈환을 통해 능력과 지혜는 변화되고 해방된다.

## 전복적 성취 모델의 책임 있는 사용

전복적 성취 모델은 문화 변증학 분야에서 점점 널리 알려지고 있다. 이는 환영할 만한 일이지만, 다른 신학적 구성과 마찬가지로 이 모델 역시 더 세밀하게 다듬어지고 발전될 필요가 있다. 인지도가 높아졌다는 것은 그만큼 오해되거나 오용될 가능성도 커졌음을 의미한다. 이 모델에 관한 몇 가지 결론적 관찰은 다음과 같다.

첫째, 사도행전 17장과 고린도전서 1장이 전복적 성취를 가장 명확하게 설명하는 본문이기는 하지만, 전체 구조를 단지 이 두 '증거 본문'에만 의존하는 것은 실수다. 우리가 성경을 볼 뿐만 아니라 성경을 통해 세상을 볼 때, 창세기부터 요한계시록에 이르기까지 전복적 성취가 하나님의 계시와 인간의 문화적 반응 사이의 관계를 묘사하는 하나의 패턴이자 리듬 혹은 저음부로 존재함을 알 수 있다. 구속사, 성경적 서사 구조, 구약과 신약 사이의 연속성과 불연속성은 그 사례들을 제공하고, 전복적 성취의 리듬을 연주한다.

둘째, 전복적 성취는 탐구할 만한 유사하고도 관련 있는 여러 모델과 한 가족을 이룬다. 이들은 각기 독특한 점을 제공하고 신학적 미묘함을 더해 주지만, 근본적으로는 동일한 교리적 주제의 변주다. 예컨대 J. H. 바빙크의 '포제시오'(possessio, 탈환/소유) 모델,[24] 팀 켈러의 '능동적 상황화'(active contextualization),[25] 테드 터너의 대중문화 참여를 위한 규범 수칙,[26] 조슈아 채트로우의 안에서부터 밖으로의 변증(inside-out apologetic),[27] 크리스토퍼 왓킨의 '대각선화'(diagonalization) 도구 등을 언급할 수 있다.[28] 이러한 통일성 속의 다양성은 환영할 일이다. 모든 그리스도인은 각자 자신에게 더 울림이 있는 설명을 발견하게 될 것이다.

셋째, 전복적 성취는 정해진 범위 안에서 '개인에 따라 가변적'일 수 있다. 우리의 성격, 경험, 기질, 신학적 비중은 각기 다르다. 어떤 이들은 대결보다 연결이 쉽다고 느낀다. 반대로 연결보다 대결을 편하게 느끼는 이들도 있다. 그렇기에 우리는 지역적, 세계적으로 그리스도의 몸 된 교회 안에서 서로 점검하고 균형을 잡아 줄 형제자매가 필요하다. 연결을 더 쉽게 여기는 이들이라면 사랑 없는 혼합주의의 위험에 빠져 있지는 않은가? 대결을 선호하는 이들이라면 사랑 없는 (세상에 대한) 무관심의 위험에 빠져 있지는 않은가?

지난 몇 년간 내 맥락에서 관찰한 바에 따르면, 학생들과 목회자들은 전복보다는 '성취'라는 강조점을 개념적·실존적으로 더 '쉽게' 받아들이는 듯하다. 특히 우상 폭로 문제에 있어서 그렇다. 여기서 우상 숭배에 근본적으로 하나님을 대적하는 면, 즉 '수직적' 측면이 있음을 기억해야 한다.[29] 그저 하나님이 우리의 필요를 만족시켜 주신다는 데 접촉점이 있는 것이 아니다. 죄로 말미암아 깨어진 남녀는 자신에게 정말 무엇이 필요한지조차 모르기 때문이다. 몸이 안 좋아서 의사를 찾아갔다가 치명적인 질병에 걸렸다는 진단을 받은 환자처럼, 우리는 "그리스도께서 인간을 위해 오신 주된 목적이 그들을 영원한 죽음에서 건져 내어 하나님의 은혜 안으로 복귀시키는 것"임을 기억해야 한다. "이 지점에서 인간은 자신의 필요를 모른다. 그저 막연한 결핍감만 느낄 뿐이다."[30] 우리는 증상을 진단과 혼동해서는 안 되며, 사람들이 느끼는 필요를 그들의 근본적인 필요와 혼동해서는 안 된다. 우상 숭배가 아무리 강력한 설명력을 제공하고 수평적으로 파괴한다고 해도, 그것은 근본적으로 하나님을 대적하는 것이며 이 적대성은 반드시 폭로되어야 한다.[31]

넷째, 전복적 성취는 '문화적으로 가변적'이다. 상황화 모델이라고 말할 수 있는 전복적 성취 자체도 상황화될 필요가 있다. 역사적으로 기독교 세계관의 영향을 받은 문화권에서의 연결과 대결은, 그렇지 않은 문화권과는 다른 역동성과 도전과 기회를 가질 것이다. 사도행전 17장은 문화 변증 참여의 전형적인 모범이지만 1세기 아테네는 21세기 아테네와 다르다. 기독교 세계관이 문화 적으로 형성하는 역할을 해 온 긴 세월이 그 사이에 존재하기 때문 이다.

서구의 포스트 기독교 맥락에서 우리의 과업은 '패권적 문화 이 단'이 된 문화를 전복적으로 성취하는 것이다. "이 문화는 신앙과 완전히 이질적이지 않지만 그렇다고 신앙의 신실한 연속선상에 있 지도 않다. 이 상황은 그리스도인들에게 교회사에서 유례없는 정 교함과 분별력을 요구한다."[32] 후기 현대 사회 '속에' 살지만 그에 '속하지' 않는다는 것은 기독교 신앙이 거부당하고 대체되는 과정 에서 그 대체물들이 기독교 신앙의 자본을 빌려 쓰고도 그것을 부 채로 인식하지 않는다는 점을 인식하는 것이다.[33]

마지막으로, 전복적 성취는 가르침이나 설교, 일상 대화에서 복 음을 언어적으로 소통하는 데 국한되지 않는다. 이것을 관념적·지 적 훈련으로만 이해해서는 안 된다. 구속받은 인간으로서 우리가 몸을 가지고 한 지역에 뿌리를 내리며 사회적 존재로 살아가고자 하는 본성을 가졌다는 것은, 우리의 지역 교회가 전복적 성취 공동 체가 되기를 원한다는 뜻이다. 더 나아가 전복적 성취를 이루는 소 통과 교회 공동체와 더불어, 우리는 문화를 무너뜨리기만 하는 것 이 아니라 전복적으로 성취하는 문화적 건설을 이루어야 한다. 팀 켈러가 세상을 떠나기 전 마지막 기고문에 썼듯이 말이다.

전복적 성취는 긍정하는 동시에 반박한다. 사람들에게 도전하되 그들의 용어로 도전한다. 그리고 인간의 모든 마음이 진정 필요로 하는 것—고난이 앗아갈 수 없는 의미, 환경에 좌우되지 않는 만족, 사랑과 공동체를 파괴하지 않는 자유, 당신이 이해할 수 있고 당신을 억압하지 않고 타인을 배제하지 않는 정체성, 당신을 새로운 압제자로 만들지 않는 정의의 토대, 상대주의에 호소하지 않고도 수치심과 죄책감에서 해방됨, 죽음까지도 침착하게 직면할 수 있게 하는 소망—을 복음의 용어로 제공하는 것을 의미한다.[34]

이것이 바로 현대 문화 변증의 비전이다. 이 비전은 하나님의 백성이 어디에 있든 자신이 처한 문화 속에서 증인으로 살아가도록 영감을 주고 힘을 준다. 이는《디오그네투스에게 보낸 서신》의 익명의 저자가 수천 년 전 증언했던 바로 그 "놀랍고도 너무나 인상적인 삶의 방식"이다.

# 굳게 닫힌 마음을 열고
# 어두워진 지성을 밝히다

° N. 그레이 수탄토

"우리는 사흘의 시간이 있어." 나는 기독교에 대해 또 다른 반론을 제기하는 존에게 말했다. 우리는 둘 다 지방에서 열린 결혼식에 초대받았다. 내가 신학을 공부한다는 소식을 들은 존은 기독교 신앙에 반론을 제기하고 그에 대해 가능한 모든 답변을 듣고 싶어 했다. "기독교는 비합리적이야. 구약성경부터 시작해 보자고. 설마 진짜 말하는 뱀이 있었다고 믿는 건 아니겠지?" 존과 나는 식사 시간마다 함께했고, 밤늦게까지 산책하며 제기된 주제들을 토론했다. 여행이 끝날 무렵, 존은 항복을 선언하며 말했다. "좋아, 인정할게.

일리 있는 답변들이야. 우리가 물질적인 존재일 뿐이라고만 생각한다면 내가 당연시했던 많은 가정에 문제가 생기지. 하지만 여전히 믿기지는 않아."

"음, 왜 안 믿어지는데?"

"왜냐하면, 만약 내가 믿게 된다면, 내 삶을 바꿔야만 하거든."

성경은 우리가 무지해서, 즉 하나님에 대한 정보가 부족해서 하나님을 부인한다고 말씀하지 않는다. 굳어진 마음으로 인해 진리를 '억누르고', 그 결과 지성이 어두워졌기 때문이라고 말씀한다(롬 1:18-23, 32). 우리는 하나님이 존재하신다는 것을 안다. 그래서 하나님의 영광에 이르지 못했고 하나님의 진노를 받아 마땅하다는 사실도 알고 있다. 이는 우리의 취약함을 고통스럽게 자각하도록 만든다. 벌거벗겨지고 수치심을 느낀 우리는 하나님에게서 도망친다. 우리의 마음은 하나님이 우리를 다스리시는 공의로운 재판장이라는 사실을 정직하게 인정하지 못하고 거부한다. 이 모든 것은 변증을 할 때 단지 신앙의 근거만 제공해서는 안 된다는 뜻이다. 우리는 이성적 사고방식에 미치는 마음의 영향력에 주목해야 한다. 그러므로 변증의 목표는 우리가 항상 하나님을 알고는 있었으나 그분이 존재하기를 원하지는 않았다는 사실을 보게끔 '가면을 벗기는' 데 있어야 한다.

이 장에서는 지성이 영적이면서도 인간 존재의 중심인 마음에 깊이 뿌리를 두고 있다는 성경적 통찰에 비추어 불신과 변증을 이해하는 것이 중요하다는 점을 탐구한다. 이를 두 단계로 나누어 진행해 보겠다. 먼저, 로마서 1장 18-32절에 대한 요한 바빙크와 헤르만 바빙크의 관찰을 토대로 그 본문을 다시 살펴보며 불신의 정서적 차원을 강조할 것이다. 인간의 상태에 관해 드러나는 사실은, 그 사람이 알고 있는 것(신성을 의식함)과 고백하는 것(우상 숭배, 신성을 부인함) 사이의 깊은 불일치다. 이러한 불일치는 실존적, 지적 혼란을 야기한다. 두 번째 단계에서는 여덟 가지 변증적 함의를 제시하며 마무리할 것이다.[1]

## 로마서 1장: 하나님을 알면서도 부인함

로마서 1장에 기록된 '불신'에 대한 바울의 분석은 지성과 마음 사이의 연결을 전제한다. 성경은 종종 마음과 지성을 밀접하게 연관시키며, 때로는 둘을 서로 바꾸어 사용하기도 한다(시 7:9, 64:6, 73:21; 대상 22:19; 렘 17:10; 마 22:37; 빌 4:7; 히 8:10). 여기서 마음이란 개인의 고립된 감정생활이 아니라 인간 존재 전부의 방향성과 주체성을 의미한다. 따라서 잠언 4장 23절이 보여 주듯, 우리는 경계하며 자기 마음을 지켜야 한다. 마음은 "비밀"을 가지고 있고(시 44:21; 고전 14:25), 만물보다 거짓되며(렘 17:9-10), 중생에 있어 하나님의 결정적인 사역이 일어나는 장소이기도 하다(렘 31:33; 행 16:14). 그러므로 자아에는 명시적이고 의식적인 추론 이상의 무언가가 존재한다. 마음은 우리에게 이해되지 않을 때가 많다. 우리는 종종 자신에게도 신비에 싸인 존재다.

헤르만 바빙크(1854-1921)는 20세기 전환기에 등장한 '무의식'

에 관한 새로운 연구에 대해 논평하면서, 수면 아래 잠겨 있는 삶의 직관에 관한 이러한 실증적 발견이 "죄 교리"에 특히 중요하다고 결론지었다.[2] 진실로 "무의식 이론은 성경의 지지를 받는다."[3] 의식적인 이성의 '공간' 이면에서는 더 많은 일이 벌어지고 있으며, '지성'(또는 영혼의 지적 생활)은 그 방향을 결정하는 암묵적인 "비밀들"의 영향을 받기 때문이다.

바울은 일반 계시(하나님이 피조 세계를 통해 비언어적으로 자신을 드러내시는 것)와 그 계시에 대해 억압의 형태로 드러나는 우리의 죄악 된 반응을 가르치면서 마음의 미묘한 영향력에 주목한다. "하나님을 알되 하나님을 영화롭게도 아니하며 감사하지도 아니하고 오히려 그 생각이 허망하여지며 미련한 마음이 어두워졌나니"(롬 1:21). 피조물이 하나님을 '알면서도' 하나님에 대한 진리를 '억누르고' 하나님을 부인한다고 바울은 공언한다. 그의 가르침은 마음과 지성의 깊은 연결을 보여 준다. 진리를 억누른 결과 우리의 마음은 "어두워지고" 우리의 생각은 "허망해진다"(참조. 엡 4:18). 요한 바빙크와 헤르만 바빙크의 도움을 받아 여기서 언급하는 '앎, 지식'이 어떤 종류인지 살피고, 바울이 기록한 '억압'의 본질을 명확히 해 보자.

## 하나님에 대한 내재적 지식

바울이 로마서 1장 20-21절에서 말하는 지식은 늘 존재한다. 인류 편에서 이루어지는 억압의 행위 자체가 이미 하나님에 대한 지식을 인류가 '실제 소유하고 있음'을 전제한다. 그러나 개인의 믿음의 '고백'과 개인 안에 실재하는 하나님에 대한 지식 '소유' 사이에는 차이가 있다. 인류는 하나님을 영화롭게 하거나 그분께 감사해서는 안 된다고 무수히 다양한 방식으로 공언한다. 다른 우상을 숭배하거나(행 17장), 심지어 하나님은 정말 없다고 공언하기도 한다(시 14편). 그러나 그러한 명시적 고백이 일어나는 동안에도 하나님은 지속적으로 알려지고 계신다. 따라서 바울의 관점으로 보면, 하나님이 존재한다는 사실을 알면서도 하나님의 존재나 특정한 신적 속성을 부인하는 일이 가능하다.

요한 바빙크(1895-1964)가 인식했듯, 복음이 인류에게 선포될 때 복음은 신성에 대한 감각이 불러일으키는 실존적 죄책감과 예배 성향을 직접적으로 다룬 이후에 죄 사함이라는 위로를 제시한다. 하나님에게서 온 이러한 창조적 계시는 '거룩한 분에 대한 감각'(sensus numinis)을 만들어 내며, 이는 인류가 하나님의 '현현'(phanoresis)에 대항하고 있음을 폭로한다. "그분의 피조물은 더 이상 그분의 목소리를 듣지 못하는 자처럼 있지 않다."[4] 요한 바빙크의 해석에 따르면 인간은 "그가 만드신 만물"(롬 1:20)을 통해 '간접적으로' 하나님을 알 뿐만 아니라 '내적으로도' 하나님을 안다. 왜냐하면 하나님께서 "이를 그들에게 보이셨기"(롬 1:19) 때문이다. 또한 우리에게는 창조주를 반영하는 형상이 있기 때문이다. 참으로 하나님은 "사람들에게 영원을 사모하는 마음을 주셨다"(전 3:11).

하나님에 대한 지식이 하나님의 존재에 대한 명시적 거부와 공존할 수 있다면, 이 지식은 지성의 의식적이고 명제적 확언에 '앞서며' 그것으로 환원되지도 않는다는 결론이 나온다. 요한 바빙크와 헤르만 바빙크가 둘 다 주장했듯이, 로마서 1장 20절에서 바울이 가르친 이 "신성에 대한 감각"(gevoel der Godheid)을 알아본 사람은 칼뱅이었다.[5] 결국 칼뱅은 신성에 대한 감각이 "학교에서 가장 먼저 배워야 하는 교리가 아니라 우리가 각기 모태에서부터 완벽하게 익힌 것이며, 비록 많은 이들이 이를 잊기 위해 갖은 힘을 쓰더라도 본성 자체가 허락하지 않는 것"이라고 주장했다.[6] 헤르만 바빙크는 이 신성에 대한 감각을 우리의 "생각과 행동의 밑바닥"에 흐르는 "의존의 감정"으로 설명했다.[7] 모든 생각에 앞서, 마음과 지성은 이미 신적 존재에 대한 절대적 의존을 느끼는 방식으로 하나님을 안다. 여기에는 명확한 설명이 두 가지 더 필요하다.

첫째, 여기서 '느낌'은 감정을 뜻하는 것이 아니라 의식 수준까지 떠오를 필요가 없는 인식이다. 암묵적 지식은 행동에 영향을 끼치는 일종의 인식을 포함한다. 그러나 그 인식은 우리의 지식에서 잠재의식이나 무의식에 잠겨 있어 드러나지 않는다.[8] 예를 들어, 습관에 영향을 미치지만 떠올리기는 거부되는 잠재된 기억, 즉흥 연주를 하는 순간에 어떤 음을 연주했는지 설명하지 못하는 재즈 음악가의 제2의 천성 같은 지식, 엄마의 목소리를 알아듣고 갈망하는 영아의 본능 같은 것이 있다. 어떤 지식은 명확히 표현된 명제적 자각이나 명시적 고백의 아래에서 혹은 그 옆에서 나란히 흐른다.

이 암묵적 지식이라는 범주는, 하나님이 존재하지 않으며 능력도 없고 진노도 하지 않는다는 주장을 고집하면서도 어떻게 잠재적으로 하나님을 알 수 있는지를 설명해 준다. 우리가 어떤 논증을 접할 때 직관적으로 이 결론이 틀렸다고 혹은 맞았다고 느낄 수 있는데, 이는 논증을 심사숙고해서가 아니라 특정 입장에 이미 치우

처 있기 때문이다. 억압의 본질과 근원적 타락으로 인해 인간은 불신앙으로 기우는 경향이 있다. 그러므로 인간은 자신의 부패한 본성과 씨름하며 "이 악한 세대"(갈 1:4)에 거하고 허물과 죄 가운데 행한다(엡 2:1-3). 이러한 종류의 앎은 현대 정동 이론(affect theory)이 다루는 '정동'(정서)의 개념을 연상시킨다. 정동 이론은 사회적 관계와 신체적 습관 속에서 이루어지는 동조로 추진되는, 몸에 새겨진 잠재된 직관과 경로들이 우리의 명시적인 이론화 과정에 영향을 준다는 점을 인식한다.[9]

둘째, 이것은 하나님 앞에서 자신의 의존성에 대한 느낌 혹은 암묵적 지각이다. 왜 의존성인가? 로마서 1장은 하나님께서 모든 사람 안에 신적인 능력과 죄에 대한 진노를 아는 지식을 심어 놓으셨음을 보여 준다. 신적 능력에 대한 지식은 하나님을 만물의 창조주, 곧 피조물의 생명이 달려 있는 분으로 부각한다. 그리고 하나님의 진노에 대한 지식은 죄인이 하나님 앞에서 가져야 할 책임을 조명한다. 일반 계시를 통해 드러난 신적 능력과 진노는 모두 하나님 앞에서 죄인의 절대적 취약성을 보여 준다. 벌거벗겨진 죄인들이 수치심을 느끼며 서 있는 것이다. 타락 이후 인간은 무화과나무 잎으로 옷을 만들어 입었고, 하나님을 피해 숨었으며, 수치심을 없애기 위해 애써 왔다.

이러한 전(前) 이론적이고 때로는 무의식적인 하나님에 대한 지식은 우리를 억압의 본질로 인도한다. 즉 우리가 하나님 앞에서 절대적 취약성을 지워 버리려 하기 때문에 하나님께서 창조를 통해 우리 안에 심어 주신 진리를 억누른다는 것이다.

## 억압

바울에게 억압이란 단순히 하나님에 대한 잘못된 신념을 도출하는 것(물론 그런 결과를 낳기도 하지만)이 아니다. 그것은 타락한 마음이 이미 알고 있는 하나님에 관한 진리를 내리누르는 방식과 관련된다. 하나님에 대한 내재된 지식을 억누르는 것이다. 왜냐하면 마음은 창조주보다 피조물을 더 사랑하며, 하나님 앞에서 취약함을 인정하지 않으려 하기 때문이다. 이러한 억압은 이론적 인식에 앞서 일어난다. 왜냐하면 마음이 이미 어두워졌으며, 지성의 명시적인 고백(하나님께 영광과 감사를 돌리지 않는 것)이 더 깊은 곳에 내재된 하나님에 대한 지식과 충돌하고 있기 때문이다. 마음(영혼)은 지성(영혼의 한 기능)을 지휘한다. 마음이 하나님 외에 다른 것을 사랑하기 때문에, 지성은 하나님에 대해 적절하게 추론하지 못하며 하나님에 대한 내재된 지식을 파악하기를 거부한다.

요한 바빙크의 로마서 1장 주해는 억압의 성격을 조명할 때 다시 한 번 도움을 준다.

우리는 인간의 상태가 무언가 왜곡되었다는 사실을 예리하게 주시해야 한다. 사람들은 저항하고 억압해 왔다. 무의식적으로 그렇게 해 온 것이다. 하지만 매 순간 '자신이 늘 그렇게 하고 있다는 사실조차 깨닫지 못한 채' 그렇게 행동한다. 동시에 그러한 억압의 결과로 그들 깊은 곳에는 항상 선명한 불안정함이 존재한다. … 이 억압 프로세스의 엔진은 소음 없이 돌아가지만 완전한 무소음은 아니기에 사람들은 이따금 엔진이 돌아가고 있음을 느

낀다. 그 결과 자기 삶이 무언가 잘못되었다는 것을 깨닫는다. 사람들은 하나님과 숨바꼭질 중이다.[10]

인간은 항상 하나님과 접촉하며 살아가는 종교적 피조물이기 때문에, 신성에 대한 감각을 억압하는 행위로 인해 실존적 '불안정함'이 발생한다. 더욱이 신성에 대한 감각은 하나님 자신의 능동적인 사역으로 심겨졌기에, 인간이 이를 궁극적으로 근절할 수 없다.

인간은 하나님의 영원하신 능력과 신성에 관한 진리를 억눌렀다. 그 진리는 그의 무의식 속으로, 즉 그의 존재의 지하실로 추방되었다. 그렇다고 영원히 사라졌다는 뜻은 아니다. 그 진리는 여전히 활성화 상태이며 거듭 자신을 드러낸다. 다만 공개적으로 의식될 수 없을 뿐이다. 그것은 위장된 형태로 나타나며, 다른 무언가로 대체된다.[11]

진리를 억제하려는 마음의 욕구 때문에 신성에 대한 감각은 '위장된 형태'로 튀어나온다. 그것은 규범, 세상의 궁극적 문제와 그 해결책, 소속감, 운명, 초월적 힘에 대한 우리의 직관과 대화 속에서 나타난다(요한 바빙크는 이를 마그네틱 포인트[magnetic points: 자석처럼 끌어당기는 지점]라고 부른다).

요한 바빙크가 강조하는 바를 포착하려면 다음 비유가 도움이 된다. 어느 가족을 생각해 보자. 이제는 성인이 되어 가족과 멀어진 자녀가 있다. 그 자녀는 어머니가 치명적인 질병을 진단받았다는 메시지를 형제에게 매일 받는다. 이제 어머니는 살날이 몇 년 남지 않았다. 메시지는 집으로 돌아오라고 권하지만, 혼자 살면서 가족을 무시하는 일에 익숙해진 그는 답장을 하지 않는 것은 물론이고 메시지를 읽는 것조차 거부한다. 몇 달이 지나면서 이 메시지들은 더 이상 의식적으로 삭제해야 하는 골칫거리가 아니라, 아예 읽지 않는 수많은 메시지 속에 파묻혀 잠재의식 뒤편으로 밀려난다. 잠재의식 속에 어머니와 그 메시지들이 있음에도 그는 의식적으로 생각하지 않은 채 일상 업무를 계속할 수 있다. 물론, 어느 날 멀리 살던 형제가 눈앞에 나타나서 자신이 억압하며 (자기를 기만하면서) 그토록 성공적으로 무시해 왔던 모든 메시지를 강제로 떠올려야 하는 순간까지만 그럴 수 있다.

이 비유처럼 요한 바빙크에게 일반 계시란 모든 피조물이 하나님의 계시 행위 덕분에 경험하는 본능적 느낌 혹은 하나님에 대한 무의식적 지식이다. 더 이상 그것에 주의를 기울이지 않을 수도 있지만 결코 완전히 잊거나 근절할 수는 없다. 그것은 지속적인 우상 숭배와 실존적 불안으로 나타난다. 대단한 아름다움을 경험하거나, 죽음의 의미를 두고 대화를 나누거나, 말씀이 선포되는 교회 예배에 참석하는 등 어떤 자극들은 죄인들이 오랫동안 수면 아래 억눌러 두었던 이 신성에 대한 감각과 다시 직면하게 만들 수 있다. 요한 바빙크는, 로마서 1장을 해석하면서 하나님의 존재에 대한 명제와 논증만 따로 떼어 강조한다면 이 바울 서신이 가진 힘을 약화시키는 것이며 그 실제적 가르침을 놓치게 된다고 여긴다.

# 변증적 함의

로마서 1장을 지적 관점뿐 아니라 정서적 관점에서 읽을 때, 고려해야 할 변증적 함의가 적어도 8가지 있다.

첫째, 변증은 비그리스도인을 '하나님에 대해 무지한 상태'에서 '하나님에 대한 지식'으로 옮겨 놓는 것이 아니라 그들이 이미 하나님을 알고 있음을 드러내는 작업이다. 문제는 무지가 아니라 억압이다. 이는 변증이 지적인 만큼 도덕적이며, 철학적인 만큼 목양적인 작업임을 의미한다.

둘째, 불신은 일차적으로 지적 문제가 아니라 정서적 문제다. 하나님을 인정하지 않는 것은 논증이나 증거, 하나님에 대한 지식에 대한 자각이 부족해서가 아니라 우리 마음이 부패했기 때문이다. 우리는 하나님이 존재하기를 원치 않는다. 왜냐하면 하나님의 존재와 영광을 인정하게 되면 하나님 앞에서 가장 취약한 부분을 인정해야 하기 때문이다(롬 1:32). 변증적 논증이 죄인을 "핑계치 못하게" 만드는 데 도움이 될 수는 있지만, 죄인은 자신의 죄의 패턴을 보호하기 위해 하나님의 진리를 억누르려는 동기를 고수할 수 있다. 이 장 서두에서 보았던 존의 사례처럼 기독교 신앙에 제기하는 지적 반론은 실제적인 고민일 수 있으나, 그 이면에는 하나님을 거부하려는 마음의 저항이 자리 잡고 있다.

셋째, 변증은 모든 인간이 가진 '신성에 대한 감각'과 그들의 '불신앙의 고백'이 일치하지 않는다고 폭로하는 것을 목표로 삼아야 한다. 지식과 고백 사이의 이 간극은 실존적 불안을 야기하고,

변증은 바로 이 점을 드러낸다. 이는 다양한 형태로 나타날 수 있다. 예를 들어, 인생은 허무하다고 주장하는 사람이 실제로는 허무를 느끼지 못하고 심지어 세상의 거대한 불의에 분노하며 이를 바로잡아야 한다고 주장하는, 즉 자신이 주장하는 것과 실제로 느끼는 것 사이의 간극이 그것이다. 혹은 불신앙적 세계관 내부가 지적으로 모순됨을 보여 줌으로써 이 간극을 드러낼 수도 있다. 예를 들어, 모든 도덕은 상대적이라고 주장하는 비그리스도인이 사람이 처신해야 할 올바른 방식이 있다고 고집하는 경우가 이에 해당한다.

넷째, 변증은 신학적으로 견고해야 하며, 그래서 맥락과 문화에 따라 유연하게 적용되어야 한다. 억압되고 있는 '신성에 대한 감각'은 다른 방식으로 나타나므로, 변증하려는 사람이 이런 불일치나 우상 숭배를 분별하려면 주의 깊게 경청해야 한다. 도덕적, 우주론적, 목적론적, 선험적 논증 등 최고의 논증을 숙지하는 것이 변증에 도움은 되지만, 변증은 단지 이러한 논증의 반복으로 환원될 수 없다. 최악의 경우에 변증가는 논증을 늘어놓을 기회만 엿보느라 대화 상대자의 열망, 직관, 우상 숭배를 세심하게 알아듣지 못할 수 있다. 각기 다른 문화와 문맥은 신성에 대한 감각을 독특한 방식으로 위장한다. 모든 사례에 들어맞는 단 하나의 공식적 접점은 존재하지 않는다. 그러나 안심하라. 성경의 증언에 비추어 볼 때, 복음은 언제나 존재하는 '계시적' 접점을 다루고 있음을 확신하라.

이 네 번째 요점은 특히 중요하다. 몇 가지 구체적인 예를 들면, 내가 의미하는 바를 전달하는 데 도움이 될 것 같다. 요한 바빙크의 통찰을 빌리자면, 신성에 대한 감각은 위장된 형태로, 인간의 마음을 자석처럼 끄는 마그네틱 포인트로 나타난다. 마그네틱 포인트 중 하나가 바로 문제와 구원에 대한 감각이다. 이는 우리 안에 심겨진 죄(근본적 문제)에 대한 인식과 하나님(근본적 해결책)에 대한 필요에서 비롯된다.

탈기독교 시대 서구의 맥락에서는 죄를 빈곤과 소외로 대체하고 부의 재분배와 포용을 주된 해결책으로 삼아 신성에 대한 감각을 억압할지 모른다. 그러나 기독교의 죄 교리는 죄로 인한 부패가 부자와 가난한 자, 소외된 자와 힘 있는 자 모두를 가로지른다고 주장한다. 부도덕과 타락은 부유하고 권력을 가진 자의 특징이며, 이로 인해 많은 이들은 가난하고 소외된 사람들이 그들을 억압하는 자들에게서 해방되어야 한다고 본다. 따라서 부(富)와 포용이 우리 사회의 병폐를 고치는 치유책이 될 수는 없다. 중국-인도네시아 공동체의 맥락에서는 죄가 아니라 어른을 공경하지 않는 것이 문제이고, 효 실천을 그 해결책으로 여기기도 한다. 그러나 어른들 역시 도덕적으로 부패했다. 심지어 그들은 사후에도 자손의 복종과 공경에 '의존'한다. 그들의 병폐를 해결하기 위해서는 어른과 그의 자손을 모두 용서해 줄 신적 권위자, 곧 제삼자가 필요하다.

다섯째, 변증과 전도는 명확하게 구분될 수 없다. 사실 이 둘은 너무나 밀접하게 얽혀 있어 하나 없이는 다른 하나도 수행될 수 없다. 하나님을 믿지 못하는 근원이 지적인 무엇만큼이나 도덕적인 데 있다면(죄인들이 유죄성에 따른 취약함 때문에 하나님을 거부할 동기를 갖는다면), 변증은 처음부터 복음과 함께 제시되고 복음에 의해 형성되어야 한다. 유죄성이 폭로되는 것은 고통스럽고 마음이 찢어지는 일이다. 오직 은혜의 복음만이 하나님 앞에서 죄책감이나 수치심을 자유롭게 고백하지 못하게 하는 두려움을 치유할 수 있다. 우리는 우리 자신을 폭로하는 진리뿐 아니라 그 취약함을 받아들이는 데 필요한 용서와 은혜까지 함께 소개해야 한다.

여섯째, 변증에서는 변증적 대립이 일어나는 문화의 관습과 사회적 동조에 주목해야 한다. 우리의 명시적 사고행위 밑바닥에 정서적 충동이 깔려 있음을 고려할 때, 변증가는 우리가 속한 문화와 공동체와 맥락이 우리의 욕망과 우선순위 및 매력적으로 여기는 바를 형성한다는 점을 인지해야 한다. 때로는 대화 상대자가 특정한 방식으로 복음의 하나님을 거부하도록 맥락에 의해 길들여진 방식을 폭로하는 작업이 절실하다. 어떤 맥락에서는 절대 진리를 주장하는 사람을 독단이나 학대와 연관시키도록 무의식적으로 훈련받았을지 모른다. 이런 경우에는 절대 진리의 존재를 입증하는 것만으로는 부족하며 그 진리가 상대방이 우려하는 식의 학대로 이어지지 않음을 보여 주어야 한다. 또 다른 맥락에서는 예수님을 향한 배타적 충성이 가족 전통을 무시하는 것과 연결될 수도 있다. 이 경우에는, 그리스도께 충성한다고 해서 가족을 무시하지 않으며 오히려 가족을 더 존중할 수 있음을 보여 주는 것이 중요하다. 하나 더 이야기하자면, 대화 상대자를 구체적이고 규칙적이며 통합된 방식으로 돌보는 것도 도움이 된다. 정기적인 만남, 교회나 성경 공부로 초대함, 환대는 그 자체로 변증적 행위다. 이러한 행위들이 기독교 신앙의 매력과 아름다움을 증언하기 때문이다.

일곱째, 변증은 전문 훈련을 받은 실천가나 신학자, 철학자만의 전유물이 아니라 모든 그리스도인의 것이다. 모든 그리스도인은 신앙을 변호하고(벧전 3:15), 제자를 삼으며, 복음을 전하도록 부름받았기 때문이다. 하나님은 그리스도인들에게 지혜를 갖추고 세계관을 계발하고, 마음의 기만을 분별하며, 어두워진 생각에 조명을 밝힐 수 있는 충분한 자원을 구비시켜 주셨다.

마지막으로, 변증은 아직 복음을 믿지 않는 자들뿐만 아니라 이미 믿는 자들에게도 필요하다. 인간의 마음은 기만적인 비밀을 품고 있으며, 신자들 역시 폭로하고 성화하는 복음의 증언에 저항하게 만드는 자기방어, 두려움, 교만을 스스로 키워 나가는 방식을 끊임없이 경계해야 한다. 내주하는 죄는 신자를 계속 괴롭힌다. 변증이 겉으로 고백하는 바와 마음 깊은 곳에서 아는 바 사이의 불일치를 들추어낸다면, 그리스도인 역시 믿지 않는 자들만큼이나 그 실상이 폭로될 필요가 있다.

처음에는 상황이 암담해 보일지 모르나, 성경에는 변증가들에게 주는 큰 소망이 있다. 우리가 믿지 않는 자들에게 하나님의 말씀을 전할 때, 하나님은 모든 사람의 마음속에 자신을 나타내는 증거를 반드시 남겨 두신다. 마음으로 알고 있는 진리를 계속해서 억누르는 것은 매우 힘겨운 일이다. 예수님은 우리를 불러 그분 안에서 안식하게 하신다. 그분의 멍에는 쉽고 그분의 짐은 가볍기 때문이다(마 11:30).

7.

# 하나님 없는 삶이
# 왜 모순인지를 이해시키다

C. S. 루이스의 소설《그 가공할 힘》에서 마크는 초월에 눈뜨는 심오한 도덕적 경험을 한다.[1] 그 여파로 그는 자신의 삶 전체를 새로운 관점으로 보게 된다. "[마크는] 자신의 삶을 수치심이 아니라 그 황량함에 대한 일종의 혐오감을 품고 뒤돌아보았다. … 그는 애써 생각할 필요도 없이 온 우주에서 다름 아닌 자기 자신이 흙먼지와 깨진 병, 낡은 깡통 더미, 메마르고 숨 막히는 곳을 선택했음을 깨달았다."[2] 루이스의 책에서 마크와 그의 아내는 현대성을 의인화한 인물들이다. 마크의 신념과 태도는 루이스의 시대뿐만 아니라

몇 세대가 지난 우리 시대의 현대인, 세속적 사람들을 대변한다.

삶을 "메마르고 숨 막히는 곳"으로 경험한 마크는 현대인을 들여다보는 통찰력 있는 창을 제공한다. 주변을 둘러보면 사람들은 비록 의식하지 못할지라도 모두 초월과 의미에 굶주려 있다. 그들은 메마르고 숨 막히는 곳에서 살아간다. 따라서 우리의 많은 비그리스도인 친구들, 가족, 동료들은 영적인 필요를 죄책감보다는 황량함의 관점에서 경험한다(마크처럼). 이것은 전도와 변증 수행 방식에 어떤 의미를 주는가?

이 장에서는 불신앙은 우리가 결코 살아낼 수 없는 삶의 방식이라는 사실에 주목함으로써 어떻게 예수 그리스도 복음의 선함과 진리, 아름다움을 권할 수 있을지 알아본다. 세속적인 전제를 추적해 올라가서 그 전제의 논리적 결론에 다가가면, 결국 메마르고 숨 막히는 끝에 이르게 된다. 나는 현대인의 삶에서 나타나는 세 가지 측면, 즉 탈마법화, 무의미함, 외로움을 살펴볼 것이다. 그리고 복음이 어떻게 이러한 욕구를 폭로하고 응답으로 이끄는지 고찰할 것이다. 다행히 우리에게는 메마르고 숨 막히는 곳에 있는 이들을 위한 기쁜 소식이 있다. "영생하도록 솟아나는 샘물"(요 4:14)을 주시는 분이 계신다는 것이다.

## 탈마법화

현대 전반에 걸쳐 초월성의 전통적인 원천들(하나님, 영원한 심판,

영원한 영광 같은 것들)은 점차 그 자리를 잃었다. 그 결과 많은 현대인이 막연하지만 통렬한 상실감을 느낀다. 이러한 현대의 곤경을 설명하는 한 가지 범주는 '탈마법화'(disenchantment)라는 단어다. 이 용어는 다양한 의미로 이해할 수 있지만 대개 초월성 상실에서 발생하는 단조로움(flatness)과 축소감(diminishment)과 관련 있다.[3] 찰스 테일러는 그의 대작 《세속의 시대》에서 이러한 역학을 권태와 불안이라는 관점으로 설명한다. "우리 문화에는 초월적인 것이 쇠퇴하면서 무언가 상실되었을지도 모른다는 보편적인 감각이 존재한다."[4]

테일러는 초월적 실재와의 접촉이 차단된 '내재적 틀'에 자신을 가두는 경향이 현대인의 삶에 있다고 주장한다. 인류 역사의 대부분 기간 동안, 우리의 삶에는 더 큰 영적 의미가 있었기에 일종의 충만함과 경외감이 있었다. 전근대 세계에 간혹 잔혹함과 무지함이 있었을지라도 여전히 인생은 살 만한 가치가 있다고 생각하게 만드는 풍요로움이 삶에 있었다. 예를 들어, 기독교적 상상력 안에서 이 세상의 삶은 최종적인 것이 아니며 물리적 세계 자체는 영적 실재에 '참여한다.' 세상은 하나님의 영광이 나타나는 극장이다. 그러나 현대인들은 물리적 우주를 더 기계적이고 자기 완결적으로 보는 경향이 있다. 이러한 변화는 결정적인 정서적 함의를 갖는다. 마치 숲에서 사막으로 옮겨 가는 것과 같다. 테일러는 설명한다. "초월성과 영웅주의와 마음 깊은 곳에 있는 감정을 부인한 결과로 우리에게 남은 것은, 공허하고 헌신을 불러일으키지 못하며 정말 가치 있는 것은 아무것도 제공하지 못하고 우리가 헌신할 수 있는 목표를 향한 갈망에 어떤 답도 줄 수 없는 인생관뿐이다."[5] 따라서 현대 세계에서는 "우리의 행동, 목표, 성취 같은 것에 무게감과 중력, 두께와 실체가 부족하다."[6]

탈마법화의 실존적 영향을 이해하고 싶다면, 평생 사랑해 온 사람과 데이트하러 가는 기분을 상상해 보라. 설레고 모험을 하는 것 같고 아드레날린이 솟구칠 것이다. 거기에 모든 것이 걸려 있는 느낌이다! 그런데 막상 그 자리에 가 보니 전혀 다른 사람, 당신이 관심도 안 가졌던 사람이 나와 있다고 상상해 보라. 데이트가 어떻게 되겠는가? 형식적으로 좋게 행동할 수는 있겠지만 허탈함을 지울 수는 없을 것이다. 마법이 사라진 것이다. 혹은 좋은 소설에 처음으로 깊이 몰입했던 때를 떠올려 보라. 영웅과 악당, 극적인 줄거리에 당신은 사로잡혔을 것이다. 그 소설은 '중요하게' 느껴졌다. 이제 평범하고 오래된 잡지를 백 번째 읽는다고 상상해 보라. 페이지를 넘기려면 의지가 필요하다. 마법은 사라졌다. 더 많은 비유를 들 수도 있지만, 탈마법화의 '느낌'이 무엇인지 분명해졌기를 바란다. 끔찍한 점은 이것이다. 현대인에게는 '삶 자체'가 탈마법화되었다는 사실이다. 데이트 상대, 책이 아니라 '모든 것'이 그렇게 되었다.

대다수 현대인이 이러한 역학을 완전히 의식하지 못한다는 점을 이해하는 것이 중요하다. 우리는 무언가 빠졌다는 것을 희미하게만 감지한 채 "메마르고 숨 막히는 곳"에서 움직이며 살아가고 있을 수 있다. 우리 삶에 만연한 이 깊은 공허함을 직시하려면 종종 삶의 속도를 늦추고 자기를 성찰해야 한다. 《팀 켈러의 답이 되는 기독교》에서 팀 켈러는 현대인들이 자신의 상황을 부정하며 사는 경향이 있다고 말한다. "대체로 우리는 우리 안의 너무나 깊고 거대한 불만족을 부정하며 살고 있다. … 우리 삶의 불만족이 지닌 규모와 차원을 보기 위해 그 부정을 타개하고 떨쳐 버리는 데는 보통 수년이 걸린다."[7] 이는 주변 사람들이 현대의 탈마법화가 주는 개인적인 함의를 성찰하고 받아들일 수 있도록 그들을 도와야 할 필요가 있음을 의미한다.

## 무의미함

현대인의 삶은 무의미함이라는 비극적 실체로도 특징지어진다. 이 개념은 탈마법화와 관련되지만 서로 구분은 된다. 탈마법화가 마법의 상실을 의미한다면, 무의미함은 질서와 목적의 상실을 의미한다. 닻이 끊어져 하나님에게서 멀어진 채 표류하는 인간의 삶은 혼돈과 해체라는 특징을 띠게 되었다. 초월적인 닻을 잃어버린 우리는 자신이 누구인지, 어떻게, 왜 살아야 하는지 스스로 결정할 자유를 얻었다. 그러나 이러한 주관적이고 스스로 만들어 내는 의미는 매우 취약하다(깊은 고통이나 트라우마를 겪을 때 우리를 지탱해 주지 못할 때가 많다).

이러한 우주적 무의미함에 대한 인식은 프리드리히 니체의 저명한 분석인 "신의 죽음"의 근간을 이룬다.[8] 니체는 현대 사회에서 하나님에 대한 신앙이 상실된 상태를 가리켜 이 구절을 사용했다. (흔히 니체 자신을 대변하는 인물로 해석되는) '광인'의 유명한 애가는 이러한 상실이 가져온 정서적 파장을 잘 보여 준다.

"하나님은 어디로 갔는가?" 그가 외쳤다. "내가 너희에게 말해 주겠다. 우리가 그를 죽였다. 너희와 내가! 우리 모두가 그를 죽인 자다. 우리가 어떻게 이런 일을 저질렀는가? 어떻게 우리가 바다를 다 마셔 버릴 수 있었는가? 누가 우리에게 지평선 전체를 닦아 버릴 스펀지를 주었는가? 우리가 이 지구를 태양에서 풀어 놓았을 때 대체 무슨 일을 한 것인가? 이제 지구는 어디로 움직이는가? 우리는 어디로 가는가? 온갖 태양들에서 멀어지고 있는 것 아닌가? 끝없이 추락하는 것 아닌가? 뒤로, 옆으로, 앞으로, 사방으로? 아직도 위아래가 있는가? 무한한 공허 속을 헤매는 것 아닌가? 텅 빈 공간의 숨결이 느껴지지 않는가? 더 추워지지 않았는가? 밤이 계속해서 우리를 옥죄고 있지 않은가?"[9]

현대 사회의 무의미함이 주는 특유의 감정이 이 진술과 그 비유들(지평선을 닦아 냄, 지구를 태양에서 풀어 놓음, 허공으로의 추락 등)을 통해 강렬하게 전달된다. 다시 말하지만 이것이 바로 많은 현대인이 느끼는 '감정'이다. 비록 항상 깨닫고 있지는 못하다 해도 말이다.

실존주의 철학에서 무의미함은 흔히 도덕과의 관계에서 고찰된다. 예를 들어, '신무신론'(new atheism)은 도덕적 자신감과 우월감에 차 있으며, 하나님 없이도 도덕적 의미를 유지할 수 있다는 것이 명백하다고 믿는 듯하다.[10] 그러나 이는 무신론의 전통에서 보자면 이례적인 패턴이다. 과거 실존주의 철학자들은 무신론이 도덕적 의미의 상실을 수반한다고 보는 경향이 있었다. 장 폴 사르트르는 하나님 없이 전통적 도덕을 유지하려는 초기 무신론자들의 시도를 거부한 것으로 유명하다. 그는 "실존주의자는 하나님이 존재하지 않는다는 사실을 매우 곤혹스러워한다. 이해 가능한 하늘에서 가치를 발견할 모든 가능성이 하나님과 함께 사라지기 때문이다"라고 주장했다.[11] 사르트르는 도스토옙스키의 유명한 슬로건인 "만약 하나님이 존재하지 않는다면 모든 것이 허용된다"에 동의했으며, 이를 실존주의 사고의 "출발점"으로 삼았다.[12]

이와 비슷하게 알베르 카뮈에게 무신론은 (도덕을 포함해서 모든 것에 관한) 초월적 의미는 궁극적으로 알 수 없으며 따라서 인간 존재와 무관하다는 것을 의미했다. "나는 이 세상에 세상을 초월하는 의미가 있는지는 알지 못한다. 그러나 내가 그 의미를 알지 못한다는 것과 지금 당장 그것을 아는 것이 불가능하다는 사실은 알고 있다. 내 조건 바깥에 있는 의미가 나에게 무슨 의미가 있겠는가?"[13] 카뮈는 궁극적으로 무의미하다고 밝혀진 세상에서 의미를 찾으려는 인간 본연의 욕망이 부조리를 감각하게 한다고 주장했다. 여기서 유일하게 논리적으로 나오는 질문은 자살이 적절한 대응인가 하는 것뿐이다.

다시 강조하지만, 현대인들이 의식적인 차원에서 무의미함을 끊임없이 생각하며 산다는 뜻이 아니다. 나는 우리가 살고 있는 사회의 분위기를 말하고 있다(우리는 이 분위기를 외면할 때가 많다). 때로 속도를 늦추고 목적과 의미라는 더 큰 질문을 진지하게 고민할 때에야 비로소 이 무의미함은 명백해진다. 최근 몇 년 사이 불안과 우울증이 급증한 현상은 이러한 실존주의 철학자들의 우려가 시대적으로 여전히 유효함을 시사한다. 카뮈의 지적을 뒷받침하듯, 자살률이 계속해서 높아지고 있다는 사실 앞에서 우리는 숙연해진다.[14]

## 외로움

현대 사회의 여러 병폐 중에서 외로움은 때로 간과되곤 한다. 탈마법화나 무의미함에 비하면 상대적으로 가벼운 문제로 보이기 때문이다. 앞서 언급한 공포들이 더 수직적인 문제라면, 외로움은 그저 사회적인(수평적인) 문제처럼 보인다. 하지만 외로움이 그에 못지않게 파괴적이라는 점에는 충분한 근거가 있으며, 특히 때로 우리가 알아차리지 못한다는 점에서 더욱 그렇다. 외로움은 진정 조용한 살인자다.

나는 캔터베리의 안셀무스(Anselm of Canterbury, 중세 수도사)에 관해 박사 학위 논문을 쓰면서 현대의 외로움 문제를 처음으로 인식하게 되었다. 연구 과정에서 안셀무스의 편지를 읽는 데 많은 시간을 보냈다. 그의 사상 중에서 가장 놀라웠던 것은 다름 아닌 고상한 우정에 관한 교리였다. 안셀무스는 두 친구가 사랑을 통해 영적으로 하나가 될 수 있다고 믿었다. 그는 "사랑의 불꽃으로 서로의 마음이 하나로 용접된 이들"에 대해 말하며, 육체적 떨어짐은 이들에게 고통의 근원이 된다고 보았다.[15] 때로 이러한 영적 연합의 개념은 너무나 강력해서, 마치 삼위일체 하나님의 각 위격 사이의 상호 내주

혹은 상호 침투를 일컫는 '페리코레시스'(perichoresis) 교리처럼 들리기까지 했다. 예를 들어, 안셀무스는 다른 수도사에게 보낸 편지에 이렇게 썼다. "그대의 영혼과 내 영혼은 서로를 떠나 있는 것을 견디지 못하고 끊임없이 얽혀 있으니, 우리가 육체적으로 서로 곁에 없다는 점 외에 서로에게 부족한 점은 아무것도 없네."[16]

알고 보니, 미덕을 추구하며 영혼이 연합된다는 이상은 안셀무스만의 독특한 생각이 아니라 기독교 전통 전체를 관통하고 있었다. 심지어 고대 이교도 사상가들도 이런 생각을 갖고 있었다. 그리스도인들은 "요나단의 마음이 다윗의 마음과 하나가 되어 요나단이 그를 자기 생명같이 사랑하니라"라는 사무엘상 18장 1절 등에서 이에 대한 성경적 근거를 찾았다. 일반적으로 말해서 고대 세계에서 우정은 사랑의 가장 높은 형태로 간주되었으나, 현대 세계에서는 낭만적이고 성적인 사랑을 최고의 사랑으로 만들었다. C. S. 루이스는 《네 가지 사랑》에서 그 차이를 다음과 같이 묘사했다. "고대인들에게 우정은 모든 사랑 중에서 가장 행복하고 가장 인간다운 사랑으로 보였다. 그것은 삶의 화관이자 미덕의 학교였다. 그에 비하면 현대 세계는 우정을 무시한다. 우정은 아주 지엽적인 것, 인생의 만찬에서 주 요리가 아닌 것, 일종의 유희, 즉 남는 시간을 때우는 무언가가 되어 버렸다."[17]

현대 사회학자들은 우정을 잃어버린 결과, 현대 세계가 얼마나 고통스러운지에 관해 할 말이 많다. 우리는 점점 파편화되고 고립된 채 살고 있으며, 이는 우리의 생각보다 더 큰 피해를 주고 있다. 일본은 외로움이 정신적, 육체적 질병(그리고 자살)의 원인이 된다는 수년간의 증거 자료를 바탕으로, 2021년에 이 문제를 해결할 내각 직책인 '외로움 담당 장관' 직을 신설하기까지 했다.[18]

요약해 보자. 현대 세계는 탈마법화, 무의미함, 외로움으로 특징지어진다. 우리는 대다수 인간이 삶의 기초로 여겼던 신비와 목적, 사회적 유대감을 잃어버렸다. 우리는 더 황폐한 존재가 되었고 더 산만하고 분주하게 살고 있다. 그 결과 얼마나 더 행복하게 살 수 있는지 충분히 인지하지 못한다. 이 결핍은 들판에서 별을 바라볼 때, 아름다운 음악을 들을 때, 지난 시절에 관한 글을 읽을 때 이곳저곳에서 불쑥 나타난다.

이것이 우리의 전도와 변증에 의미하는 바는 무엇인가? 메마르고 숨 막히는 곳에서 살아가는 이들에게 예수님이 소망이심을 전하려면, 현대 사회가 처한 곤경을 어떻게 폭로해야 할까?

## 메마르고 숨 막히는 곳에
## 그리스도를 선포하기

현대를 살아가는 하나님의 백성으로서 우리의 과업이 지닌 의미와 기쁨을 생각하면 가슴이 벅차오른다. 우리의 과업은 다름 아닌 하나님의 진리, 즉 예수 그리스도의 복음을 선포하는 것이다. 이 복음은 현대 세계에서 어둠 속의 빛으로, 배고픈 자에게 양식으로, 길 잃은 자에게 본향으로 작동한다. 한마디로, 메마르고 숨 막히는 곳에서 벗어나 생명과 풍요의 강으로 나아가는 길이다.

이를 깨달으려면 하나님 그분이 현대 세속주의의 해독제임을 인식해야 한다. 탈마법화와 무의미함, 외로움은 근본적으로 하나님을 상실한 결과다. 러시아 작가 알렉산드르 솔제니친은 20세기의 폭력이 하나님을 잃어버린 탓이라며 다음과 같이 비판한 것으로 유명하다. "사람들이 하나님을 잊었다. 그것이 이 모든 일이 일어난 원인이다."[19] 21세기의 절망도 마찬가지다. 우리가 하나님을 잊었기에 이 모든 일이 일어났다. 현대 세속주의라는 거대한 현실 전체는 마치 "먼 나라"(눅 15:13)로 떠나 방황하는 탕자와 같다. 우리의 행복한 소명은 현대인들에게 아버지의 집을 이야기하고, 그 집으로 돌아오라고 초대하는 것이다.

사도행전 17장에서 바울의 연설은 초월하신 하나님에 대한 인식이 결여된 맥락에서 복음을 어떻게 전해야 하는지 유익한 모델이 된다. 히브리 성경을 인용해서 예수의 메시아 되심을 입증했던, 유대인을 대상으로 한 연설(예를 들어, 행 13, 15장)과 대조적으로 여기에서 바울은 하나님과 창조 교리에서 시작한다. "우주와 그 가운데 있는 만물을 지으신 하나님께서는 천지의 주재시니 손으로 지은 전에 계시지 아니하시고 또 무엇이 부족한 것처럼 사람의 손으로 섬김을 받으시는 것이 아니니 이는 만민에게 생명과 호흡과 만물을 친히 주시는 이심이라"(행 17:24-25).

기독교에 익숙한 이들은 바울의 이 문장이 별로 놀랍지 않을 수도 있다. 하지만 우리는 이것이 이교도(그리고 후기 현대) 사고방식의 지각을 뒤흔드는 도전임을 인식해야 한다. 만약 만물을 창조하시고 모든 실재의 자족적 근원이 되시는 초월적 하나님이 존재한다면, 삶과 역사는 내재적 틀에 갇히지 '않게' 된다. 모든 삶이 '코람 데오'(coram Deo), 즉 하나님의 얼굴 앞에서 이루어지는 것이다. 지켜 보시는 하나님의 눈 아래에서 모든 순간은 의미로 충만해지고 영원한 함의를 지닌다. 피터 크리프트는 현대적 전제에서 벗어나 하나님을 믿는다는 것의 의미를 웅변적으로 요약했다.

> 그것은 완전한 차이를 만들어 낸다. 당신 삶에서 하나도 빠짐없이 모든 것에 차이를 만들어 낸다. 그것은 모든 것에 색을 입힌다. … 모든 실재를 대하는 당신의 근본적 태도는 경이와 겸손이 된다. 당신은 커다란 저택에 있는 어린아이와 같다. 톨킨이 편지에서 말했듯 "당신은 아주 위대한 이야기 속에 들어와 있는 것"이다. 당신은 신비를 기대하고, 그 이상의 무언가를 기대하게 된다. 심장이 멎을 듯한 공포와 심장이 터질 듯한 기쁨 말이다. 실재는 '거대하다.' … 이 거대한 세상에는 용 같은 존재뿐만 아니라 영웅도 존재할 수 있다.[20]

그리스도인은 복음을 전할 때 하나님으로부터 시작해야 한다는 것을 너무나 자주 잊어버린다. 우리는 이러한 함의를 이끌어 내는 데 실패하고, 얼마나 중요한 것이 달린 일인지 사람들이 느끼게 하는 데 실패한다. 우리는 '사도행전 17장'의 청중에게 '사도행전 13장'을 설교할 때가 너무 많다. 오래전부터 죄책감을 믿지 않는 사람들에게 죄 용서를 이야기한다. 우리는 그리스도의 대속적 죽음을 강조하지만, 그 영광스러운 진리가 의미를 지니고 인간의 마음에 호소할 수 있는 더 넓은 세계관의 맥락 안에서 설명하지 못하고 있다. 존 스토트가 사도행전에 나타난 바울의 연설을 논평하며 설명했듯이 말이다.

> 오늘날 많은 사람이 복음을 거부하는 이유는 거짓이라고 느껴서가 아니라 하찮다고 느끼기 때문이다. 사람들은 자신의 모든 경험을 설명해 줄 통합된 세계관을 찾고 있다. 우리는 하나님에 대한 교리 없이는 예수의 복음을, 창조 없이는 십자가를, 심판 없이는 구원을 전할 수 없다는 사실을 바울에게 배운다.[21]

현대 세계에 복음을 효과적으로 전하려면 하나님의 장엄한 비전에서 시작한 바울의 모범을 따라야 한다. 하나님이 비그리스도인 친구와 이웃을 창조하셨고, 따라서 그들은 하나님 앞에 도덕적 책임이 있으며, 그들에게는 하나님이 대단히 필요하다는 사실을 이해하도록 도와야 한다. 이것은 더 이상 당연한 전제가 아니다. 이것은 지각되어야 하고 '느껴져야' 한다. 이 과정에서 비그리스도인 친구들이 현대 세속주의의 전제가 갖는 함의를 직시할 수 있도록 인내하며 도와야 할 것이다. 그것은 논쟁에서 이기는 것이 아니라 오히려 마법을 깨뜨리는 것과 비슷하다고 느껴질 것이다. 루이스가 표현했듯이, "여러분과 저를 거의 백 년 동안 사로잡고 있었던 세속성이라는 사악한 마법에서 우리를 깨워 줄 가장 강력한 주문이 필요합니다."[22]

이것은 구체적으로 어떤 모습일까? 한 가지 예를 들자면, 세속적 세계관이 '정의'에 대한 인간의 갈망에 어떤 의미를 갖는지 고려해 볼 수 있다(정의는 이 시대 사람들의 큰 열망이며 마땅히 그럴 만하다). 우리의 세속 친구들은 탈마법화되고 무의미하며 개인주의적인 정의관이 실제로 어떤 모습인지 진정 직시해 보았는가? 내재적 틀에 갇혀 있다면 정의에 대한 타고난 갈망, 정의가 매우 '중요하다'는 인식은 진화 심리학으로 환원되어 설명될 뿐이다. 즉 우리가 정의에 관심을 갖는 이유는 동물의 생존에 도움이 되기 때문이다. 동물의 왕국 외부에 그 본능을 인도하거나 정당화하거나 조금이라도 신경써 줄 준거점이 전혀 없는 생존 메커니즘일 뿐이다. 궁극적으로 정의에 대한 우리의 감각은 환상이며, 정의에 대한 우리의 갈망은 실망으로 끝날 것이다.

이 문제를 충분히 오랫동안 밀어붙인다면 바로 세속적 세계관이 내놓는 결과에 다다른다. 내재적 틀에 갇혀 있을 때 도달하는 종착역이 바로 여기다. 하지만 대다수 세속적인 사람들은 이러한 결론을 불편해한다. 테일러는 이런 영역을 "현대성의 불안한 접경지대"라고 부른다.[23] 이 영역은 현대의 신념(정의가 중요하다는 믿음)이 현대의 사상(우주는 무의미하다는 생각)을 아직 따라잡지 못한 지점을 나타낸다. 문화 변증에서 이러한 불일치에 주목하고 친구들에게 부드럽게 묻는 것은 유용할 수 있다. "이대로 괜찮습니까? 정말로 이 메마르고 숨 막히는 곳에서 살 수 있겠어요?"

기쁘게도, 우리는 그들을 더 나은 곳으로 초대할 수 있다. 실로 그들이 꿈꿀 수 있는 최고의 꿈보다 더 놀라운 소망으로(그리고 그분에게로) 초대할 수 있다.

# 기독교에 의구심을 가진 이들에게 대답할 말을 준비하다

The Gospel After Christendom

# 기독교는 과연
# 선한가?

° 레베카 맥러플린

"네가 어찌하여 나를 선하다 일컫느냐 하나님 한 분 외에는 선한 이가 없느니라"(막 10:18). 이것은 부자 청년 관리가 예수님 앞에 무릎 꿇고 "선한 선생님이여 내가 무엇을 하여야 영생을 얻으리이까?"(막 10:17)라고 물었을 때 예수님이 하신 대답이었다. 예수님 앞에 선 이 진지한 청년은 유대인으로서, 히브리 성경에 계시된 하나님이 바로 '선함'의 사전적 정의라는 사실에 동의했을 것이다. 하지만 우리 문화의 많은 이들은 정반대 반응을 보인다. 신무신론 작가인 리처드 도킨스는 2006년 베스트셀러 《만들어진 신》에서 '구약의 하나님'을 이렇게 평가했다. "단언컨대 모든 소설에서 가장 불쾌한 캐릭터다. 시기심 강하고, 그것을 자랑스러워하며, 좀스럽고, 불의하고, 용서할 줄 모르는 통제광이다. 복수심에 불타고, 피에 굶주렸으며, 인종 청소자이자, 여성을 혐오하고, 동성애를 증오하며, 인종차별적이고, 영아를 살해하고, 집단학살을 일삼고, 자녀를 살해하고, 역병을 일으키고, 과대망상을 품고 있으며, 가학-피학적이고, 변덕스럽고, 악의적인 폭군이다."[1]

그런데 도킨스는 예수를 선한 도덕 교사로 인정한다. 물론 그는 예수의 신성을 믿지 않는다. 그는 예수가 오늘날 살았다면 자신과 같은 무신론자가 되었을 것이라고 생각한다. 그러나 네 이웃을 네 자신과 같이 사랑하고, 가난한 자를 돌보며, 심지어 우리에게 가장 적대적인 이들에게도 사랑을 보이라는 예수의 윤리적 명령만은 꽤 선하다고 생각한다. 우리의 이웃들도 이 점에는 대부분 동의할 것이다. 하지만 그들을 2천 년 전으로 데려가 예수님 앞에 세운다면, 그들 역시 부자 청년 관리처럼 똑같은 질문을 받을지도 모른다. "네가 어찌하여 나를 선하다 일컫느냐?"

이 장에서 살펴보겠지만, 만약 우리 이웃들이 예수님의 질문에 답하기 전에 숙제를 제대로 했다면, 종교적 정체성과 상관없이 우리가 가진 기본적인 윤리적 신념은 예수님이 주셨다는 사실을 발견할 것이다. 게다가 그들은 성경에 계시된 하나님 없이는, 우리 모두가 휘두르는 그 도덕적 잣대가 우리 손 안에서 먼지와 재로 부스러진다는 사실 또한 깨달을 것이다.

# 왜 예수님을
## 선하다고 말하는가

예수님 시대의 유대인들은 막강한 로마 제국 안에서 압제당하는 인종적·종교적 집단으로 살아가고 있었다. 그들은 하나님이 하늘과 땅을 만드셨고, 모든 인간을 그분의 형상대로 창조하셨으며, 오직 그분만이 경배받기에 합당하다는 고대 문헌을 고수하고 있었다. 이 문헌은 가난한 자와 압제받는 자를 돌보고, 과부와 고아와 나그네의 필요를 채우며, 이웃을 자신처럼 사랑하라고 유대인들에게 명했다. 이는 로마 신들의 윤리와는 극명하게 대조적이었다.

영국 역사학자 톰 홀랜드가 그의 저서 《도미니언》에서 설명하듯이, 그리스와 로마의 신들은 "가난한 자들에게 전혀 관심이 없었다." 고대 철학자들도 마찬가지였다. 홀랜드는 "굶주린 자들은 동정받을 자격이 없었다"라고 보고한다. "거지들은 한데 모아 추방하는 것이 상책이었다. 동정심이란 지혜로운 자의 자제력을 무너뜨릴 위험 요소였다."[2] 실제로 리처드 도킨스가 '구약의 하나님'을 향해 퍼붓는 비난의 대부분은 로마인의 관점에서는 전혀 문제 되지 않았을 것들이다. 영아 살해는 흔한 일이었고 잘못으로 여겨지지 않았다. 원치 않는 아기들은 으레 밖에 버려 죽게 내버려 두거나, 노예나 창녀로 키울 사람이 데려가도록 방치했다. 많은 로마 황제들은 과대망상증 환자나 다름없었다. 적을 학살하는 일은 그들에게 일상 업무에 불과했다.

더욱이, 우리가 그 시대로 돌아가서 여성 혐오로 로마인들을 고소한다면 그들은 어리둥절해할 것이다. 여성이 남성보다 열등하다는 것은 너무나 명백했으므로 그들은 자연스럽게 그 토대 위에서 행동했을 뿐이다. 우리가 그들을 동성애 혐오자로 부른다 해도 그들은 그 말을 이해하지 못했을 것이다. 그들에게 중요한 문제는 성관계를 맺는 사람이 동성인가 이성인가가 아니라 성관계에서 그가 능동적인 역할을 하느냐였다. 성적으로 수동적 입장이 된다는 것은 로마 남성에게 극도의 수치였다. 로마 남성은 남성 노예든 여성 노예든 그들을 성적으로 범하는 데 조금도 주저하지 않았다. 오늘날 우리는 동의 여부와 권력 남용을 걱정한다. 하지만 홀랜드는 다음과 같이 말한다.

> 로마에서 섹스는 무엇보다 권력 행사였다. 정복된 도시들이 군단의 칼 앞에 놓였듯, 성적으로 이용당하는 이들의 몸은 로마 남성 앞에 놓여 있었다. 남성이든 여성이든 삽입당하는 쪽은 열등한 존재, 즉 여성적이거나 야만적이고 비천한 존재라는 낙인이 찍혔다. 자유 시민인 로마인의 몸은 신성불가침 영역이었지만, 그 외의 사람들의 몸은 마음껏 범할 수 있었다. … 남성들은 성욕을 해소하기 위해 노예나 창녀를 이용하는 것을 길가에 용변을 보는 것만큼이나 당연하다고 여겼다.[3]

그렇다면 왜 오늘날 우리는 로마인들이 윤리적으로 아무 문제 없다고 여겼던 많은 일에 경악하는 것일까? 홀랜드는 그 답을 제시한다. 바로 예수님이다.

이 답은 홀랜드 자신에게도 놀라운 것이었다. 홀랜드는 서구 기독교 역사를 연구하기 시작할 때만 해도 불가지론자였다. 하지만 시간이 흐르면서 자신이 자명하다고 믿어 왔던 도덕적 진리들—예컨대 인간의 보편적 가치, 남녀평등, 가난한 자를 돌봄, 어린이와 영아의 고유한 존엄성, 성적 동의의 필요성까지도—이 결코 자명한 것이 아니라는 사실을 깨달았다. 오히려 그 가치들은 기독교의 부흥 덕분에 서구 세계의 주류가 된 기독교적 신념들이었다.

그저 역사적인 우연일까? 인간이 기술을 발전시키듯 시간이 흐르면서 도덕적 추론 능력도 좋아진 것일까? 오늘날 우리가 살아가는 세상에서 세속적인 재료들만으로 도덕적 체계를 건설하여 훨씬 나은 건축물을 만들 수 있을까?

크리스천 스미스는 그의 저서 *Atheist Overreach: What Atheism Cannot Deliver*(무신론의 과욕: 무신론이 줄 수 없는 것들)에서 오늘날 무신론자와 불가지론 사상가들이 그들의 도덕적 열망에 대해 설득력 있는 근거를 제시하는지 검토하며 이 질문에 답한다.[4] 스미스는 샘 해리스 같은 신무신론 작가들의 말을 인용한다. 해리스는 하나님 없는 선함이 "최대 다수의 행복"을 증진하고 "전 인류를 위한 개인적·집단적 안녕을 극대화"함을 의미한다고 주장한다. 또한 스미스는 컬럼비아 대학교의 철학자 필립 키처를 인용하는데, 키처는 무신론이 "전 인류의 욕구에 반응"하게 하며 "모두가 가치 있는 삶을 살 수 있는 평등한 기회를 제공"하도록 강권한다고 단언한다.[5] 그러나 스미스는 이러한 주장 이면의 논거들을 면밀히 평가한 후 대표적인 세속 인본주의자들이 기대에 미치지 못한다고 결론짓는다.

스미스가 설명하듯, 모든 도덕의 근원이자 중재자인 창조주 하나님을 믿지 않는 사람도 "보편적 자애와 인권을 믿고 이를 증진하기 위해 행동할 완전한 권리가 있다. 하지만 이는 어디까지나 자의적이고 주관적인 개인의 선호일 뿐 합리적이고 설득력 있고 보편적 구속력을 가진 사실이나 의무가 아니다."[6] 다시 말해, 우리의 무신론자 친구들은 예수님으로부터 온 평등과 사랑의 보편적 윤리를 믿기로 선택할 수 있다. 하지만 그러한 신념들은 하나님 없는 그들의 세계에 대한 전반적 이해로 뒷받침되지 않으며 그들은 다른 결론에 쉽사리 도달할 수도 있었다.

나는 개인적으로 목욕이 샤워보다 훨씬 낫다고 생각한다. 이 점에 대해서는 앞서 언급한 로마인도 분명히 동의했을 것이다. 나는 때로 샤워를 좋아하는 친구들과 논쟁하며 목욕의 명백한 우월성을 옹호하곤 한다. 하지만 나는 이것이 영국이라는 문화적 배경에서 형성된 단순한 취향임을 잘 알고 있다. 나의 무신론 친구들이나 불가지론 친구들이 정당한 열정을 가지고 강간은 나쁘다거나 집단 학살은 악하다고 선언할 때 그것 역시 기독교적 문화 배경에 의해 형성된 그들의 단순한 취향일 뿐이다. 그들은 그 문화적 배경을 인지조차 못 할 수도 있지만 말이다.

하나님 없이 우주를 이해하는 많은 이들은 과학을 보편적 진리의 판결자로 여긴다. 실제로 기독교의 보편적 진리 주장에 대한 흔한 반박은 그것이 "과학적으로" 입증될 수 없다는 것이다. 그러나 만약 과학이 객관적 진리에 대한 우리의 유일한 근거라면, 우리의 윤리적 신념은 공중에 떠 있는 것이 아니라 흙바닥에 처박힌 상태와 같다. 우리는 내재적 가치가 없는 원자와 분자의 집합체일 뿐이다. 무신론 역사학자 유발 노아 하라리의 표현을 빌리자면, 인권은 "우리의 풍부한 상상력이 만들어 낸 허상"에 불과하다.[7] 게다가 진화론이 인간이 누구인지 말해 주는 유일한 이야기라면, 차라리 '강한 자가 옳다'거나 '강간이 종족 번식에 유익하다'는 결론을 내리는 것이 더 합리적일지도 모른다.

세계적인 베스트셀러《사피엔스》에서 하라리는 이 냉혹한 현실을 직시한다. 그는 "사회정치적 질서를 안정시키려는 모든 현대적 시도"는 다음 두 가지 "비과학적 방법" 중 하나에 의존해야 한다고 주장한다.

a. 과학 이론을 가져와서 일반적인 과학적 관행을 어기고 그것을 최종적이고 절대적인 진리라고 선언한다. 이는 나치(인종 정치가 생물학적 사실의 필연적 결과라고 주장함)와 공산주의자(마르크스와 레닌이 결코 반박될 수 없는 신성하고 절대적인 경제적 진리를 발견했다고 주장함)들이 사용한 방법이었다.

b. 과학을 아예 배제하고 비과학적인 절대 진리에 따라 살아간다. 이것은 자유주의적 인본주의 전략이다. 이는 인간의 고유한 가치와 권리에 대한 독단적인 믿음 위에 세워졌는데, 이 교리는 당혹스러울 정도로 '호모 사피엔스'에 대한 과학적 연구와 공통점이 거의 없다.[8]

톰 홀랜드와 마찬가지로 하라리 역시 윤리적 신념의 기독교적 기원을 명확히 한다. 하라리는 "평등이라는 개념은 창조라는 개념과 밀접하게 얽혀 있다"라고 언급한다. 그는 미국 독립 선언문을 논평하며 다음과 같이 관찰한다. "미국인들은 모든 사람에게 하나님이 창조한 영혼이 있으며 모든 영혼은 하나님 앞에 평등하다고 주장하는 기독교적 평등 개념을 가져왔다. 그러나 만약 우리가 하나님, 창조, 영혼에 대한 기독교적 신화를 믿지 않는다면 모든 사람이 '평등'하다는 것이 도대체 무슨 의미가 있겠는가?"[9]

하라리는 "우리는 인간이 생물학적으로 평등하지 않다는 것을 안다. 하지만 우리가 본질적으로 모두 평등하다고 믿는다면 안정되고 번영하는 사회를 만들 수 있을 것이다"라고 말하는 것을 괜찮다고 여긴다. 하지만 그는 함무라비(세계에서 가장 오래된 성문법을 만든 고대 바빌론 왕) 역시 같은 논리로 자신의 계급 구조를 정당화할 수 있었음을 상기시킨다. "나도 귀족과 평민과 노예가 본질적으로 다른 부류가 아니라는 것을 안다. 하지만 다르다고 믿을 때 우리는 더 안정되고 번영하는 사회를 만들 수 있다."[10]

요컨대 하나님이 없다면 우리는 도덕을 찾기 위해 흙바닥을 뒤지는 신세가 된다. 우리에게는 보편적 인간 가치와 평등에 대한 신념을 다른 윤리 체계보다 우위에 두고 방어할 궁극적 근거가 없다. 과학은 기껏해야 자신이 속한 생물학적 집단을 위해 기꺼이 희생하려는 도덕성을 가리킬 뿐이다. 그러나 무신론 심리학자 스티븐 핑커가 관찰했듯, 만약 미덕이 "다른 집단과의 경쟁에서 자기 집단에 이익이 되는 희생"을 의미한다면, "파시즘이야말로 궁극적인 미

덕의 이데올로기"가 된다.[11]

그렇다면 우리는 왜 예수님을 선하다고 하는가? 예수님의 가르침이 인간 평등, 사회적 약자와 가난한 자를 돌봄, 자신과 완전히 다른 사람들을 위해서도 희생하는 미덕에 대한 우리의 신념에 부합하기 때문이 아니라, 그분이 바로 그러한 확신들의 원천이시기 때문이다. 더욱이 예수님이 성육신하신 하나님이 아니라면 우리가 그분에게 배운 윤리는 주관적이고 자의적인 선호일 뿐이다. 우리에게는 예수님이 필요하다. 우리 신념의 기원일 뿐만 아니라 그 모든 신념의 견고한 토대로서 예수님이 필요하다.

그러나 이 모든 것이 사실이라면 왜 오늘날 그토록 많은 서구인들이 기독교를 두고 악하다고 말하는 것일까?


## 왜 기독교를
## 악하다고 말하는가


25년 전 대학에 다닐 때 일이다. 동급생들은 기독교가 선한 세력이 아니라는 증거를 들기 위해 교회사를 지목했다. 십자군 전쟁, 기독교의 노예 제도 공조, 전반적인 종교 전쟁을 증거로 제시했다. 오늘날에도 이러한 논거들은 여전히 유효하고, 이제는 성과 젠더에 관한 기독교의 가르침이 기독교의 비도덕성을 입증하는 대표적 근거로 떠올랐다.

지면 관계상 여기서는 이러한 우려 사항을 간략히 다룰 수밖에 없다. 나는 다른 저술에서 이 문제들을 다룬 바 있다.[12] 하지만 논의를 시작하기에 앞서 세 가지를 명심해야 한다. 첫째, 앞에서 살펴본 것처럼, 우리의 친구들과 동료들은 본인이 인지하든 그렇지 못하든 기독교 윤리를 바탕으로 기독교 역사를 심판하고 있다. 둘째, 교회 내에 죄가 지속적으로 실재한다는 사실이 기독교의 신뢰성을 떨어뜨리지는 않는다. 왜냐하면 성경은 그러한 일이 있으리라고 가르치기 때문이다. 셋째, 만약 우리가 가난한 자, 병든 자, 약한 자, 억압받는 자, 소외된 자를 돌보는 잣대로 역사를 평가한다면 기독교는 그 어떤 주요 신념 체계보다 압도적인 우위를 점한다.

먼저 십자군 전쟁을 살펴보자. 예수님은 원수 사랑과 비폭력 윤리를 가르치신 것으로 유명하다. 예수님은 "네 이웃을 사랑하고 네 원수를 미워하라 하였다는 것을 너희가 들었으나 나는 너희에게 이르노니 너희 원수를 사랑하며 너희를 박해하는 자를 위하여 기도하라"(마 5:43-44)라고 선포하셨다. 이는 일부 십자군 전쟁에서 남녀노소를 가리지 않고 피비린내 나는 학살을 저지른 모습과 완전히 반대되는 가르침이다. 이것은 기독교 역사의 끔찍한 오점으로 정당히 기억되어야 한다. 그러나 평화로운 동방의 무슬림들이 아무런 도발도 하지 않았는데 사악한 서방 그리스도인들이 공격했다는 일반적 생각을 뒷받침할 만한 역사적 증거는 없다.[13] 이슬람은 기독교 지역이었던 땅을 군사적으로 정복하며 동쪽으로 확장하고 있었고, 제1차 십자군은 동방 형제들의 구조 요청에 대한 서구 그리스도인들의 뒤늦은 응답이었다. (거의 천 년 전) 십자군 전쟁 중에 일어난 많은 일은 소름 끼치는 죄악이며, 그리스도인들은 그 이후

로도 악한 폭력에 가담해 왔다. 하지만 이 문제를 진단하려면 기독교 윤리가 필요하다. 세계에서 두 번째로 큰 종교인 이슬람에는 신앙이 없는 자들에 대한 폭력을 정당화할 때 활용되는 성전(holy war) 개념이 있다.[14] 하지만 20세기 공산주의 역사만 보더라도 무신론적 이데올로기가 그 어떤 종교적 신념 체계보다 더 많은 유혈 사태와 불필요한 죽음을 초래할 수 있음을 알 수 있다.[15]

둘째로, 노예 제도의 역사를 보면 대서양 노예 무역에 기독교가 공조한 수많은 사례와 그로 인해 아메리카 대륙에서 벌어진 노예제 및 인종 차별의 공포를 실제로 발견할 수 있다. 그러나 이번에도 역시 인종에 기반한 동산 노예제(chattel slavery, 노예를 사고팔며 재산으로 여기는 제도 ― 옮긴이)가 잘못이라고 판단하려면 기독교가 필요하다. 예수님은 노예제가 만연하여 도덕적으로 의문시되지 않던 세상에 태어나셨다. 자신과 제자들에 대한 예수님의 급진적인 가르침은 이 구조를 무너뜨렸다. 권력과 지위가 작동하던 로마 제국의 방식과 극명히 대조되는 내용을 예수님은 제자들에게 선포하셨다. "너희 중에 누구든지 크고자 하는 자는 너희를 섬기는 자가 되고 너희 중에 누구든지 으뜸이 되고자 하는 자는 모든 사람의 종이 되어야 하리라 인자가 온 것은 섬김을 받으려 함이 아니라 도리어 섬기려 하고 자기 목숨을 많은 사람의 대속물로 주려 함이니라"(막 10:43-45). 예수님은 제자들의 발을 씻기시면서 노예 역할을 받아들이셨다. 로마의 십자가 형틀에 매달린 그분은 노예로서의 죽음을 받아들이셨다.

사도 바울은 때로 노예제를 옹호한 인물로 묘사되곤 한다. 그러나 그가 쓴 글은 실제로는 노예 제도의 근간을 허물었다. 바울은 자신을 "그리스도의 종(노예)"이라 불렀고(참고. 롬 1:1; 빌 1:1), 그리스도 안에는 "종이나 자유인이나" 차별이 없다고 선언했으며(참고. 갈 3:28; 골 3:11), 도망친 노예를 이전 주인에게 돌려보내면서 노예가 아니라 바울 자신처럼 사랑받는 형제로 환대하라고 권면했다(몬 1:8-22). 고대 세계의 노예제는 미국 역사 속의 노예제보다 훨씬 광범위한 범주였다. 돈을 벌어 노예 신분에서 스스로 벗어날 가능성이 있는 숙련된 전문직 종사자들도 거기에 포함되어 있었다. 바울이 그리스도인 노예들에게 상전을 성실히 섬기라고 가르친 것은 노예제를 강화하려는 의도가 아니었다. 노예로 살아가는 그리스도인들 또한 바울처럼 예수님을 섬기고 있는 것이며, 그 보답으로 예수님께 기업을 받으리라고 격려한 것이었다(골 3:24).

기독교는 평등의 윤리 덕분에 노예들에게 매우 인기가 있었다. 기독교가 유럽 전역으로 퍼져 나가면서 노예제는 점진적으로 근절되었다. 노예제 폐지 운동은 7세기에 대규모로 시작되었고, 13세기 영향력 있는 신학자 토마스 아퀴나스는 노예제가 죄라고 주장했다. 역대 교황들은 이러한 견해를 계승했다. 이러한 역사가 있었기에, 대서양을 횡단하는 노예 무역이 16세기에 시작되고 기독교 지도자들이 인종에 기반한 노예제(기독교와 정면으로 배치되는)를 정당화하기 시작한 사건은 더욱 끔찍했다. 그러나 이번에도 이 사악한 제도를 폐지한 것은 기독교였다. 영국의 윌리엄 윌버포스, 미국의 프레드릭 더글러스와 소저너 트루스 같은 폐지론자들은 노예제에 반대하는 논거를 펴기 위해 기독교 윤리에 호소했다.[16]

그렇다면 성에 관해 성경이 제시하는 매우 논쟁적인 주장들은 어떠한가?

오늘날 많은 서구인들에게 성경의 동성 간 성관계 '불가' 판정은 기독교 비도덕성의 증거이며, 게이나 레즈비언으로 자신의 성(性) 정체성을 규정한 사람들을 그리스도인들이 증오로 대했던 역사는 그 확증으로 간주된다. 성소수자(LGBT)로 자신의 정체성을 선언한 사람들이 흔히 그리스도인들에게 어떤 대접을 받았는지 비판하는 내용을 들어 보면, 우리의 믿지 않는 이웃들이 교회의 죄를 진단하는 내용은 전적으로 옳다. 예수님은 자신의 추종자들에게 그들을 적극적으로 박해하는 자들까지 품는 보편적 사랑을 명하셨다(마 5:44). 성적인 죄를 짓는 비그리스도인을 제외한다는 조항은 어디에도 없다. 사실, 동성 간의 성적 죄에 빠진 비그리스도인들은 그리스도인들에게 받는 사랑에 깜짝 놀라야 마땅하다. 하지만 그들은 오히려 흔히 증오와 조롱의 대상이 되어 왔다.

게이나 레즈비언 정체성을 가진 사람들을 혐오하는 것을 죄라고 판단한다 해서 반드시 동성 간 성관계를 긍정하는 것이라고 생각할 필요는 없다. 이는 마치 십자군 전쟁 중에 그리스도인들이 저지른 악한 폭력을 비판한다고 해서 그것이 곧 이슬람을 정당화하는 것이라고 생각할 필요가 없는 것과 같다. 예수님은 비그리스도인 이웃을 사랑하는 것, 성적인 죄를 엄중하게 다루는 것(참고. 마 5:27-28) 모두의 원천이시다. 게다가 톰 홀랜드가 설명한 것처럼, 예수님은 오늘날 성 윤리 논쟁의 모든 진영이 가진 도덕적 토대의 원천이기도 하다. "젠더와 성적 지향을 근거로 한 차별에 반대하는 운동은 모든 사람이 고유한 가치를 지닌다는 공통의 전제를 공유하는 수많은 사람에게 의존한다. 이 원칙의 기원은 프랑스 혁명도, 미국 독립 선언문도, 계몽주의도 아니고 바로 성경에 있다."[17] 실제로 역사학자 카일 하퍼가 보여 주었듯, 현대 서구 성 윤리의 핵심인 성적 동의라는 개념은 기독교에 의해 세상에 도입되었다.[18] 기독교를 거부하면 동성 간 성관계라는 도덕의 문을 열 수 있을지도 모른다. 하지만 기독교가 없다면 그 문은 경첩에서 떨어져 나갈 것이며 강간이 왜 잘못인지 말할 수 있는 도덕적 근거조차 잃게 될 것이다.

분명히 말하지만, 나는 동성 간 성관계를 강간과 동일시하지 않는다. 평생 다른 여성에게 끌림을 느낀 사람으로서, 나는 왜 사람들이 헌신적이고 사랑하는 동성과 성적 관계를 맺고 싶어 하는지 이해한다. 하지만 내가 지적하는 바는, 만약 기독교가 진리가 아니라면 우리의 모든 도덕적 틀은 무너진다는 것이다. 더 나아가, 나는 성경이 성과 결혼에 대해 말하는 바를 연구할수록 남녀의 결혼만이 성관계를 위한 유일한 자리라는 것을 더 많이 깨닫게 되었다. 왜냐하면 그것은 처음부터 그리스도께서 자신의 교회를 향해 보여 주신 사랑을 묘사하도록 설계되었기 때문이다(엡 5:22-33). 남성과 여성 사이의 깊은 생물학적 차이는, 차이를 넘어선 사랑의 연합인 예수님과 교회의 관계를 그려 내는 방식으로서 결혼의 본질적 요소다. 오늘날은 성에 대한 성경의 가르침이 증오의 이야기라고 생각하는 이들이 많다. 하지만 사실 그것은 지금까지 들은 이야기 가운데 가장 위대한 사랑 이야기와 긴밀히 연결된다.

# 오직 예수님 외에는
# 선한 이가 없다

"네가 어찌하여 나를 선하다 일컫느냐 하나님 한 분 외에는 선한 이가 없느니라." 젊은 관원에게 하신 예수님의 이 응답은 육신을 입고 이 땅에 오신 하나님이 예수님이라는 기독교의 황당한 주장에서 선한 도덕 교사 예수님을 분리할 수 있다는 리처드 도킨스의 견해에 얼핏 부합하는 듯 보인다. 이 구절만 놓고 보면, 자신이 하나님이 아니라고 예수님이 주장하시는 것처럼 보이기 때문이다. 물론 내용을 계속 읽어 나가다 보면, 예수님이 자신의 신성을 부인하는 말씀이 전혀 아님을 알게 된다. 하지만 이 짧은 구절만 보더라도 예수님을 '구약의 하나님'으로부터 구해 내려는 도킨스의 의도는 절망적임을 알 수 있다. 예수님이 유일하게 선한 분으로 칭하는 분이 바로 하나님이기 때문이다.

그렇다면 원수를 사랑하라는 예수님의 가르침과, 자기 백성에게 원수의 성읍 전체를 진멸하라고 명령하시는 구약의 하나님을 어떻게 조화시킬 수 있을까? 반역한 자기 백성을 하나님이 직접 멸하신 대목은 또 어떠한가? 이러한 폭력이 예수님의 명백한 비폭력 윤리와 어떻게 조화를 이룰 수 있을까? 그 답은 바로 십자가다.

구약에서 우리는 인간 죄의 참상을 보는 동시에 유일하신 참된 창조주의 두 가지 반응을 목격한다. 그것은 심판과 자비다. 오직 하나님만이 인간의 죄를 벌할 권리를 가지신다. 그분이 처음에 우리 인간을 만드셨기 때문이다. 그러나 바로 이 동일한 하나님이 "세상을 이처럼 사랑하사 독생자를 주셨으니 이는 그를 믿는 자마다 멸망하지 않고 영생을 얻게 하려"(요 3:16) 하셨다. 예수님의 죽음 안에서 우리는 하나님의 사랑과 죄에 대한 공의로운 심판이 최종적으로 해결되는 것을 본다. 하나님은 참하나님이자 참인간이신 예수님 안에서 우리의 죄를 직접 짊어지셨고, 예수님은 죄를 위한 유일한 참된 희생 제물이 되시려 십자가에서 죽으셨다. 이것이 구약이 제기한 문제, 즉 "완벽하게 선하신 하나님이 어떻게 죄 많은 인간과 함께 살 수 있는가?"에 대한 궁극적 해답이다.

만약 우리의 비그리스도인 친구와 이웃들이 예수님께 돌아간다면, 그들은 보편적 인권과 평등, 정의에 대한 자신의 군건한 신념을 뒷받침할 가장 우선적이고 최선인 토대를 발견할 것이다. 만약 그들이 무신론, 불가지론, 범신론 혹은 '종교적이진 않지만 영적인' 세계관으로 돌아선다면, 그들은 자신의 윤리적 신념을 지탱해 줄 모든 합리적인 토대와도 작별을 고해야만 한다.

"네가 어찌하여 나를 선하다 일컫느냐?"라는 예수님의 질문에 가장 좋은 대답은 베드로의 고백일 것이다. 예수님이 첫 제자들에게 너희도 나를 떠나려느냐고 물으시자 베드로는 이렇게 대답했다. "주여 영생의 말씀이 주께 있사오니 우리가 누구에게로 가오리이까"(요 6:68).

# 기독교는 과연
# 아름다운가?

° 레이첼 길슨

2023년 여름, 나는 아홉 살 난 딸을 데리고 그레이트 배리어 리프(Great Barrier Reef)에 갔다. 나는 그곳 산호초가 얼마나 아름다운지 들으며 자랐기에 내 딸이 어린 나이에 이 자연의 경이로움을 볼 수 있어서 기뻤다. 그러니 그곳을 보고 "지루하고 못생겼다"라고 딸이 무심하게 말했을 때 내가 얼마나 경악했을지 상상해 보라. 흔히들 "아름다움은 보는 이의 눈에 달렸다"라고 하지만 그 순간 나는 내 눈이 옳고 딸의 눈이 틀렸다고 확신하고 있었다.

아름다움은 정의하기 어렵기로 유명하다. 어떤 이들은 아름다움에 객관적 기준이 없으며 단지 취향의 놀이터라고 말한다. 하지만 아름다움에는 단순히 물질적인 세계보다 더 실제적으로 느껴지는 무언가로 우리를 깨우는 끈질긴 힘이 있다. 찰스 테일러는 다음과 같이 지적한다. "실제 인간으로서 우리의 경험은 이러한 의미가 필연적으로 객관적이라 취급한다. 도덕적 옳고 그름, 위대한 예술, 자연에 대한 경이로움 등은 우리에게 변하기 쉬운 취향의 문제로 다가오지 않는다."[1]

　주관성은 아름다움에 대한 인간 경험의 한 요소이지만, 우리가 솔직해진다면 아름다움이 우리의 눈을 뜨게 하려고 언제나 끌어당기고 있음을 인정할 것이다. 아름다움 자체의 본질은 기독교가 아름다운지 아닌지 답을 내리는 데 도움을 준다.


## 하나님께 이르는 길로서의
## 아름다움


　아름다움은 우리의 감각을 타고 찾아올 수 있다. 사랑스러운 광경, 향기로운 냄새, 마음을 사로잡는 선율 말이다. 또 아름다움은 추상적인 형태로 찾아오기도 한다. 예일대학교 학부생 시절 수학과 학생과 나눈 대화가 기억난다. 그녀는 자기 전공인 수학이 얼마나 화려하고 멋진지 설명하며 눈시울을 붉혔다. 아름다움은 나치로부터 유대인들을 구해 낸 코리 텐 붐의 활동처럼 영웅적 행위로도 찾아온다. 또한 마틴 루서 킹 주니어의 "나에게는 꿈이 있습니다"라는 연설에서 보듯, 풍성한 언어로 표현된 정의에 관한 비전으로도 찾아온다.

이토록 다양한 아름다움을 고려할 때 발견되는 공통적인 특징은 무엇인가? 하나는 정서적 반응이다. 아름다움은 감정을 불러일으킨다. 경외감, 경이로움, 기쁨, 즐거움이 아름다움에서 솟아나며, 희망과 영감도 마찬가지다. 하지만 아름다움은 우리에게 시기, 질투, 슬픔, 고통 같은 더 어두운 감정을 유발할 수도 있다. 이때 아름다움은 갈망과 뒤섞여 있는 것 같다.

경외감, 경이로움, 즐거움의 감정에는 계속 보고 싶고 듣고 싶다는 욕구가 따른다. 우리는 그것이 지나가도록 내버려 두고 싶지 않다. 일몰을 소유할 수는 없지만 사진을 찍거나 그림으로 그려 두기로 한다. 그러나 갈망은 여전히 남는다. 아름다운 순간이 사라지고 나면 그 무엇도 그것을 완벽히 재현해 내지 못한다. 희망과 영감의 감정 역시 욕구와 연결되어 있다. 우리는 그런 미래를 간절히 갈망하며, 무언가를 성취하기 위해 에너지를 불태운다. 우리가 이미 소유한 아름다움—예를 들어 멋진 목걸이, 집에서 보는 완벽한 산의 전경—조차도 그것을 다시 착용하고, 다시 붙들고, 다시 그 장엄함 속에 앉아 있을 때 여전히 우리 안의 갈망을 불러일으킬 수 있다.

갈망에는 어두운 이면이 있으며 이는 십계명 중 여러 계명의 배경이 된다. "내 이웃의 저 아름다운 아파트, 배우자, 라이프스타일은 '내 것'이어야만 해"라고 마음은 속삭인다. 혹은 자신이 아름다운 존재로 인정받기를 갈망한다. 나르키소스의 죽음은 뒤틀린 열망이 되어 버린다. 자녀나 공동체를 위해 더 나은 미래를 바라는 선한 갈망조차 슬픔으로 그늘질 수 있다. 많은 아름다운 것이 우리의 것이 되지 않거나 될 수 없으며, 이에 대한 한 가지 반응은 절망이다.

이 갈망이라는 요소는 아름다움 또한 도덕적 범주라는 첫 번째 단서가 된다. 감정을 자극하는 아름다움은 적절한 행동을 촉발하며, 감정과 행동 모두 도덕과 관련이 있다. 그러나 이러한 행동과 감정은 결코 아름다운 대상에 의해 미리 결정되지 않는다. 오히려 아름다움에 의해 자극된 감정과 행동은 우리 자신이 누구인지 드러내며, 선 혹은 악을 행할 기회를 준다. 우리는 도덕적 중요성의 척도가 저마다 다르다는 것을 인식하고 있다. 예를 들어, 그레이트 배리어 리프에 대한 내 딸의 반응은 아이가 아직 어리다는 신호일 뿐이다. 내가 어떤 시에 공감하지 못하는 까닭은 내가 그 분야에 입문하지 못했기 때문일 뿐이다. 하지만 "나에게는 꿈이 있습니다"라는 연설의 아름다움에 마음이 굳어져 있다면 그것은 훨씬 심각한 무언가를 시사할 수도 있다.

아름다움에 대한 정서적 반응은 우리가 누구인지를 드러낸다. 아름다움에 반응하여 우리가 행하는 일은 확고하게 도덕적이다. 우리는 칭송받을 만한 것을 칭송하는가, 아니면 시기심 때문에 그것을 폄하하는가? 진정한 아름다움 앞에서 우리의 작음과 연약함을 인정하며 그 아름다움을 경탄하는가, 아니면 마음을 닫고 그것에서 돌아서거나 심지어 파괴하려 드는가? 그 아름다움을 독차지하려 움켜쥐는 도둑으로 자신을 드러내는가, 아니면 공동체의 더 아름다운 미래를 위해 삶을 바치는 종으로 자신을 드러내는가? 심지어 아름다움에 보이는 무반응, 즉 영혼이나 몸의 공허함조차 무언가 잘못되었음을 드러낸다. 추한 것을 아름답다고 여기는 더 어두운 상태도 존재한다. 어떤 사람들은 폭력적인 힘에 자신이 갈구하는 무언가가 있음을 보기 때문에 테러를 저지른다. 아름다움, 즉 참된 아름다움은 우리의 도덕적 온도를 측정한다. 그리고 우리 모두는 열이 나는 상태로 태어났다.

존 키츠는 그의 유명한 시 "그리스 항아리에 바치는 송시"를 다음과 같은 구절로 끝맺었다. 이 구절은 당연하게도 유명해졌다.

아름다움은 진리요, 진리는 아름다움이라 — 그것이 전부라네
너희가 이 땅에서 알고 있는, 그리고 너희가 알아야 할 전부

우리는 키츠가 너무 멀리 나갔다고 정당히 주장할 수도 있지만, 그가 무언가를 짚어 냈다는 것도 감지한다. 아름다움에는 불가피하게 주관적 선호 요소(당신은 모차르트를 선호하지만 당신의 친구는 바흐를 선호한다)가 포함된다. 그러나 아름다움이 도덕적이기도 하다는 사실은 도덕에 실질적인 의미가 있다면 아름다움이 반드시 진리와 관련되어야 함을 의미한다. 아름다움이 갈망을 불러일으킨다는 점과 진리와 연결된다는 점은 아름다움이 언제나 하나님을 가리킨다는 것을 드러낸다.

C. S. 루이스는 이렇게 말했다. "대다수 사람이 자신의 마음을 들여다보는 법을 진정으로 배웠다면, 자신이 이 세상에서 가질 수

없는 무언가를 원하며, 그것도 아주 간절히 원한다는 사실을 알게 될 것이다. 이 세상에는 그것을 주겠다고 제안하는 온갖 것이 있지만 그것들은 결코 약속을 온전히 지키지 못한다. … 만약 이 세상 어떤 경험으로도 만족시킬 수 없는 욕구를 내 안에서 발견한다면 가장 유력한 설명은 내가 다른 세상을 위해 만들어졌다는 것이다."[2] 그는 이어서 말한다. "아마도 세상의 즐거움은 결코 그 욕구를 만족시키기 위한 것이 아니라, 오직 그 욕구를 자극하여 진짜 실재를 암시하도록 의도되었을 것이다."[3] 아름다움에 대한 갈망과 우리가 아름다움을 마주할 때 자발적으로 터져 나오는 도덕적 반응들은 루이스가 볼 때 아름답고 거룩하신 하나님을 가리키는 네온사인이다. 그렇다면 기독교는 이러한 엄격한 검증을 견뎌 낼 수 있는가?

## 예수 그리스도의 아름다움

성경은 예수 그리스도가 "하나님의 영광의 광채시요 그 본체의 형상"(히 1:3)이며, "보이지 아니하는 하나님의 형상이시요 모든 피조물보다 먼저 나신 이"(골 1:15)라고 선포한다. 이 주장은 그리스도의 겉모습이 아름답다는 뜻이 아니다. 성경에 기록된 예수님의 생애를 모조리 읽어 보아도 외모가 어떠했는지 묘사하는 단어는 찾을 수 없다. 우리가 가진 유일한 단서는 오히려 전혀 매력적이지 않은 예수님의 모습이다. 그리스도인들이 예수님을 가리킨다고 믿는

한 예언은 이렇게 말한다. "그는 주 앞에서 자라나기를 연한 순 같고 마른 땅에서 나온 뿌리 같아서 고운 모양도 없고 풍채도 없은즉 우리가 보기에 흠모할 만한 아름다운 것이 없도다"(사 53:2).

따라서 그리스도인들이 예수님의 아름다움을 말할 때는 그분의 도덕적 완벽함, 특히 그분의 구속 사역을 의미한다. 영국의 신학자 존 오웬이 주장하듯, "그리스도의 인격의 은혜들은 그가 중보자의 직분을 맡으심에 있으며, 이 영적 탁월함과 수려함과 아름다움은 모든 택함받은 자들을 아버지의 품으로 데려오는 위대한 사역을 위해 아버지가 임명하고 기름 부으신 것이다."[4] 오웬은 우리를 구원하기에 합당하시고 충만하신 예수님의 능력이 "우리 모든 영혼의 결핍에 꼭 들어맞음을 드러내며, 이로 인해 그분은 지극히 갈망할 만한 분, 참으로 전적으로 사랑스러운 분이 되신다"라고 선언한다.[5] 십자가에서 예수님이 이루신 일을 처음 깨닫거나 혹은 새롭게 깨달을 때 우리는 그분을 있는 그대로 보게 된다. 그분은 말로 형용할 수 없을 만큼 아름다운 분이다.

지금 예수님이 그 끔찍한 죽음의 순간에 가장 아름다웠다고 주장하는 것인가? 차라리 나사로의 죽음 이후 마리아와 함께 우시던 모습이나 12년간 고통받던 여인의 혈루병을 고치시고 이어서 야이로의 죽은 딸을 살려 주신 모습처럼 생애 속 아름다운 장면을 지목하는 것이 낫지 않을까? 이러한 자비와 사랑의 행위들은 진정 아름답다. 인간의 갈망과 도덕성을 건드리며 진리를 매우 우아하게 드러낸다. 그리스도께서 친구와 함께 우신 것은 옳았다. 그것은 죽음이라는 악에 대한 합당한 반응이다. 자신의 능력을 사용해서 연약한 자들에게 치유와 생명을 가져다주신 것은 선했다. 그분의 움직임은 단순히 명제적 의미에서 옳은 것이 아니라 우리를 감동시키는 방식으로 참되다. 그것들은 전적으로 사랑스럽다.

만약 이런 모습들이 아름답다면 예수님의 죽음은 훨씬 더 아름답다. 그분의 삶과 사역의 각 측면인 공의, 사랑, 자비가 우리에게 "거룩함의 아름다움"(시 29:2, 개역개정에서는 "거룩한 옷"― 옮긴이)을 보여 준다면 십자가는 이러한 특성들이 최대치로 나타난 곳이다. 하지만 이 주장 앞에서 우리는 여전히 주춤할 수 있다. 고문 도구 위에서 피를 흘리며 헐떡이는 그분을 본 동시대 사람들은 기쁨의 탄성을 질렀을까? 아니다. 그들은 그것을 로마인들이 의도한 대로 보았다. 즉 끔찍한 형벌로 보았다. 신학자 주니어스 존슨은 "예수님의 고난은 고난 그 자체로만 고려될 때는 아름답지 않다"라고 썼다. "아름다운 것은 그분의 고난과 고통을 통해 계시되는 신적 속성들, 즉 겸손과 자신을 내어 주심과 사랑이다."[6]

마찬가지로 조나단 에드워즈는 구속 사역 속의 그리스도가 "영광스럽다"―에드워즈에게 영광은 '아름다움'의 기능적 동의어다[7]―라고 주장했다. 왜냐하면 그리스도가 자신의 낮아지심을 통해 사탄을 압도하고 패배시키셨기 때문이다. 그리스도는 인류의 죄책보다 영광스러우시다. 그분의 죽음이 인류의 죄책을 충분히 제거하기 때문이다. 그리스도는 인류의 타락보다 영광스러우시다. 그분이 우리의 거룩함을 사셨기 때문이다. 그리스도는 그분의 부활과 승천 가운데 영광스러우시다. 이는 죽음이 그분을 가둘 수 없음을 보여 주며, 그 이후로는 그분에게 속한 그 누구도 가둘 수 없

음을 보여 주기 때문이다.[8]

예수님은 도덕성과 갈망의 가장 충만한 표현들을 연결하여 십자가 위에서 자신의 아름다움을 보이신다. 그분은 죄는 악하다는 진실, 하나님의 사랑, 자비와 은혜의 승리를 선언하신다. 그분은 진정 자유로워지고, 참되게 살고, 하나님과 연결되고자 하는 우리의 갈망이 오직 그분을 통해서만 성취될 수 있음을 약속하신다.


## 기독교의 참된 아름다움


아버지께로 승천하실 준비를 하시며 예수님은 제자들에게 말씀하셨다. "하늘과 땅의 모든 권세를 내게 주셨으니 그러므로 너희는 가서 모든 민족을 제자로 삼아 아버지와 아들과 성령의 이름으로 세례를 베풀고 내가 너희에게 분부한 모든 것을 가르쳐 지키게 하라 볼지어다 내가 세상 끝날까지 너희와 항상 함께 있으리라 하시니라"(마 28:18-20). 예수님은 자신이 시작한 사역을 그분의 백성이 이어 갈 때 함께하겠다고 친히 약속하셨다.

이러한 주제로 사도 바울은 에베소 교회에 편지하면서 그들이 "성도들과 동일한 시민이요 하나님의 권속이라 너희는 사도들과 선지자들의 터 위에 세우심을 입은 자라 그리스도 예수께서 친히 모퉁잇돌이 되셨느니라 그의 안에서 건물마다 서로 연결하여 주 안에서 성전이 되어 가고 너희도 성령 안에서 하나님이 거하실 처소가 되기 위하여 그리스도 예수 안에서 함께 지어져 가느니라"(엡

2:19-22)라는 사실을 상기시켰다. 기독교가 아름다운지 물을 때 살펴봐야 할 가장 중요한 장소는 기독교가 세상에 나타나야 한다고 예수님께서 선언하신 곳이다. 즉 그분의 백성, 그분의 교회다. 그러므로 기독교는 아름다워야만 한다. 왜냐하면 기독교는 그리스도의 아름다운 사역을 수행하며 하나님 자신이 거하시는 처소가 되도록 그리스도에 의해, 그리스도 위에 세워진 교회를 통해 드러나도록 의도되었기 때문이다.

하나님은 애굽에서 나온 백성과 함께 그분이 거할 처소를 지으라고 모세에게 명령하셨고 그 처소는 물리적으로 아름다웠다(출 35:4-39:30). 그 비율과 재료, 기구들은 기능적일 뿐 아니라 아름다웠다. 솔로몬이 지은 성전 또한 마찬가지였다(왕상 6:2-36; 7:13-51). 하나님의 거처이자 사귐과 화해가 이루어지는 장소로서, 그곳이 물리적으로 아름다운 것은 합당한 일이었다. 그러나 예수님의 삶과 죽음, 부활의 아름다움이 그분의 겉모습에 있지 않았던 것처럼, 은유적 성전인 교회의 아름다움 또한 삶과 죽음 그리고 부활의 아름다움이어야 한다. 성막과 솔로몬의 성전이 물리적으로 아름다웠던 것은 옳았다. 이와 같이 교회 또한 행하는 모든 일에서 아름다워야 한다.

우리가 그리스도인으로서 예수님이 말씀하신 대로의 존재가 되고 그렇게 행동할 때마다 우리는 아름다웠다. 이러한 역사적 진실의 단면은 래리 허타도의 저서 《처음으로 기독교인이라 불렸던 사람들: 기독교 본연의 모습을 찾아 떠나는 여행》에 잘 나타나 있다. 허타도는 기독교가 완전히 이질적이었으며 깊은 불쾌감을 주었다는 점을 끈질기게 설명한다. 즉 사람들이 즉각 아름답다고 생각할 만한 모습이 아니었다. 기독교에는 신상도, 제단도, 신전도 없었다. 기독교는 전통적인 신들을 존중하기를 거부했다. 그 대신에 읽고, 쓰고, 기도하며, 선을 행하는 데 집중했다. 영아 유기, 검투 경기, 당시 옳다고 여겨지던 성적 관습을 정죄했다. 모든 민족과 모든 계층, 남녀 모두를 포함하는 개종자들에게 즉각적인 윤리적 헌신을 요구했다. 기독교는 미움받았다. 하지만 예수님에게 그랬던 것처럼, 사람들은 기독교로 몰려들었다. 허타도가 언급했듯, "고대 로마 시대의 수많은 신흥 종교 운동 중 오직 기독교만이 그것이 처음 등장했던 로마 시대를 뛰어넘어 장기적으로 성공한 유일한 운동으로 발전했다."[9]

교회의 생활 방식은 예수님의 생활 방식을 반영했다. 즉 비천한 자를 높이고, 가난한 자에게 선을 행하며, 폭력을 거부하고, 성(性)과 관계에 있어 거룩함을 추구했다. 많은 이들이 예수님을 미워했으나 다른 많은 이들이 그분의 참된 아름다움을 보았던 것처럼, 기독교도 그러했다. 교회의 실천은 선했을 뿐만 아니라 하나님을 향한 갈망, 용서를 향한 갈망, 하나님이 우리를 만드신 목적대로 인간성이 회복되기를 바라는 갈망을 불러일으켰다. 예수님의 실천을 이어서 행하는 곳마다 교회는 이러한 갈망을 계속해서 자극하고 충족시키기 시작했다. 한마디로 말하면, 교회는 아름다웠다.

# 추함을 판단하는 기준,
# 기독교

교회가 예수님께서 부르신 모습으로 존재하지 않을 때는 어떠한가? 보스턴 지역의 내 이웃 중 일부는 기독교를 추하다고 여긴다. 즉 사람들을 증오에 찬 위선자로 만드는 불쾌한 세계관으로 여긴다.

그리스도인들이 그리스도의 아름다움을 구현하지 못할 때 우리는 추해지며 그렇다면 반드시 회개해야 한다. 교회사를 돌아보면, 기독교와 연결된 일부 행위를 추하다고 비난하는 내 이웃들의 말은 틀리지 않다.[10] 그리스도인들과 기독교 기관들이 너무나 자주 그리스도의 아름다움을 거부하고 추해졌다는 그들의 지적은 틀리지 않았다. 악을 악이라 명명하고 고백하며, 용서를 구하고, 예수님의 길로 돌아가기 위해 성령의 능력을 구하는 것 외에는 제자에게 다른 방도란 없다. 그러나 기독교 역사는 회개가 필요했던 가장 어두운 순간에 교회가 언제나 스스로 개혁을 추구했음을 보여 준다. 교회는 예수님의 아름다운 선율을 다시 노래하기 위해 자신들의 텍스트를 사용했다. 그렇다고 그리스도인들이 저지른 악행에 대한 변명이 될 수는 없다. 다만 그리스도에 의해, 그리스도 위에 세워진 기독교는 스스로의 추함을 볼 때 뒷걸음질 치며 예수님의 아름다움을 다시 찾을 수밖에 없다는 것 또한 분명하다.

더욱이 서구에서 나의 세속적인 이웃들이 추하다고 할 때 사용하는 기준들은 그리스도 그분이 그들에게 부여한 기준이다. 도덕적으로 무엇이 아름다운가에 대한 내 이웃들의 직관은 하나님과 세상에 대해 그들이 내뱉는 명시적인 신념보다 훨씬 낫다. 왜냐하면 복음이 서구 사회의 심층 구조까지 형성했기 때문이다. 세속주의는 복음의 자녀이며, 어머니에게 반항하는 십 대와 같다. 그러나 세속주의는 모태에서부터 부모에 의해 빚어졌다는 사실까지 떨쳐 버릴 수는 없다. 의도적으로 얼굴을 망가뜨렸을지언정, 자신의 얼굴이 어머니를 쏙 빼닮았다는 사실을 지울 수는 없는 것이다.

만약 내가 세속적인 이웃들에게 "기독교는 아름다운가?"라고 묻는다면, 그들의 대답은 급진적인 기독교 이단이라 할 수 있는 세속주의가 기독교의 하나님은 거부하면서도 여전히 그분의 유산을 사용하려 드는 방식의 영향을 강하게 받을 수밖에 없다. 하지만 그들이 스스로 인식하는 것보다 더 많이 기독교의 영향을 받았다는 사실을 이해하고 시작한다면, 나는 더 희망적인 길을 찾을 수 있을지도 모른다.

예를 들어, 복음의 유산이 남긴 심층 구조는 약자를 돕는 것에는 선함을 넘어선 어떤 아름다움이 있다는 직관을 내 이웃들에게 선물했다. 이것이 바로 성인 남자들이 고전 스포츠 영화 〈루디 이야기〉(Rudy)를 보며 눈물을 흘리는 이유다. 명문 노트르담 미식축구 팀에서 뛸 자격이 충분한 선수들이 자기 유니폼을 벗어 놓으며, 장학금도 받지 못하는 변변치 못한 선수인 루디가 마지막 홈경기에 출전할 수 있게 해 달라고 감독에게 요구하는 장면 말이다. 강자가 자신의 권리를 누리는 것이 마땅하다는 기계론적 세계관에서는 이러한 결말을 아름답다고 여길 근거가 전혀 없다. 약함에 대한 이러한 접근 방식은 니체가 기독교를 비웃은 지점이기도 했다.

더 끔찍한 사례를 들자면 내 이웃들은 강간이 악하고 추하다는 아주 정당하고 합당한 공포를 느낀다. 그런데 인간이라고 알려진 원자 집합체의 의미 없는 인생에 다른 어떤 것도 아닌 진화만이 영향을 미친다고 여기는 거대 서사에는 이러한 반응을 뒷받침할 근거가 없다. 그러나 기독교에는 이러한 행위들이 가진 사악한 추함을 정죄할 자원이 있다. 그리스도께 훈련을 받은 기독교는 우리가 느끼는 도덕적 혐오감이 정당한 것이라고 확신한다. 이러한 추함이 없는 세상을 향한 우리의 갈망은 성취될 것이다. 그리스도를 거부하는 세상은 그러한 자원들이 결핍된 채 남겨진다. 그런 세상은 수십 년 동안 연료를 넣지 못하고 시멘트 블록 위에 남겨진 자동차처럼 안에서부터 녹슬고 부식될 것이다. 그런 세상은 무의미와 무자비한 힘, 절망으로 추하게 변해 갈 것이며, 그 모습은 문화적 산물뿐 아니라 더 중요하게는 인간의 삶 속에 반영될 것이다.

## 복음으로 가는 통로인
## 아름다움

우리의 이웃들은 더 나은 세상을 갈망하며, 종종 선한 것과 참된 것을 간절히 그리워한다. 그들이 크고 작은 방식으로 실현되는 선과 진리를 보며 아름답다고 부를 때, 선함이 배신당하는 모습을 보며 그 배신의 추함에 몸서리칠 때, 우리는 이 지점들을 복음으로 가는 통로로 삼을 수 있다. 그것들이 곧 하나님께로 향하는 통로이기 때문이다. 아우구스티누스는 이렇게 썼다. "생각해 보십시오, 형제자매 여러분. 그분의 아름다움이 어떠할지 생각해 보십시오! 여러분이 보고 사랑하는 이 모든 아름다운 것을 그분이 만드셨습니다. 만약 그것들이 이토록 아름답다면 그분은 어떠하시겠습니까? 그것들이 이토록 위대하다면 그분은 얼마나 위대하시겠습니까?"[11] 하나님의 선물인 일반 은총 덕분에 우리의 이웃들도 아름다움에 접근할 수 있다. 하지만 그 이면을 보고, 아름다움이 줄곧 가리켜 온 실체를 파악하기 위해서는 신학자들이 말하는 구원의 은혜가 필요하다. 진정한 아름다움에 접근하도록 이끄는 은혜는 오직 복음 선포로만 주어진다.

하나님의 선하신 계획에 따라 기독교는 바로 그 복음 선포라는 특별한 사명을 부여받았다. 그러나 이 사명을 완수하려면 기독교는 가장 아름다운 본연의 모습, 즉 그리스도를 더욱 온전히 반영하는 모습이 되어야 한다. 우리는 덜 성경적인 것이 아니라 더 성경적인 모습이 되어야 한다. 즉 돈, 시간, 성(性), 공동체, 거룩함, 그 밖의 모든 영역에 대해 예수님이 가지셨던 관점을 더 끈질기게 고수해야 한다. 복음은 하나님을 알고 예배하며, 그분의 백성과 교제하고, 선함과 빛의 대리인이 되도록 만들어진 우리 이웃들의 마음의 갈망에 진정으로 답하기 때문이다. 온갖 종류의 아름다움에 매료되는 그들에게 그 모든 아름다움은 하나님이 누구이신지 속삭여 준다. 왜냐하면 그 모든 아름다움은 하나님에 의해, 하나님을 위해 만들어졌기 때문이다.

주니어스 존슨은 "무언가에서 발견하는 아름다움은 당신에게 하나님을 상기시켜 주는 것"이라고 주장한다.[12] 상기시킨다는 표현을 그가 사용한 이유는 시편 19편과 로마서 1장에 나타난 '최소한의 자연 신학' 때문이다. 이 구절들은 우리가 하나님을 알고 있음을 죄책감을 느낄 만한 방식으로 억누르고 있다는 사실과, 동시에 그분에 대한 잠재적이고 깊은 기억을 가지고 있다는 사실을 보여 준다. 이 기억은 다음과 같다.

> 이 기억은 아름다움에 관한 모든 경험에 들어 있는 친숙함의 요소다. … 우리는 그것이 무엇인지 정확히 지목하거나 그것이 무엇을 상기시키는지 꼬집어 말할 수는 없다. 하지만 그럼에도 그 기억은 그곳에 존재한다. 이것은 우리 각자가 가지고 있는 창조주에 대한 근본적이고도 지워지지 않는 기억이다. 그것을 부정하거나 변형시키려 시도할 수는 있어도 결코 잊을 수는 없다. 그것은 천국에서 얼굴과 얼굴을 대하여 보게 되거나, 지옥에서 밤낮으로 괴로워하게 될 바로 그 기억이다. 우리가 세상에서 겪는 아름다움의 경험은 이 기억과 조율되어 있으며, 우리는 우리 안의 이 기억을 자극하는 것을 두고 아름답다고 부른다.[13]

하나님은 우리의 이웃들이 아름다움을 인식하고, 그 아름다움으로 인해 더 높은 곳으로 이끌리도록 설계하셨다. 꽃의 사랑스러움, 교향곡, 사랑하는 이들의 얼굴은 세상이 채울 수 없는 갈망을 자극할 것이다. 우리는 이 아름다운 것들의 연약함, 불안정함, 부패함을 직면하면서도 점점 더 많은 것을 원하게 된다. 그러한 것들은 우리에게 필요한 끝없는 아름다움으로 우리의 영혼을 채워야 할 부담을 감당할 수 없다. 심지어 그들의 참된 아름다움으로도 우리를 오염시킨 추함의 얼룩을 제거할 수는 없다.

오직 예수님의 아름다움만이 결코 부패하지 않고, 깨지지 않으며, 고갈되지 않을 것이다. 기독교가 아름다운 이유는 오직 그것이 이 위대한 신랑을 가리키기 때문이다. 교회는 그분의 신부로서, 그분에 의해 거룩해지고 씻겨져 "자기 앞에 영광스러운 교회로 세우사 티나 주름 잡힌 것이나 이런 것들이 없이 거룩하고 흠이 없게"(엡 5:27) 드러난 존재다. 그리고 예수님은 자신에게 나아오는 자들을 아름답게 빚으시는 일을 아직 멈추지 않으셨다. 그분은 지상 사역 때와 마찬가지로 지금도 여전히 죽음에서 생명을 이끌어 내시고, 포로 된 자에게 자유를 주시며, 오직 주시기 위해 취하시는 분이다. 기독교가 그리스도처럼 행동할 때, 우리는 이웃을 이 아름다움 속으로 초대할 수 있다. 사랑하는 자들아, 우리의 이웃을 위해 진정한 우리 자신이 되자.

# 기독교는 과연
# 진리인가?

° 데릭 리슈마위

작년에 나는 RUF(Reformed University Fellowship, 미국장로교[PCA]에서 시작된 대학 사역 단체 — 옮긴이) 목사로 섬기고 있는 캘리포니아 대학교 어바인에서 한 젊은이와 몇 달에 걸쳐 대화를 나누었다. 그를 제레미라고 부르겠다. 제레미는 영리하고 의욕적이며 말솜씨가 좋고 친절한 친구였는데, 본인의 표현을 빌리자면 교회 배경이나 기독교 신앙에 대한 틀이 전혀 없었다. 우리는 복음의 개요, 삶, 정체성, 의미의 문제에 대해 이야기했다. 성취나 경제적 가치 혹은 그 밖의 불안정하고 불확실한 것에 의존하지 않는 자아상을 어떻게 구축해야 하는지도 나누었다. 그런 것들에 의존하는 삶은 결국 교만이나 절망 혹은 탈진으로 가는 길이나 다름없기 때문이다. 본질적으로 말하자면 우리는 우상 숭배에 대해 이야기를 나누었다.

몇 달간의 대화가 끝날 무렵, 제레미는 기독교가 어떻게 겸손하고 건강하며 의미 있고 선한 삶과 정체성과 존재 방식을 만들리라 약속하는지 이해할 수 있었다. 문제는 저 밖에 실제로 하나님이 존재한다는 사실은 도저히 믿을 수 없었다는 점이다. 게다가 그는 자신이 잘해 나가고 있다고 생각했다. 그에게 하나님은 "살아 있는" 선택 사항도, 체감되는 필요도 아니었기에 하나님의 존재를 증명하는 논증들을 검토하며 시간을 보낼 마음조차 없었다.[1] 공부하느라 그럴 시간이 없다는 것이다.

최근에는 체육관에서 다른 젊은 친구인 조(Joe)와 대화를 나누다가 종교라는 주제에 이르게 되었다. 그는 신의 존재를 믿으며, 종교에 어느 정도 사회적 유용성이 있다고 생각하는 듯했다. 하지만 정작 하루하루 자신의 현실 감각 속에는 하나님에 대한 의식이 완전히 부재하다는 것을 인정했다. 어떤 의미에서 그는 '믿고'는 있었지만 그것이 일상에 아무 영향을 주지 못했다. 결과적으로 삶에 접근하는 그의 방식은 제레미와 별로 다르지 않았다.

또 한 명의 학생이 있다. 캠퍼스에서 책을 읽던 여학생이었다. 그녀를 제인이라고 부르겠다. 나는 제인에게 무슨 책을 보느냐며 말을 걸었다. 마음가짐, 건강 관리에 관한 책이었다. 제인은 마음의 힘이 신체적 건강을 결정하고 미래의 운을 실제로 바꾼다고 믿고 있었다. 그렇게 확신하는 이유는 수개월간의 마음챙김 수련을 통해 복부와 장기의 심각한 통증이 극적으로 치유되는 경험을 했기 때문이다. 그녀는 이러한 원리들이 참되다는 것을 몸소 체험했고 더 깊이 이해하고 싶어 했다.

이 이야기를 통해 문화 변증과 진리의 관계, 기독교 복음을 진리로 제시할 때 우리가 직면하는 현대적 도전을 성찰해 보자 .

나는 우리의 변증에 확장적이고 총체적이며 통합된 진리 개념이 필요하다고 주장하고 싶다. 즉 "길이요 진리요 생명"(요 14:6)이신 그리스도의 실재에 마땅히 부합하는 진리, 믿어야 할 뿐 아니라 살아 내야 하고 사랑해야 할 진리, 만물을 붙드시는(골 1:17) 진리로서의 개념 말이다.


## 진리의 기후학: "나에게는 효과가 있어"


우리가 왜 진리에 대해서 의식적으로 총체적 접근을 해야 하는지 그 무대를 설정해 보자. 나는 현대 문화에서 반드시 다루어야 할 진리의 기후를 구성하는 몇 가지 요소를 짚고자 한다. 이는 한마디로 '나한테는 효과가 있어'라는 문구로 요약될 수 있다.

### "효과가 있다": 실용주의

평론가들은 오래전부터 미국인들이 실용적인 사람들이라는 점에 주목해 왔다. 영국이 상인들의 상업국이라면, 미국인은 훨씬 더 실용적이고 성공적인 후계자들이다. 알렉시 드 토크빌은 그의 저서 《미국의 민주주의 2》를 다음과 같은 관찰로 시작했다. "나는 문명국 가운데 미국만큼 철학에 관심을 기울이지 않는 나라는 없다고 생각한다." 그는 이어 "미국에는 그들만의 학파가 없다"라고까지 말했다.[2]

하지만 역사가들이 지적했지만 토크빌의 관점은 부정확했다. 미국인들은 법, 인식론, 과학, 교육 전반에 걸쳐 '실용주의'라고 알려진 독특하고 성장하는 철학적 성찰의 계보를 만들어 냈기 때문이다. 느슨하게 정의하자면, 이는 "어떤 주장은 오직 유용할 때만 참이다"라거나 "어떤 철학 이론이 사회적 진보에 직접적으로 기여하지 않는다면 별 가치가 없다"[3]라는 개념을 포함하는 '아이디어에 관한 아이디어'다.[4] 즉 형이상학을 거부하는 실용적 성향 자체를 철학화한 셈이다.

진리와 과학을 대하는 이러한 태도는 윌리엄 제임스나 존 듀이 등의 영향을 통해 명시적으로 확언된 반이론적 이론뿐 아니라 대개는 전반적 '분위기'로 미국(및 서구) 사상의 혈류에 스며들었다. 윌리엄 제임스를 읽어 본 사람은 별로 없겠지만, 만약 당신이 팔고자 하는 통찰이 사람들의 삶에 실제적인 경제적 가치를 주는지 신속하게 보여 주지 못한다면, 당신의 아이디어는 금세 묵살당할 것이다.[5] 그 아이디어가 나를 위해 무엇을 해 주는지 내가 이해하고 관심을 두지 않는 한, 그 진리는 나에게 아무 소용이 없다.

## "나에게": 주관주의와 표현적 개인주의

이것은 미국인만의 독특한 특징도 아니며, (비록 꽤 현대적인 현상이

긴 하지만) 완전히 현대적인 것도 아니다. 무엇이 진리이든—특히 우리가 인문학이라고 부를 법한 분야에서는—그것은 주관적으로 참이어야만 한다. 이것은 정도의 차이는 있겠으나 상대주의적 형태를 띠는데, 특히 종교나 철학, 웰빙의 영역에서는 심리적 즉각성이 '진리'를 판가름하는 핵심 척도가 된다.

이는 이 시대의 또 다른 특징인 '표현적 개인주의'와 동전의 양면을 이룬다.[6] 표현적 개인주의란 개인의 헌신, 가치, 자아 정의가 사회 제약이나 외부로부터 강요된 것이 아니라 내면의 실재를 표현하는 것이라고 간주하는 경향을 말한다. 어떤 것이 "나에게 효과가 있다"라고 말하려면, 그것은 내가 발견하는 과정에 있는 동시에 창조해 나가는 과정 가운데도 있는 내 진정한 자아와 맞물려야 한다.[7] 중요한 점은, 이러한 주관성이 단지 이런저런 특정 개인에게 내려진 처방의 상대성(예를 들어, 조니는 비타민이 부족하고 제니는 그렇지 않기에 비타민 섭취가 조니에게만 "효과가 있고" 제니에게는 없는 경우)에 그치지 않는다는 것이다. 그것은 점점 더 심리화되어 치유적 관점의 비호 아래 놓이게 된다.[8] 결국 핵심은 어떤 주장이 개인의 특정한 의식, 즉 심리적 평형 상태와 정체성 확립으로 해석되는 개인의 자기 인식 및 안녕감과 얼마나 공명하느냐에 달려 있다.

## "나에게": 급진적 다원주의

"나에게"라는 말에서 비롯된 주관주의는 그 상관관계로서 놀라운 수준의 '급진적 다원주의'를 동반한다.[9] 찰스 테일러는 현대에 이르러 전통 종교에 대한 계몽주의의 합리주의적 비판, 그에 대한 낭만주의의 반작용, 그 이후 모든 흐름이 얼마나 당혹스러울 정도로 넓은 스펙트럼의 영적 선택 사항들을 만들어 냈는지를 이 용어를 통해 말하고자 했다. 우리는 외형적으로 잘 돌아가는 듯 보이는 삶의 방식을 만들어 내는 다른 영적 존재의 존재 방식을 심리적으로 더 강하게 인식한다. 시크교도인 이웃은 현대 종교의 형태를 띤 주술 숭배(Wicca)를 믿는 이웃만큼이나 행복해 보이며, 기술적 특이점을 기다리는 불가지론자 테크-브로(tech-bro, IT 분야의 전형적인 남성 ― 옮긴이) 이웃도 마찬가지다.

이러한 다원주의는 실용주의와 기묘한 방식으로 상호작용한다. 어떤 이들에게는, 이것이 초과학주의와 형이상학적 회의론의 방향으로 흐를 수 있다. 철학적으로 순수한 유물론자들의 경우에는, 검증주의와 증거주의가 그들의 사고를 지배한다. "나는 사제들이 전수해 준 형이상학적 신비 따위는 원하지 않아. 무언가를 신뢰하려면 실험실에서 재현 가능한 연구 결과가 필요해." 반면, 역설적이게도 정반대 방향으로 흐르는 이들도 있다. "나는 의료 기득권층이 내려보낸 막대한 자금이 투입된 임상 실험 연구 따위는 필요 없어. 나는 치유하는 수정(healing crystals)의 힘을 직접 시험해서 경험했고, 그것이 참이라는 것을 알아."[10] 여기에 통제 불능의 인터넷과 알고리즘까지 더해지면 이들 사이에서 파생된 수백만 가지의 크고 작은 논리적 조합이 생겨나면서 그 다양성은 매시간 더욱 커져 가는 듯 보인다.[11] 결과적으로 우리는 '나에게' 효과가 있는 것이 '당신에게'는 효과가 없는 다양한 방식을 보게 된다. 당신은 본질적으로 독특한 영적 구성을 가진 다른 사람이며, 영적 실재에 대해 이해가 서로 다르기 때문이다.

## 냉소주의

"나에게는 효과가 있어"라는 문장에서 느낄 수 있는 또 하나의 흐름을 덧붙이고자 한다. 누군가 어깨를 으쓱하며 한숨 섞인 소리로 내뱉는 그 문장을 들었다면 말이다. 그것이 바로 탈진한 냉소주의다.

재독 철학자 한병철은 최근 '서사의 위기'(crisis of narration)에 대해 집필했다.[12] 철학자들과 사회학자들은 우리의 자아 이해와 현실파악에 서사와 이야기가 얼마나 중요한지 한동안 말해 왔다. 세계에 관한 거대 서사(기독교, 이슬람, 마르크스주의)나 국가와 세계에 관한 중범위 서사(1776년 혹은 1619년의 미국 건국, 자유주의, 민족주의 등), 심지어 개인적인 이야기들을 떠올려 보라. 한병철은 모두가 이야기나 '서사'의 중요성을 말한다는 사실 자체가 역설적으로 서사가 '죽었다'는 신호라고 주장한다.[13] 농담을 구구절절 설명하는 사람은 유머와 이미 지나치게 이론적이고도 빈약한 관계를 맺고 있는 것이다. 실제 상황은 더 심각하다. 스토리텔링 대신 우리에게는 '스토리셀링'(story-selling)이 남았다. 이는 '상업적으로 도구화된 이야기'로서, 당신에게 제품을 파는 '커뮤니케이션 기술'로 서사를 전락시킨다.[14]

그 결과, 많은 이들이 궁극적 진리를 찾고자 할 때 "나에게 효과가 있는 것"이 최선이라는 결론에 도달했다. 혹은 자신의 밑바닥에 깔린 부정한 신념을 간신히 숨긴 채 무언가를 열정적으로 믿는 척한다. 정치를 예로 들면, 우리는 진리의 출처들이 분열되어 갈등하고 있고 상대 진영의 정보는 부패했으며 매수당했다고 생각한다. 하지만 우리가 정직해지는 순간이 있다면, 어쩌면, 아주 어쩌면 우리 자신도 그러할지 모른다는 의심을 품는다.[15]

복음이 진리라는 주장을 고려해 보라고 우리가 사람들을 초대할 때 이 모든 요소가 작동한다. 이것은 우리와 청중이 들이마시는 문화적 공기이자 우리가 복음을 선포할 때의 분위기다.

## 기독교의 '효과'를 내세운다면

이 모든 것이 우리를 어디로 인도하는가? 이처럼 더 취약해지고, 교차 압박을 받으며, 다원화된 환경이 오히려 기독교에 기회를 만들어 줄 수도 있지 않느냐고 어떤 이들은 생각한다.[16] 모두가 그저 자신에게 무엇이 '효과가 있는지' 찾아내려 애쓰며, 회의주의적인 저변이 세속적 과학주의는 물론 칭송받는 모든 영적 대안까지 약화시키고 있다면, 기독교가 진리라는 주장을 밀어붙여야 하는 부담에서 그리스도인들이 벗어날 황금기라고 생각할 수도 있다. 기독교의 진리성을 증명하려 애쓰지 말고 그저 기독교가 그들에게 "효과가 있는지" 한번 확인해 보라고 초대하면 되지 않을까? 예를 들어, 종교와 기독교가 심리적·사회적 안녕에 기여한다는 사회적 유용성에 관한 방대한 통계 데이터를 제시할 수 있다. 더 나은 정신 건강 지표, 결혼율 및 이혼율, 사회적 응집력, 측정 가능한 개인적 의미와 목적의식 등 말이다.[17]

사회적 차원에서 우리는 여성, 소수자, 태아 그리고 역사에서 피해자였던 다양한 집단의 권리가 역사상 진보해 온 배경을 지목할 수 있다. 이는 개인의 고유한 존엄성과 가치를 확언하는 데 기독교가 가졌던 전례 없는 영향력 덕분이었다. 실제로 많은 세속 사상가들이 서구에서 소중히 여겨 온 여러 사회적 선(善)을 부식시키는 급진적인 포스트 기독교 이데올로기들의 공세에 맞서, 최소한 '문화적 기독교'의 형태만이라도 유지하는 데 관심을 보이기 시작했다.[18]

다시 말하지만, 이러한 접근 방식에는 나름대로 옳은 지점이 있다. 하지만 이 방식이 그 이상 넘어서지 못하는 지점을 나는 우려한다. 기독교를 선하고 유용하며 심지어 아름다운 것으로 제시하여 누군가를 진리로 인도하는 적절한 통로를 만들 수도 있다. 그러나 결국 완전한 진리로서의 기독교에 반드시 도달해야 한다.

## 진리, 완전한 진리, 진리 그 자체

다시 "내가 곧 길이요 진리요 생명이라" 하신 예수님의 주장으로 돌아가 보자. 그분이 진리라는 것은 무엇을 의미하는가? 그분은 하나님께로 갈 수 있는 유일한 통로로서, 모든 실재 그 자체의 근원이신 분을 알고 그분과 연합할 수 있는 경로 그 자체이시다. 이로써 예수님은 자신이 인격으로 존재하는 진리라고 주장하시는데, 이는 우리가 기독교 진리의 총체성을 파악할 때 핵심적인 요소다.[19]

가장 일차적이고 평범한 의미에서 예수님은—살아 있고, 숨 쉬고, 태어나고, 죽고 그리고 다시 살아나신 구체적인 개인으로서—역사적 사실로서 진리다. 그러나 우리는 이 객관성이야말로 그 진리가 나에게 주관적으로, 개인적으로, 내적으로 진리가 될 수 있는 확실한 토대라는 것을 명확하게 이해해야 한다. 그분이 모든 실재의 부활하신 주님이 되시며, 모든 사람과 모든 장소의 주님이시기 때문에 나에게 말씀하시고 나를 부르시며 나의 충성을 요구하시고 나의 주관적·개인적 현실에 개입하실 수 있는 것이다.

사도 바울은 이를 이렇게 표현했다. "내가 그리스도와 함께 십자가에 못 박혔나니 그런즉 이제는 내가 사는 것이 아니요 오직 내 안에 그리스도께서 사시는 것이라 이제 내가 육체 가운데 사는 것은 나를 사랑하사 나를 위하여 자기 자신을 버리신 하나님의 아들을 믿는 믿음 안에서 사는 것이라"(갈 2:20). 그리스도께서 객관적, 외부적으로 자신을 대신하여 대속하셨다는 실재에 대한 바울의 비전과 이해는 그의 내면적 실재를 변화시키고 재해석했다.

부활에 관하여 바울은 고린도교회 교인들의 모든 소망, 즉 죄책감에서 해방되고 창조주와 화해하며 죽음조차 빼앗을 수 없는 의미를 부여받은 존재라는 자기 이해는 전적으로 그리스도의 육체적 죽음과 부활에 달려 있다고 논증한다. "그리스도께서 다시 살아나신 일이 없으면 너희의 믿음도 헛되고 너희가 여전히 죄 가운데 있을 것이요 … 만일 그리스도 안에서 우리가 바라는 것이 다만 이 세상의 삶뿐이면 모든 사람 가운데 우리가 더욱 불쌍한 자이리라"(고전 15:17, 19). 바울은 부활을 희망적 은유나 순수하게 내면적인 현실 혹은 실제 일어나지 않았으나 믿는 편이 더 나은 이야기 정도로 긍정하려는 모든 시도를 차단해 버린다.[20]

기독교가 나에게 효과가 있는 이유는 나를 초월하는 참된 실재와 나를 연결시키기 때문이다. 다시 말해, 예수님은 오직 그리고 명확히 진리이시기 때문에 길과 생명이 되시는 것이다. 사회에 유익을 주는 선행으로서의 기독교를 믿고 살아가는 것이 효과가 있는 이유는 그것이 당신과 나 그리고 다른 모든 사람에게 있어 사물의 실재적 본질과 일치하기 때문일 뿐이다. 불가침의 인권과 존엄성이 개인에게 내재되어 있다는 확언이 참혹한 악행에 맞서는 저지선과 보루가 될 수 있는 유일한 길은, 우리가 그것을 자신에게 들려주는 유용한 이야기 이상의 것이라 믿을 때뿐이다.[21] 만약 우리가 단지 '그런 척'만 한다면 그 교리는 우리의 사회적 행동 형성력을 약화시킨다. 마음 깊은 곳에서 '유용한 허구'라고 아는 것을 위해 살거나 죽고, 희생을 감수하거나 살인까지 저지를 사람은 없다. 당신의 믿음이 비록 하나의 내기나 도박일지라도 당신은 실제적 보상이 존재한다는 전제 위에서 도박을 하는 것이다.

더 나아가, 예수를 진리로 확언하는 것은 무엇이 "효과가 있는가"에 대한 우리의 이해를 재편한다. 예수의 삶과 죽음은 우리에게 십자가와 부활의 형상을 닮은 삶을 부여하며, 이는 필연적으로 주관적 진리를 판단하는 현대의 치유적이고 표현적-개인주의적 기준들과 충돌한다. 그렇다. 예수님은 우리에게 참된 생명인 삶을 주신다는 점에서 "효과가 있다." 하지만 그 참된 생명에 대한 당신의 이해가 죽고 부활하는(그리하여 변화되는) 과정이 없다면 불가능하다.

그것은 더 참되고 더 깊은 삶—희생, 관대함, 자신을 내어 줌, 비난을 견딤, 박해, 의에 굶주림—이며, 이는 오직 예수님이 죽은 자들 가운데서 살아나셨을 때에만 비로소 "효과가 있다."

덴마크 철학자 쇠렌 키르케고르는 우리가 지금까지 논의한 많은 내용을 담은 유명한 구절을 그의 일기 초반부에 남겼다.

> 내게 정말로 필요한 것은 내가 무엇을 알아야 하는가가 아니라 무엇을 해야 하는가가 명확해지는 것이다. 다만 모든 행동에 지식이 반드시 선행되어야 한다는 점은 예외다. 그것은 나 자신의 운명을 이해하려는 질문이며, 신이 참으로 내가 무엇을 하기를 원하는지 이해하려는 질문이다. 그것은 나를 위한 진리인 하나의 진리를 발견하는 것이며, 그것을 위해서라면 내가 기꺼이 살 수도 있고 죽을 수도 있는 사상을 발견하는 것이다. … 기독교의 의미를 설파할 수 있고 수많은 개별적 사실을 설명할 수 있다 한들, 그것이 나 자신과 내 삶에 아무런 깊은 의미가 없다면 나에게 무슨 소용이 있겠는가?[22]

여기서 키르케고르가 주장하는 것은 상대주의적 주관주의나 급진적이고도 자기 창조적인 표현주의가 아니다. 그는 정확하게 바울이 말하는 바로 그것, 예수님이 자신의 인격 안에서 제시하고 계신 바로 그것을 향한 갈망과 목마름을 표현하고 있다. 키르케고르에게 필요한 것—그리고 너무나 많은 이들이 찾고 있는 것—은 순전히 관념의 영역에만 머무는 추상적 기독교가 아니다. 그것은 바로 그리스도라는 구체적인 인격과의 만남이다. 우리가 만나야 할 그분은 주권자이시자 사랑의 주님이시며, 그분은 자신의 죽음과 부활로 인해 단지 우리가 동의해야 할 진리만이 아니라 그 진리에 상응하는 길, 즉 참된 생명인 삶을 허락하셨다. 그분께서 먼저 우리를 위해 사시고 죽으셨기에 우리 또한 그분을 위해 살 수 있고 죽을 수 있다.

분명히 말하건대 이것은 배타적인 주장이다. 예수님은 길이요 진리요 생명이시다. 그 이유는 그분이 자신의 죽음과 부활을 통해 온 우주를 완전히 다른 종류의 세계로 만드신 바로 그분(the One)이기 때문이다. 이제 당신과 나 그리고 세상 모든 사람은 한 남자가 죽었다가 다시 살아나고 승천하셔서 만물의 주가 되신 현실 속에서 살아가고 있다.

마지막으로, "충신과 진실"이라 불리는 바로 그분 그리스도를 생각해 보라(계 19:11). 예수님은 모든 의미에서 진리이시며, 여기에는 이런 의미도 포함된다. 즉 그분은 신뢰할 수 있고 신실하신 분이다. 그분은 당신과 나를 위해 자신의 말씀을 지키신다. 나사렛에서 무슨 선한 것이 날 수 있겠느냐며 회의적인 태도를 보였던 나다나엘을 만나신 예수님은 "와서 보라"라며 그를 초대하셨다. 말만 듣는 것이 아니라, 삶과 일치하는 말씀의 일관성, 선함, 아름다움, 진실함을 그분의 삶에서 직접 보라는 것이다. 와서 그분 안에서 이 사실을 발견하라. 그분의 이야기는 당신을 현혹하려는 감언이설이나 물건을 팔아먹으려는 수작이 아니다. 오히려 그분은 우리를 대신하여 팔려 가셨고(마 26:15), 많은 사람의 대속물로 자기 목숨을 내어 주셨다(막 10:45). 그분의 입은 결코 거짓이 없으시다(벧전 2:22).

이 모든 논의에서 나는 예수님을 진리, 온전한 진리, 진리 그 자체, 가장 참된 진리로 제시한다는 것이 무엇을 의미하는지 그 표면만을 겨우 건드렸다. 그러나 이 논의가 우리 시대 기독교 변증에서 작동할 필요가 있는, 진리에 대한 총체적 비전 감각을 우리에게 준다고 생각한다.

## 진리와 대면하다

예수님을 완전한 진리, 즉 길이요 생명이신 진리, 온 우주의 중심에 계신 구체적이고 인격적인 실재로 제시하는 것은 사람들의 믿음이나 회심을 보장하는 속임수나 기술이나 확실한 비법이 아니다. 오히려 사람들이 신뢰하도록 요구받고 있는 대상의 충만함, 즉 막연한 관념이 아니라 살아 계신 주님이신 예수님과 직면하도록 보장하는 길이다.

얼마 전, 친구와 대화를 나누었다. 한때 그리스도인이었던 그 친구는 영적 전환기 한가운데에 있었고 예전에 고백했던 것들의 선함과 진실함을 두고 씨름하는 중이었다. 그는 기독교의 모든 것을 일종의 은유 혹은 잘 사는 데 유용한 기능적 행동 지침을 담은 일련의 이야기나 교리들로 환원하는 습관에 빠져 있었다. 우리는 부활에 대해 이야기를 나누게 되었는데 그는 육체의 선함을 긍정하게 하는 유익한 교리로 부활을 탈신화화하려 했다. 부상과 통증에서 벗어나도록 돕는 물리적 재활을 평생의 업으로 삼은 트레이너이자 치료사인 그에게, 몸의 가치를 긍정하는 것은 특히나 중요하고 두드러진 지점이었기 때문이다.

이 대목에서 나는 그에게 호소했다. "좋아, 네가 예수님의 부활이 갖는 긍정적인 결론을 이해한다니 기뻐. 몸의 선함을 긍정하고 싶어 한다는 점도 좋아. 하지만 만약 하나님이 실제로 그리스도의 구체적인 몸을 확증하시고 부활시키셔서, 너에게도 동일한 소망을 보장해 주신다면 네 논리가 훨씬 강력해진다는 사실을 알 수 있지 않니?" 담대해진 나는 더 밀어붙였다. "네가 확언하기 주저하는 진짜 이유는 부활하신 예수님이 네 삶의 주님이 되신다는 사실이 갖는 의미 때문 아닐까?"

그는 성숙하게 반응했고 진지하게 경청했다. 하지만 대화를 짧게 끝낼 수밖에 없었다. 대화를 마무리하며 그는 아레오바고의 철학자들처럼(행 17장) 문제에 대해 더 생각해 보고 싶다고 말했다.

모든 사람에게 있어 진리 추구는 결국 빌라도의 길 아니면 도마의 길로 이어진다. 빌라도의 길은 "진리가 무엇이냐?"라고 묻지만 자기에게 유리한 답변만을 받아들이는 길이다. 도마의 길은 의심의 굴곡을 통과할지도 모르나 결국 부활하신 그리스도의 발아래 엎드린다. "나의 주님이시요 나의 하나님이시니이다"(요 20:28). 예수는 그 외의 다른 고백은 받지 않으신다. "내가 이를 위하여 태어났으며 이를 위하여 세상에 왔나니 곧 진리에 대하여 증언하려 함이로라 무릇 진리에 속한 자는 내 음성을 듣느니라"(요 18:37).

4부

선교적 만남이 일어나는 현장

---

# 복음의 참됨을 그리스도인의
# 말과 삶으로 보여 주다

## 11.
# 교회: 복음을 삶으로 보여 주는
# 매력적인 공동체

◦밥 튠

어떻게 해야 복음이 신뢰할 만하다고 여겨질 수 있을까? 어떻게 해야 인간사의 최종 결론을 내는 힘이 십자가에 달린 한 사람에 의해 나타났다고 믿게 할 수 있을까? 내가 제안하는 유일한 해답, 즉 복음의 유일한 해석학은 그 복음을 믿고 복음대로 살아가는 남성과 여성으로 이루어진 회중이다. … 복음 전도 캠페인, 성경과 기독교 문서 보급, 컨퍼런스, 심지어 이 책과 같은 도서들조차 … 모두 부차적일 뿐이다. 이러한 수단들이 그 목적을 달성할 힘을 얻는 것은 오직 그것들이 믿음의 공동체에 뿌리를 내리고 그 공동체로 사람들을 인도할 때뿐이다.

예수님은 책을 쓰신 것이 아니라 공동체를 형성하셨다. … 공동체가 소명에 충실할수록, 그 공동체는 남자와 여자, 어린아이 모두가 복음이 그들에게 이해의 틀, 즉 세상을 이해할 수 있고 세상에 대처하게 하는 '렌즈'를 준다는 것을 발견하는 장소가 된다.[1]

– 레슬리 뉴비긴

우리는 흔히 교회가 하는 어떤 일이 변증이라고 생각하곤 한다. 우리는 기독교 신앙을 방어하고, 진리를 선포하며, 자녀들에게 교리를 가르치고, 복음이라는 더 나은 이야기를 들려준다. 그러나 레슬리 뉴비긴은 변증이 교회의 활동일 뿐 아니라 교회의 '존재 자체'임을 일깨운다. 우리의 존재 자체가 하나의 이야기를 들려주는 것이다. 복음을 믿는 남녀 회중은 사람들이 예수님의 메시지와 사명을 이해할 수 있도록 돕는 해석학, 즉 해석의 렌즈를 제공한다.

뉴비긴의 글을 처음 읽었을 때 나는 직관적으로 참되다는 느낌을 받았다. 하지만 동시에 내 경험과는 사뭇 이질적인 것으로 다가왔다.

내가 미국 기독교 안에서 성장하던 시절에는 내용이 가장 중요했다. 예수님의 메시지를 전달하는 것이 중요했다. 복음은 (종종 전도나 예화의 도움으로) 공유되어야 할 좋은 소식이었다. 기대되는 반응은 복음을 듣는 이가 예수님을 구주와 주님으로 믿고 신뢰하는 것이었다. 전도는 개인에 의해, 다른 개인을 향해 이루어졌다. 그 과정에서 교회는 대체로 부차적인 존재였다.

이런 접근 방식의 허점은 대학 졸업 후 캠퍼스 사역을 하며 분명히 드러나기 시작했다. 나는 텍사스주의 대표적인 공립 대학에서 4년 동안 남학생 사교 동아리 회원들에게 복음을 전하고 제자 훈련을 했다. 동료들과 나는 캠퍼스 전역의 사교 동아리 건물에서 성경 공부를 시작했고, 여학생 동아리에서 매주 대규모 모임을 열었다. 우리는 학생들이 복음의 메시지에 반응하고 그리스도를 믿는다고 고백하는 것을 주기적으로 목격했다. 하지만 이 어린 신자들을 지역 교회의 예배 생활에 참여시키지는 못했다.

놀랄 일도 아니지만 그들의 새 신앙은 성숙한 제자도로 발전하는 경우가 거의 없었다. 하나님의 은혜로 오늘날까지 그리스도를 따르는 이들도 몇몇 있다. 하지만 그 경우는 거의 예외 없이 스스로 교회를 찾아갔기 때문이다.[2] 나의 사역 경험은 교회는 "복음의 유일한 해석학"이라는 뉴비긴의 주장이 옳음을 증명해 주었다. 사람들은 복음을 들어야 할 뿐만 아니라 그것을 믿고 그에 걸맞게 살아가는 사람들의 공동체를 볼 필요가 있다.

이것이 바로 이 장의 핵심 주제다. 우리는 교회 자체가 어떻게 이야기를 들려주는지 이해해 보고자 한다.

나는 교회가 단지 말로만이 아니라 함께하는 삶을 통해 복음의 이야기를 들려주기를 원한다. 여러분 또한 여러분의 교회를 향해 같은 마음이기를 바란다. 우리가 "인간사의 최종 결론을 내는 힘이 십자가에 달린 한 사람에 의해 나타났다"라는 진리를 받아들일 때 세상을 보는 방식이 바뀐다. 삶, 죽음, 의미, 관계, 일, 쉼, 성(性), 돈, 정치, 경제, 교육, 사회 개혁이라는 이 모든 영역(그리고 그 외 수천 가지 영역)이 예수의 삶과 죽음 그리고 부활의 빛 아래서 새롭게 해석된다.

이러한 일은 교회 안에서, 교회를 통해서 일어난다. 먼저 이 일이 어떻게 일어나는지 살펴본 후, 어떻게 하면 더 신실하고 전략적으로 이 일이 일어나게 할 수 있을지 고민해 보자.

# 복음을 보는 방식
## : 문화로서의 교회

가장 먼저 이해해야 할 사실은, 모든 교회가 명시적으로든 암묵적으로든 사람들에게 '렌즈' 한 쌍을 주고 있다는 점이다. 즉 교회는 사람들에게 이렇게 보라는 관점을 가르치고 있다.

교회가 설교를 통해 이 일을 한다는 것은 자명하다. 어쨌든 예수께서는 보지 못하는 눈을 뜨게 한다고 말씀하셨다. "내가 … 이 세상에 왔으니 보지 못하는 자들은 보게 하고"(요 9:39). 오래전 이사야는 예언하기를, "그날에 못 듣는 사람이 책의 말을 들을 것이며 어둡고 캄캄한 데에서 맹인의 눈이 볼 것이며"(사 29:18)라고 했다. 복음의 사역은 사람들을 어둠에서 빛으로, 보지 못함에서 봄으로 인도한다.

덜 분명해 보이지만 똑같이 중요한 사실은 교회가 교회 문화를 통해서도 제자를 만든다는 것이다. "배우는 것보다 경험으로 터득하는 것이 더 많다"라는 옛 격언이 있다. 당신은 교회 문을 열고 들어서는 순간 그 교회의 문화를 감지하기 시작한다. 사람들과 대화하거나 예배에 참여하면 더욱 강하게 느껴진다. 이곳에서 무엇을 중요하게 여기는지, 무엇이 가치 있는지, 무엇이 정상인지에 관해 암묵적이고 무형적인 감각을 습득하게 되는 것이다.

저명한 사회학자 제임스 데이비슨 헌터는 "개인의 마음과 감정, 의지와는 독립된 생명을 지닌 … 타인과 더 넓은 세상과 우리 자신을 파악하게 하는 규범적 질서"로 문화를 정의한다.[3] 레슬리 뉴비긴은 문화를 "집단적 차원에서의 인간 행동"으로 설명하며,[4] 앤디 크라우치는 "의미를 만들어 내는 활동"으로 요약한다.[5]

이 모든 정의의 공통점에는 인간이 함께 무언가를 만들어 낸다는 생각이 놓여 있다. 우리는 단어와 문장, 언어를 형성한다. 음식과 음악, 예술을 만든다. 울타리와 도로, 도시를 건설한다. 정원과 공원, 농장을 일군다. "우리는 문화를 만들지 않는다"라고 크라우치는 쓴다. "우리는 오믈렛을 만든다. 이야기를 들려준다. 병원을 짓는다. 법을 통과시킨다. 경작하고 창조해 낸 이러한 구체적인 산물들 ⋯ 우리가 '물건' 혹은 '재화'라 부를 수 있는 이런 것들이 시간이 흐르면서 결국 미래 세대를 위한 세상의 틀의 일부가 된다."[6]

교회 또한 미래 세대를 위한 세상의 일부가 될 물건과 재화를 만들어 낸다. 우리는 신조와 요리문답, 신앙고백서를 만든다. 찬송과 노래를 짓고 세례를 주고 결혼식을 올리며 장례를 치르는 과정에서 예식과 의례를 창조한다. 건물을 짓고 설교하며 선교사를 파송한다. 이 과정에서 우리로부터 비롯되었지만 또한 우리 외부에도 존재하는, 공유된 우주이며 하나의 세계이자 의미 생성의 모태인 문화를 창조하는 것이다.

당신의 교회에도 문화가 있다. 우리 교회도 마찬가지다. 교회의 문화는 하나님에 대해, 우리 자신에 대해, 복음에 대해 무언가를 말하고 있다.

이상적인 세상이라면 모든 지역 교회의 문화는 하나님의 영광과 예수님의 주권, 성령의 임재와 능력을 반영할 것이다. 하지만 신약성경에 등장하는 교회들을 잠시만 살펴보아도 우리가 이상적인 세상에 있지 않다는 사실을 금세 깨달을 수 있다. 고린도교회는 성찬식에서 술에 취했고, 지체들 사이의 명백한 성적 범죄를 묵인하고 있었다(고전 5:1-2; 11:20-21). 에베소교회는 거짓 교리와 신화, 변론에 빠지는 경향이 있었다(딤전 1:3-7). 버가모교회는 비성경적인 가르침이 넘쳐났다(계 2:14-17).

이 교회들도 우리만큼이나 복음을 사랑했다. 우리와 마찬가지로 예수님의 죽음과 부활로 인해 죄에서 구원받은 사람들로 가득했다. 그런데도 다양한 세속성과 무질서로 특징지어졌다. 도대체 왜일까?

단순한 대답은 물론 "죄"다. 더 완전한 대답은 모든 개인과 모든 지역 교회가 문화에 순응했기 때문이다.[7] 모든 그리스도인은 특정 언어를 말하고, 특정 도시에 살며, 특정 국가의 시민이고, 음식과 예술과 음악에 특정한 취향을 가지고 있다. 언어, 장소, 민족, 관습 같은 문화적 측면은 인간 삶의 더 선한 "하나님의 형상"적 실재를 반영한다. 하지만 모든 문화에는 거짓 신들 또한 존재한다. 고대 이스라엘 백성이 당시 그들에게 영향을 주던 나라를 따라 바알이나 아세라, 몰렉이나 마르둑 숭배로 기울었듯, 현대 그리스도인도 우리 문화에서 가장 흔한 거짓말과 정욕에 빠지기 쉽다. 우리는 하나님 나라의 시민이지만 동시에 이 세상의 거주자이기에 세상의 영향력이 우리를 형성해 온 것이다.

이것이 바로 복음의 최우선 순위가 언제나 회개와 믿음인 이유다. 마르틴 루터의 95개조 반박문 제1조는 이렇게 시작한다. "우리 주이며 스승이신 예수 그리스도께서 '회개하라'고 말씀하셨을 때,

신자의 전 생애가 회개가 되어야 함을 의도하신 것이다."[8] 교회는 오직 회개와 믿음을 실천하며 끊임없이 우상에서 돌이켜 살아 계시고 참되신 하나님을 섬길 때에만 복음의 아름다움을 반영할 수 있다(살전 1:9). 각 교회는 주변 문화에서 흡수한 세속적 습관과 가치관을 벗어 버리고 하나님 나라의 실천과 양식에 따라 새롭게 되어야 한다.

바로 이것이 문화 변증 작업이 그토록 중요한 이유다.

<br>

## 보는 방식의 변화
## : 문화 변증과 교회 갱신

1879년 7월 8일, 조지 드 롱(George De Long, 1844-1881)과 탐험대원 32명은 북극점까지 가기 위해 샌프란시스코에서 출항했다. 당시의 과학적 합의에 따르면, "북극의 날씨는 그리 춥지 않으며 적어도 여름은 그러하다. 생각과 달리 지구 꼭대기는 얕고 따뜻하며 얼음이 없는 바다로 덮여 있어 카리브해나 지중해를 항해하듯 부드럽게 나아갈 수 있다"라고 여겼다.[9] 미 해군 수석 해양학자도 이 견해에 동의했고, 세계에서 가장 저명한 지도 제작자도 마찬가지였다. 그러나 드 롱의 탐험대가 비극적으로 증명했듯, 당시의 과학적 합의는 완전히 잘못된 것이었다. 대원들은 북극에 갇혀 거의 2년을 보냈다. 배는 옴짝달싹 못하게 되었고 결국은 빙하 사이에 끼어 부서졌다. 작은 구명보트에 의지해 시베리아로 가려던 최후의 시도는 결국 전체 33명 중 20명의 죽음으로 끝났다.

온화한 북극을 상상한다는 것이 우스꽝스럽게 보일지 모른다. 하지만 역사의 모든 순간에는 그 시대 특유의 맹점이 있다. 우리가 공유하는 문화적 전제들은 토론의 여지가 있는 문제로 인식조차 되지 않는다. 그것들은 그저 "원래 그런 것"일 뿐이다.

영적인 맹점은 구약 선지자들의 주요 관심사였다. 엘리야는 바알 선지자들이 공들이는 의식을 비웃으며 말했다. "큰 소리로 부르라 그는 신인즉 묵상하고 있는지 혹은 그가 잠깐 나갔는지 혹은 그가 길을 행하는지 혹은 그가 잠이 들어서 깨워야 할 것인지 하매"(왕상 18:27). 이사야는 바벨론 우상 숭배자들의 어리석음을 꾸짖었다. "그중의 절반은 불에 사르고 그 절반으로는 고기를 구워 먹고 배불리며 … 그 남은 것으로 신상 곧 자기의 우상을 만들고 그 앞에 엎드려 경배하며…"(사 44:16-17).

하지만 맹점의 특징은 문화적으로 강화된다는 점에 있다. 바알 선지자들이나 바벨론 이방인들의 우상 숭배가 그들에게 어리석게 느껴지지 않았던 이유는 그것이 문화적으로 정상이었기 때문이다. 그 시대를 지배하던 개연성 구조 안에서는 말이 되는 일이었다. 오직 하나님이 주신 "외부로부터의 말씀"만이 새로운 눈으로 보도록 도울 수 있었다.

문화 변증은 교회 생활에서 이와 유사한 역할을 한다. 문화 변증은 문화적 서사의 가면을 벗겨 내어, 우리가 처한 역사적 순간의 어리석은 전제와 거짓 패러다임을 보도록 돕는다. 그럴 때 우리는 우리 문화의 우상 숭배를 거부하고, 새롭게 회개하고 믿음으로 하나님께 돌아가며, 예수님 안에 나타난 하나님의 은혜라는 만족스러운 복음 안에서 다시 안식할 수 있다.

이 작업은 교회 갱신과 개혁에 필수적이다. 예수 그리스도께 속한 우리가 보지 못하고 있다는 사실이 폭로되어야 한다. 우리의 우상은 파괴되어야 한다. 우리를 둘러싼 세상 문화로부터 벗어나야 한다. "인간사의 최종 결론을 내는 힘이 십자가에 달린 한 사람에 의해 나타났다"라는 사실을 다시 상기해야 한다.

이러한 갱신 작업이 교회 안에서 일어날 때, 그것은 또한 교회를 통해서도 일어나기 시작한다.

### 다른 이들이 새롭게 보도록 돕기

내 이웃 에반(가명)은 외향적인 40대로, 성공한 사람이다. 세련되고 매력적이며 친근감이 있어서 대화하기에 편하다. 그는 언제나 기꺼이 손을 내어 주고, 이야기를 들어 주며, 공구도 빌려준다. 그의 아이들은 이 동네에서 가장 예의 바르고 책임감 있는 중학생들이다. 에반과 그의 아내는 내가 목사라는 것을 안다. 우리는 그들을 저녁 식사에 초대하기도 하고, 가능한 한 많은 대화를 하고, 집 앞에서 만나 교제하려고 최선을 다하고 있다.

하지만 에반은 삶의 더 중요한 질문에 특별히 궁금증을 갖는 것 같지 않다. 그는 하나님만이 채울 수 있는 마음속 빈 공간을 전혀 발견하지 못한 상태다. 신앙에 대해 마음이 굳어 있거나 닫혀 있는 것은 아니다. 그저 지속적인 영적 갈망이 전혀 없어 보일 뿐이다.

지난 부활절에 교회에 오라고 문자 메시지를 보냈지만 에반은 끝내 답장하지 않았다.

나는 에반에 대해 많은 생각을 한다. 설교할 때면 이 메시지가 그에게는 어떻게 들릴까 생각한다. 기도할 때면 어떻게 해야 더 신실하게 그를 사랑하고 그에게 복음을 전할 수 있을까 고민한다. 교회를 이끌 때면 어떻게 해야 그가 교회와 교회가 선포하는 복음을 흥미롭고, 매력적이며, 신뢰할 만한 것으로 경험하도록 도울 수 있을까 생각한다.

내가 진정 원하는 것은 에반이 세상을 다르게 보는 것이다. 나는 그가 "인간사의 최종 결론을 내는 힘이 십자가에 달린 한 사람에 의해 나타났다"라는 사실을 깨닫고 그 사실에 의해 변화되기를 원한다.

물론 에반의 눈을 뜨게 하시는 분은 하나님이시다. 하지만 웨스트민스터 신앙고백서는 "하나님께서는 일반적인 섭리 안에서 수단을 사용하신다"라고 우리에게 상기시킨다.[10] 그 한 가지 수단이 바로 교회다. 우리 교회와 여러분의 교회가 이웃에게 세상을 바라볼 수 있는 새로운 '렌즈'를 제공하기를 바란다.

우리는 그렇게 할 수 있다. 교회가 대항문화 공동체로서 부르심을 진지하게 받아들일 때, 우리는 의식하지 않아도 문화 변증 사역을 시작하게 된다. 이웃을 사랑하고 그들이 그리스도를 알기 원하는 마음에 우리는 "우리가 하는 일을 어떻게 수행할 것인가"를 더 의도적으로 생각하기 시작한다. 그 과정에서 우리가 하는 일들은 그 깊이와 풍성함을 잃지 않으면서도, 거부할 수 없는 매력을 가진 복음의 변혁적 능력을 반영하기 시작한다. 그 일은 다음 다섯 가지 방식으로 일어난다.

## 의심을 다루는 설교

바울은 아테네에서 "그런즉 너희가 알지 못하고 위하는 그것을 내가 너희에게 알게 하리라"라고 선언했다(행 17:23). 그는 청중의 세계관 속에 있는 틈새와 특이점을 겨냥하여, 그들의 모순을 정중하게 그러나 똑바로 대면했다. 오늘날과 같은 현대 사회에서 효과적인 설교도 동일한 패턴을 따른다. 포스트모던 인식론과 회의주의의 영향으로 우리는 모두 의심하는 사람이 되었다. 전도적 감각을 갖춘 지혜로운 설교는 현대적 사고방식의 결함과 빈틈을 드러내며, 문화적 서사의 취약함을 복음의 강인함 및 아름다움과 대조시킨다.

편집자들은 흔히 취재 기자들에게 "말하지 말고 보여 주라"라고 요청한다. 설득력 있는 설교도 마찬가지다. 단순히 성경이 무엇을 말하는지 알려 주는 데 그치지 말고, 복음이 우리 주변의 다른 문화적 서사보다 실존적으로 더 만족스럽고, 지적으로 더 설득력 있으며, 상황적으로 더 적절하게 적용될 수 있다는 사실을 보여 주어야 한다. 이런 유형의 설교는 "두 세계 사이"[11]에 서서 성경으로 현대의 세계관에 맞서는 동시에 성경이 현대의 관심사들과 대화하게 만든다.

교회의 설교는 그 자체로 하나의 변증이다.

## 외부인을 환대하는 교회

인간은 사회적 신호에 대단히 민감하다. 우리는 누가 내부인이고 누가 외부인인지 빠르게 식별하며 그에 따라 반응한다.

신학적 정통성을 중요하게 여기는 교회들은 의도치 않게 내부자와 외부자를 강하게 구분한다. 믿는 사람들을 한 범주에 넣고, 믿지 않는 사람들을 다른 범주로 밀어 넣어 버리는 것이다. 그러나 복음은 차이점을 제거하거나 축소하지 않으면서도 우리가 공유하는 공통된 인간성을 강조할 수 있도록 우리를 자유롭게 한다. 에반과 나는 공통점이 많다. 우리는 남편이자 아버지이며 시민이다. 우리는 일하고 놀고 먹고 잔다. 세금을 내고 투표를 하며 좋아하는 팀을 응원한다. 우리는 소망과 꿈, 두려움과 불확실성을 가지고 있다. 우리는 누군가 혹은 무언가를 사랑하고 신뢰하며 숭배한다.

복음을 사랑하는 교회는 이처럼 공유된 인간적 실재를 부각한다. 우리가 공통의 인간성을 공유하고 있다는 사실을 강조함으로써 외부인에게 진심 어린 환대를 제공한다. 이를 통해 교회는 하나님의 형상을 담지하고 있는 동료 인간에게 겸손과 너그러움을 보여 주는 동시에, 복음을 전할 때 담대하고 솔직해질 수 있다.

교회의 환대는 그 자체로 하나의 변증이다.

## 복음의 흐름을 보여 주는 예배

수년 전, 한 지혜로운 저자가 내 예배관을 바꿔 놓은 도발적인 질문을 던졌다. "목사님 교회의 예배는 참석하는 이들의 기대감을 어떻게 형성하고 있습니까?" 당시 내 대답은 이랬다. "빠른 노래 세곡, 느린 노래 두 곡, 그러고 나서 설교와 축도를 기대하도록 가르치고 있습니다." 당시 내가 섬기던 교회는 역사와의 연결고리가 거의 없고 교리 교육에도 실질적 관심이 없는 전형적인 복음주의 대형 교회였다. 성도들의 영적 성장을 위해 강력한 정서적 예배 경험과 시의적절하고 흥미로운 설교에 의존하는 교회였다.

내 아이들과 이웃을 생각하게 되면서 기독교 예배에 대한 나의 확신도 변했다. 이제 우리 교회의 예배는 찬양, 공동 죄 고백, 신앙고백, 주기도문, 매주 성찬식을 포함하는 역사적 기독교 예전의 '복음의 흐름'을 따른다. 예배 순서는 무언가를 전달한다. 창조에서 새 창조에 이르는 성경의 이야기 흐름을 따라 성도들을 이동시킨다. 이는 암묵적이고 정서적인 영역에서 작동하며, 사람들을 예배의 패턴으로 끌어들여 죄, 은혜, 감사라는 점을 연결하도록 돕는다.

교회의 예배는 그 자체로 하나의 변증이다.


**회개와 믿음 안에서 즐거워하는 공동체**

몇 년 전, 나는 모교의 지역 동문회 모임에 초대받았다. 우리는 우리 미식축구 팀이 출전하는 중요한 경기를 관람하기 위해 스포츠 바에 모였다. 그 작은 공동체가 지향하는 중심, 즉 우리가 즐거워하기 위해 모인 이유가 우리 미식축구 팀이라는 사실은 금세 분명해졌다.

모든 공동체는 무언가를 두고 즐거워한다. 복음 지향적인 교회는 회개와 믿음을 즐거워한다. 우리는 자신의 죄를 고백하고, 우리의 결핍을 인정하며, 우리의 연약함에 대해 정직해지는 것을 즐거

위한다. 예수 그리스도의 은혜와 성경에 나타난 하나님 약속의 영광을 즐거워한다. 이러한 것들을 즐거워함으로써 우리는 기이할 정도로 세상 문화에 대항하는 존재가 된다.

최근 내게 이렇게 말한 사람이 있다. "자라면서 아버지가 사과하시는 걸 본 적이 없어요. 아버지는 어떤 일에 대해서도 본인이 틀렸다는 걸 인정하지 않으셨어요. 그런데 제가 처음 만나 본 그리스도인들은 서로 죄를 고백하고 용서를 구했습니다. 그 모습이 제게는 엄청난 충격이었어요. 그런 겸손은 한 번도 본 적이 없거든요."

교회 공동체는 그 자체로 하나의 변증이다.

## 회복 탄력성 있는 소망을 품은 분위기

고난은 모든 인간에게 보장된 유일한 경험이다. "세상에서는 너희가 환난을 당하나"(요 16:33). 복음은 그리스도인들에게 고난 중에도 굴하지 않는 강인한 회복 탄력성을 부여한다. 바울과 실라는 감옥에 갇혔을 때 찬송을 불렀다(행 16:25). 스데반은 순교당하는 순간에 자신에게 돌을 던지는 자들을 용서했다(행 7:60). 초대 그리스도인들에게 편지를 쓴 베드로는 "그리스도의 고난에 참여하는 것으로 즐거워하라"라고 권면했다(벧전 4:13). 그리스도인들은 "소망 없는 다른 이와 같이 슬퍼하지" 않는다(살전 4:13). 우리의 슬픔은 소망을 품은 슬픔이다.

복음을 사랑하는 교회는 사람들로 가득하기에 죽음과 치매, 이혼과 다운증후군 또한 그 안에 가득할 것이다. 아담의 모든 아들과 하와의 모든 딸에게 그러하듯 이러한 일들은 우리에게도 찾아온다. 하지만 우리는 죽은 자의 부활과 장차 올 세상의 생명을 고대하며, 커다란 소망을 품고 기꺼이 이러한 일을 마주한다. 그러한 모습은 내재적 틀에 사로잡혀 있는 문화에 많은 점을 시사한다.

교회의 소망은 그 자체로 하나의 변증이다.

## 우리의 소명 받아들이기

역사를 통틀어 기독교 신학자들은 교회와 문화의 관계를 성찰해 왔다. 어떤 저자들은 문화에 대항해야 하는 교회의 책임을 강조한다. 어떤 이들은 문화 속에서 누룩과 같이 영향을 미치는 존재로 교회를 본다. 어떤 이들은 대항문화로서 교회의 역할을 강조한다.

교회가 복음을 믿고 그 복음대로 살아가는 사람들의 공동체임을 깨달을 때 우리는 이 세 관점이 모두 진실임을 알게 된다. 교회는 세상에 대항하기 위해 존재한다. "세상이 너희를 미워하면 너희보다 먼저 나를 미워한 줄을 알라"(요 15:18). 교회는 사회 내에서 변혁적 영향력을 미치기 위해 존재한다. "너희는 세상의 소금이라 … 너희는 세상의 빛이라"(마 5:13-14). 교회는 세상 나라들과 대조되는 공동체, 즉 대안적인 나라로 존재한다. "이는 너희가 흠이 없고 순전하여 어그러지고 거스르는 세대 가운데 하나님의 흠 없는 자녀로 세상에서 그들 가운데 빛들로 나타내며"(빌 2:15).

"인간사에서 최종 결론을 내는 힘이 십자가에 달린 한 사람에 의해 나타났기 때문에 … 복음의 유일한 해석학은 복음을 믿고 그 복음대로 살아가는 남성과 여성으로 이루어진 회중이다."[12] 교회는 단순히 변증을 수행하는 곳이 아니다. 교회 자체가 하나의 변증이다. 우리에게 주어진 이 소명을 받아들이고 하나님의 영광을 위해 이를 성취하기를 소망한다.

12.

# 앞마당: 불신자가 편안하게
# 복음을 탐색하는 공간

˚ 제임스 P. 에글린턴

    탈기독교 시대를 살아가는 서구인들이 처음 교회에 간다면 어떤 경험을 할까? 그들은 그곳에서 보고 듣는 것을 어떻게 이해할까?

    2023년 '가스펠 인 라이프'(Gospel in Life) 2부작에서,[1] 팀 켈러와 나는 오늘날 서구 문화가 사람들—특히 '종교 없음'이라고 자신을 규정하는 사람들(religious "nones")—에게 기독교와 매우 상충되는 일련의 직관들을 형성하고 있다는 점을 논증했다. 현재와 같은 탈기독교 단계에서도 서구 문화는 여전히 기독교화라는 길고도 깊은 과정의 산물로 남아 있다. 우리는 서구 문화권에서 자란 이들이 수많은 사안에 대해 자신도 모르게 기독교적 전제를 흡수하고 있으며, 동시에 (종종 노골적으로) 반기독교적인 다른 전제도 함께 보유하고 있다고 주장했다. 그런 세상에서 태어난 사람들에게 첫 교회 경험은 놀라울 정도로 직관적인 부분과 충격적일 만큼 불쾌한 부분이 뒤섞인 당혹스러운 경험이 될 수 있다.

인생을 인도하는 직관을 형성하는 교리 교육 학교 역할을 문화가 한다는 점(그리고 현재 서구 문화가 이상적인 방식과는 거리가 먼 방식으로 이 역할을 수행하고 있다는 점)을 인식하며, 팀 켈러와 나는 교회를 향해 간곡히 요청했다. 첫째, 교회는 현대 서구 문화에 의해 형성된 이들의 내면에 기독교에 대한 엇갈린 메시지들이 뿌리 깊게 박혀 있음을 깨달아야 한다. 둘째, 이에 대응하여 교회는 비그리스도인들이 주류 문화에서 경험하는 것보다 더 총체적이고 두텁게 기독교를 경험할 수 있는 장소를 만들어야 한다. 그 경험은 직관과 상상력의 차원에서 이루어져야 하며, 복음의 영향을 받은 관계들(그리스도인들 사이와 그리스도인과 비그리스도인 이웃 사이의 관계)을 통해 체험되어야 한다. 기독교에 대한 '암묵적인 경험'에서 시작하여, 기독교가 구체적으로 삶을 어떻게, 왜 형성하는지 '명시적인 논의'로 발전시킬 여지도 갖추어야 한다.

우리의 논지는 이러한 작은 문화들이 교회의 공적인 예배 모임 밖에도 존재해야 한다는 것이었다. 팀 켈러는 이를 교회와 길거리 사이의 중간 지점인 '포치'(porch, 건물 입구에 있는 지붕을 갖춘 공간으로 이웃과의 자연스러운 만남이 가능하다. ― 옮긴이)라고 적절하게 묘사했다. 본

장은 왜 교회에 이러한 포치가 필요한지를 밝힘으로써 앞선 기사들을 보충하고자 한다. 이를 위해 우선 아브라함 카이퍼의 공헌을 조명할 것이다(그의 저작들은 탈기독교 시대의 서구인들에게 특별한 첫 교회 경험을 안겨 주려 할 때 포치가 점점 중요한 역할을 하리라는 우리의 견해에 영감을 주었다). 그리고 포치를 만들 사람들을 위한 일련의 실제적 제안들로 마무리할 것이다.

우리가 처한 문화적 상황이 일부 서구 그리스도인들에게는 생소하게 느껴질 수도 있다. 하지만 100여 년 전의 카이퍼를 통해 확인하겠지만, 탈기독교 시대에 대한 대응은 비단 우리 세대만의 고민이 아니었다.


## 자신은 종교가 없다고 말하는 사람들


물론 서구는 거대하고 다양한 곳이다. 서유럽, 북미, 호주와 뉴질랜드의 많은 이들이 (종종 전 세계에 걸친) 종교적 공동체와 그 하위문화에 거주하고 있다는 사실은 굳이 말할 필요도 없을 것이다. 하지만 이들과 더불어, 수많은 서구인들은 자신을 '종교 없음'으로 규정한다. 오클랜드에서 에든버러까지, 애틀랜타에서 밴쿠버까지 어디에나 이런 이들이 있다. 많은 이들이 이 '종교 없음'이라는 딱지를 이용하여 이전의 종교적 소속을 거부한다는 의사를 밝힌다. 또 많은 이들이 조직화된 형태의 특정 종교와는 평생 아무 관련 없이 살았음을 이야기하려고 이 용어를 사용한다. 내가 살고 있는 스코

틀랜드에서는 성경을 한 번도 읽어 본 적 없거나 교회에 가 본 적
도 없는 무종교 성인들, 크리스마스가 누구의 탄생을 축하하는 날
인지도 모르는 학생들을 쉽게 만날 수 있다.

이런 경험이 없다고 해서, '종교 없음'으로 자신을 규정하는 서
구화된 사람들이 무조건 무신론적 유물론을 철저히 지키며 살아간
다는 의미는 아니다. 보편적인 신학적 관점에서 볼 때, 그들 또한
하나님의 형상으로 창조되었으며 그들의 내면에서는 끊임없이 하
나님의 일반 계시를 받아들이고 (또 억누르고) 있다(롬 1:18-19). 이러
한 이유로 인해 자신을 '종교 없음'이라고 규정했지만 온갖 형태의
자의적인 종교성이 그와 병행하여 나타나는 것을 보고 놀랄 필요
는 없다. 이와 더불어 서두에서 언급했듯 어떤 사람은 기독교에 대
한 직접적 지식이나 경험이 전혀 없으면서도 자신도 모르는 사이
에 기독교의 깊은 영향을 받을 수 있다.

네덜란드 선교학자 J. H. 바빙크는 겉으로는 종교가 없다고 주
장하는(심지어 반기독교적인) 수많은 거주자의 삶에 남아 있는 기독교
의 이름 없는 잔광이 불을 밝힌 곳이라고 20세기 서유럽을 묘사했
다. 그는 이렇게 썼다. "세계관은 한 세대 이상 지속된다. 어떤 세
대는 자신의 삶에 아무런 토대를 제공하지 못하는 세계관을 찬양
하면서도 눈에 띄는 손상은 입지 않은 채 살아갈 수 있다. 왜냐하
면 우리 모두의 마음은 무의식적으로 너무나 기독교적이기 때문이
다."[2] 이러한 독특한 통찰은 다음과 같은 질문을 던질 때 매우 중요
하다. 문화적 특수성의 관점에서 볼 때, 종교가 없는(즉 문화적으로 탈
기독교 시대를 사는) 서구인들이 처음 교회 예배를 참관할 때 어떤 경

험을 하게 되는가? 그 경험에 비추어 볼 때, 그리스도인들은 교회에 다니지 않는 이웃들이 그 경험을 미리 준비할 수 있도록 어떻게 도울 수 있는가? 그러한 맥락에서 교회는 그러한 사람들에게 어떻게 다가갈 수 있는가?

## 곤경에 처한 교회와 현대인

이 질문을 던진 최초의 현대 유럽 신학자 가운데 한 명이 20세기 초 네덜란드의 신칼뱅주의자 아브라함 카이퍼였다.[3] 네덜란드 사회는 카이퍼가 성장하던 시기인 19세기에 독자적인 탈교회화 과정을 겪었다. 그 세기의 산물로 새로운 인구 집단이 나타났는데 바로 어떤 종교 신앙도 고백하지 않는 사람들이다. 1910년에 카이퍼는 전년도의 인구 조사 결과를 글에 인용했는데, 당시 약 8만 명이 '종교 없음'을 선언했다.[4] 인구 550만 명이었던 국가에서는 적은 수였다. 하지만 카이퍼는 전반적인 교회 출석률 하락이라는 배경에서 이 인구 집단이 등장했다는 점을 고려할 때 수치가 앞으로 늘어나리라고 예측했다.

카이퍼의 관점에서 볼 때, 탈기독교 시대에 자신을 '종교 없음'이라고 규정하는 사람들의 등장은 역사적으로 유례가 없는 일이었으며 주목해서 볼 필요가 있었다. 그는 "만약 우리가 그들의 종교 없는 상태를 파악하고 이해하려는 더 진지한 시도를 하지 않는다면, 그들에게 효과적으로 다가가는 사역은 불가능해질 것"이라고 주장했다. "문제는 … 이러한 [종교 없는 상태]를 억제하거나 조장하는 영향력들이 예전과 비교했을 때 전혀 다른 방식으로 작동하고 있는 것이 아닐까 하는 점이다."[5] 이 질문을 탐구하면서 카이퍼는 서구 역사의 거대한 흐름을 짚어 냈다. 그 역사 속에서 수 세기 동안 기독교 국가 체제 아래 살았던 유럽인들은, 세상에서의 삶이 대체로 교회 생활의 경험과 일치하는 세상을 경험했다. (카이퍼는 이슬람 사회의 무슬림들이 일상생활을 하다가 금요 기도회에 참석할 때 겪는 경험과 마찬가지라고 썼다.)[6]

세상에서의 삶은 기독교 신학에 뿌리를 둔 성스러운 질서를 전제하고 있었다. 비록 대부분 명시적으로 드러나지는 않았을지라도, 그 질서는 하나님과 자아, 선과 악, 용서와 은혜, 성육신적 삶, 소망, 사후 세계 등에 대한 기독교적 직관 위에 일상적 실천의 기초를 두게 만들었다. 대다수 중세 유럽인이 교회에 아주 가끔 출석했을지라도, 막상 교회에 가면 기독교 예배는 그들이 살아가던 성스러운 질서와 잘 맞아떨어졌을 뿐만 아니라 평범한 일상을 더 잘 이해하게 해 주었다. 기독교와의 직접적인 만남은 주변 문화 속에서 형성된 그 사람의 일반적인 자아 형성을 확증해 주었다. 그런 의미에서 당혹스러운 경험이 아니었다. 오히려 정반대였다. 문화적으로 뿌리 깊은 저항감이 거의 없는 상태에서 만나는 것이었기에, 공명하는 정서적 힘을 지니고 있었다.

그러나 1910년에 이르러 카이퍼는 상황이 극적으로 변했음을 간파했다. 특히 당시 십 대들에게 더욱 그러했다. 자신도 모르게 들어가 있는 기독교라는 따뜻한 목욕물 같았던 유럽 전역의 문화적 기독교 국가 체제는 사라져 버렸다. 이러한 변화와 함께 그는 이제 네덜란드 문화가 장차 교회를 경험하게 될 이들을 위한 신뢰할 만한 영적 형성 환경이 될 것이라고 더 이상 가정할 수 없다고 생각했다.

하지만 카이퍼는 이러한 변화를 설명하면서, 서구 문화가 단순히 친기독교 단계에서 반기독교 단계로 이동했다는 식의 단순한 생각은 받아들이지 않았다. 인간이라는 존재, 서구 문화 전반에 깊이 얽혀 있는 기독교의 흔적은 그렇게 단순화하기에는 훨씬 복잡했기 때문이다. 그 대신 카이퍼는 유럽 문화가 기독교의 어떤 측면은 소중히 여기면서도 다른 측면은 경멸하는, 친종교적인 동시에 반종교적인 상태가 되었다고 보았다. 그는 이러한 혼란의 정점이 '기독론'에 있다고 믿었다. 세속화된 유럽인들이 구원자 예수는 받아들일 수 있지만 왕 되신 그리스도는 용납할 수 없게 되었다는 것이다.

수많은 현대 사상가는 그리스도가 구원자로서 인류에게 어떤 방식으로든 유익을 주었다고 가정했다.[7] 즉 그분을 고귀한 도덕 교사나 사랑과 희생의 모범 정도로 여긴 것이다. 그러나 예수님이 만왕의 왕이기도 하다는 관점은 크게 문제가 되었다. 자기 확신과 자기주장이 강한 현대 유럽인들에게 그 독특한 주장에는 건질 만한 가치가 별로 없었다. 이러한 정신 상태는 비록 미숙한 형태일지라도 예수님께 무언가를 받으려는 마음은 있으되 그분께 무언가를 돌려 드리려는 마음은 없는 사람들을 양산했다. 그런 사람들이 교회를 처음 경험한다면 실로 당혹스러울 것이다. 예수님이 그들에게 자신을 내어 주신다는 점은 직관적으로 다가오겠지만, 그분께서 그들에게 요구하시는 모든 것은 직관에 반하는 것이기 때문이다.

과거 기독교 국가 체제에 대해 카이퍼는 '문화'(culture)가 언제나 '예배'(cultus)와의 관계 속에서 존재해 왔다는 보편적인 역사적 그림의 일부로 묘사했다. 물론 문화와 그 예배 대상은 다소 다른 개념이다. 문화는 느슨하고 불명확하며 사람들을 수동적으로 실어 나르는 반면, 그 중심에 있는 예배는 명확하고 집중적이며 마음과 지성을 더 강력하게 요구한다.[8] 하지만 현대 서구 교회가 처한 기묘한 곤경은, 교회는 여전히 예배하는 공동체로 존재하지만 정작 교회 주위를 둘러싼 문화는 기독교에 대해 지독하게 모순된 직관을 사람들에게 심어 준다는 점이다. 이런 의미에서 (수 세기에 걸친 기독교화의 산물인) 현대 서구는 이슬람교, 불교, 유교의 영향을 받아 형성되고 그 가치를 지향하는 문화들과 비교했을 때 매우 예외적이었다. 카이퍼가 보기에 해당 종교의 추종자들에게 그러한 문화 속의 삶은 현대 서구에 비해 훨씬 갈등이 적고 훨씬 총체적이었다. 현대 서구에서는 많은 이가 예배 없는 문화 속에서 살아가기 때문이다.

이러한 문화 속에서 형성된 사람은 기독교와의 첫 만남에서 혼란을 겪는다. 여기서 우리는 '종교 없음'이라고 규정하는 현대인들의 사례로 카이퍼의 통찰을 갱신해 볼 수 있다. 처음 기독교를 접한 현대인은 하나님의 은혜와 의가 결합된 모습에 깊은 당혹감을 느낀다. 무조건적인 자기 수용을 당연시하는 문화의 산물인 서구인이라면 하나님도 사람을 무조건적으로 수용하실 것이라는 생각에 즉각적 거부감을 느끼지 않는다. 그러나 이와 동시에 하나님이 자신을 심판대 앞에 세우고, 심지어 회개와 순종을 요구하신다는 생각은 충격적일 만큼 그의 직관과 충돌할 수 있다. 이런 처지에 놓인 사람은 기독교가 좋은 소식인지 나쁜 소식인지 직관적으로 파악하는 데 큰 어려움을 겪는다. 그리스도인들은 이들이 신앙과 처음 마주할 수 있도록 어떻게 도울 수 있을까?

## 바깥뜰과 성소

이를 설명하기 위해 카이퍼는 성경적 이미지를 차용했다. 성전에는 성소와 바깥뜰이 함께 있었다. 그 바깥뜰은 사실상 하나의 형성적 문화 공간으로, 성소에 들어갈 때 요구되는 지성과 마음의 열렬함, 목적의식, 예리함은 부족한 곳이었다. 하지만 그럼에도 그곳은 성소의 특징이 묻어나는 곳이었으며, 성소로 들어갈 수 있도록 준비되는 공간이었다. 그런 의미에서 과거의 문화적 기독교 국가 체제는 교회라는 성소로 나아가는 데 독특한 바깥뜰 역할을 수행했다. 그 시대의 문화적 바깥뜰에서 사람들은 자연에 대해 스스로를 덜 주권적인 존재로 느꼈고, 질병과 불안정함에 더 큰 위협을 느꼈으며, 개인의 부(富)에 덜 취해 있었다. 이러한 결핍은 하나님을 전능하신 아버지로 부르는 경험으로 이어지기에 유리한 환경이었다. 현대에 이르러, 우리를 둘러싼 문화적 바깥뜰의 성격은 앞서 언급한 모든 지점에서 극적으로 변했다. 현대인은 스스로를 세상의 주인으로 재해석하며, 과학을 통해 세상의 신비를 풀고 질병을 해결하려 한다. 돈의 힘(한정된 물리적 상품에서 거의 무한하고 보이지 않는 힘의 원천으로 바뀐 돈)을 통해 자신의 모든 욕망을 충족시킨다. 이러한 변화들은 서구화된 일반인들이 교회에 참여하는 것을 더 어렵게 만들었다.

이런 이유로 카이퍼는 오늘날 그리스도인들 그리고 자신을 '종교 없음'이라고 규정하는 사람들이 탁한 문화적 물속에서 똑같이 헤엄치고 있다는 점에 주목했다.[9] 헌신된 그리스도인들에게 미치는 영향도 상당하다. 성소와 바깥뜰, 즉 예배와 문화에 대한 그들의 경험 또한 복잡해져서 혼란스럽다. 성소에서는 살아 계신 하나님을 대면하지만, 바깥뜰에서 하나님은 널리 선택 가능한 부수적 요소 정도로 여겨진다. 이 두 장소를 오가는 과정에는 그만한 대가가 따른다.[10]

하지만 본 장은 바깥뜰 주변만 맴돈 사람들, 즉 성인이 되어 처음으로 교회에 출석할 가능성이 있으며, 현대 서구 문화가 교회 출석 경험에 대해 현저하게 갈등하며 반응하도록 길들인 세속화된 서구인들에게 초점을 맞춘다. 카이퍼는 이 경험에 대해 많은 말을 남겼지만 선교학자보다는 문화 분석가 입장이었다. 그럼에도 그의 저작들은 선교학적 과제를 안긴다. 우리 주변 문화가 더 이상 신뢰할 만한 바깥뜰 역할을 해 주지 못할 때, 즉 문화 속에서 형성된 기본적인 직관과 상상력으로 인해 복음을 어떻게 받아들여야 할지 사람들이 혼란스러워할 때 교회는 무엇을 해야 하는가? 이것이 바로 팀 켈러와 내가 맡은 과제였다.

# 포치에서 이루어지는
# 복음 제시

설득력 있는 복음 제시라는 성경적 과업(행 18:4)의 일환으로서, 문화 변증의 목표는 복음에 대한 사람들의 반응이 언제나 문화적 상황과 지역적 특성에 따라 결정되는 것이지, 복음이 모든 시대 모든 사람에게 동일한 설득력을 갖는 것이 아님을 깨닫도록 돕는 것이다.[11] 이런 의미에서 바울은 "표적을 구하는" 유대인과 "지혜를 찾는" 헬라인의 서로 다른 출발점을 설명하며, 그 출발점이 어떻게 복음을 거부하는 각기 다른 방식으로 이어지는지를 묘사했다. 유대인에게 복음은 "거리끼는 것"이었고, 헬라인에게는 "미련한 것"이었다(고전 1:22-23).

이러한 접근법에서 변증가는 특정 비그리스도인이 복음을 거부하는 이유가 무엇이든, 만약 그가 다른 문화나 시대에 태어났다면 지금의 반대 논리가 전혀 설득력이 없음을 선명하게 보여 준다. (카이퍼는 1910년 당시 종교가 없던 십 대들에게, 만약 너희가 중세에 태어났다면 신념이 지금과 완전히 달랐을 것이라며 이 논증을 사용했다.) 문화 변증은 현대 서구인들에게 왜 그들이 복음의 어떤 부분은 직관적이고도 친숙하게 느끼면서도, 다른 측면은 받아들일 수 없고 불쾌하게 느끼는지를 설명해 준다. (글렌 스크리브너, 톰 홀랜드, 래리 시텐톱 등의 저작으로 뒷받침된)[12] 이 과업은 비그리스도인들이 교회를 처음 경험할 때를 준비시키는 고유한 역할을 하며, 그렇게 함으로써 그들이 비그리스도인인 자신에 대해 더 명확한 인식을 가지고 기독교에 접근하도록 돕는다. 어떤 의미에서 이러한 글들은 일종의 문학적 바깥뜰 역할을 한다. 하지만 그것이 아무리 중요하다 해도 이런 글들이 바깥뜰 공간의 전부가 될 수는 없다.

복음 전도 시 기독교 국가 체제의 이점에 대한 카이퍼의 핵심 논거는, 그 체제 덕분에 명목상의 문화적 그리스도인들이 교회에 직접 참여하기 전, 신앙의 열매를 공동체 안에서 구현된 형태로 경험할 수 있었다는 점이다. 문화는 수동적 소속을 만들어 주었고, 교회는 그들에게 능동적으로 믿을 것을 요청했다. 서두에서 언급했듯 팀 켈러는 이 개념을 매우 미국적인 방식으로 적용했다. 즉 교회에 '집과 길거리의 중간 지점인 포치'가 필요하다는 것이다.[13] 지나가던 사람들은 현관문을 거쳐 집에 들어가기 전에 포치에서 그 집의 삶을 어느 정도 경험할 수 있다. 집 안 사람들은 포치를 통해 거리의 필요에 귀를 기울이고, 심지어 선한 영향력을 끼칠 수도 있다. 포치에 대한 팀 켈러의 비전은 본질적으로 관계적이다. 포치는 그리스도인들 상호 간의 관계에(그리고 비그리스도인들에게) 복음이 어떤 영향을 미치는지 비그리스도인들이 지켜볼 수 있는 곳이며, 질문을 던질 수 있는 곳(기독교를 기독교 자체의 용어로 이해하기 시작하며 그들의 삶을 형성하는 문화적 서사를 간파하는 방식)이고, 기독교가 구체적인 맥락에 맞춰 제시되는 곳이다.[14]

이러한 강조점은 포치가 아닌 것을 명확히 하는 데 중요하다. 포치는 온갖 형태의 공적 전도 활동을 뭉뚱그려 부르는 용어가 아니다. 예를 들어, 공공장소에서 야외 예배를 드릴 수도 있겠지만, 예배 전체를 옮겨 놓는다고 해서 반드시 포치가 되는 것은 아니다.[15] (교회에 가 본 적 없는 이가 야외 예배에 처음 참석한다 한들 여전히 앞서 말한 것처럼 갈등을 품은 채 반응할 것이기 때문이다.) 마찬가지로, 공공장소에 부스를 차리고 주일 예배 정보가 담긴 전도지를 나눠 주는 일이 가치 있는 노력(기독교에 대한 중요한 사실을 암묵적으로 전달하는 일)일지라도, 그것을 반드시 포치라 할 수는 없다. 만약 행인이 부스에 있는 그리스도인들과 대화는 하지 않고 전도지만 받은 채 어쩌다 예배에 참석한다 해도, 그 부스는 포치와 달리 기독교를 직관적으로 이해하도록 준비시켜 주지 못한 것이다. 정의한다면, 포치는 사람들이 교회에 출석하기 전, 복음이 스며든 관계의 공동체를 경험하고 그에 대해 토론하도록 초대하는 곳이다. 이후에 교회는 그 독특한 공동체적 경험을 맥락 속에서 설명해 주게 된다.

팀 켈러는 비그리스도인 학생들을 받는 기독교 학교, 가난한 이들의 필요를 채우는 기독교 사역 단체; 비그리스도인의 참여를 기대할 수 있는 소그룹 독서 모임 등에서 이런 일이 일어날 수 있다고 말했다. 개인적으로 포치 사례를 하나 들자면, 지난해 나는 에든버러의 호텔에서 열린 기독교 작가의 공개 강연에 참석했다. 행사를 주최한 기독교 단체는 그리스도인과 비그리스도인을 가리지 않고 폭넓게 초대했고, 강연자에게 자유롭고 깊이 있는 질문을 던지도록 독려했다. 질의응답 시간에 청중석의 몇몇 비그리스도인이 강연자의 의견에 이의를 제기하며 토론을 벌였고, 강연자 또한 비그리스도인들의 질문을 환영했다.

행사가 끝난 후, 무신론자 친구와 함께 나는 강연에 대해 서로 다른 견해를 이야기하고 있던 그리스도인 그룹에서 대화를 나누었다. 내 무신론자 친구는 그리스도인들이 서로 의견이 다른 상황을 편안하게 다루면서도 여전히 친구로 지내는 모습에 깜짝 놀랐다. 친구는 이렇게 말했다. "지적인 면에서 내 주변 사람들은 좌파 성향의 세속적 진보주의자들이야. 하지만 그들은 '사상의 순결성'이 전부라서 누구도 자신의 진짜 생각을 감히 밝히지 못해. 한 번이라도 다른 말을 했다가는 퇴출당하거든. 그런데 사회적인 면에서 보자면 그리스도인들이 내 동료 같아. 여기서는 이런 대화가 가능하니까." 그것은 포치에서의 대화였고, 짧은 공동체적 경험이었다. 나는 내 친구가 포치를 지나 집 안에 들어갔을 때, 지극히 환대하시며 결코 편협하지 않으신 하나님을 예배하는 그리스도인들을 만나고도 전혀 놀라지 않기를 바란다.

이러한 포치를 만드는 방법은 규모와 복잡성 면에서 아주 다양하다. 호텔에서 하는 공개 강연은 자원과 계획이 필요하며 그리스도인과 이웃 사이의 친분 네트워크를 전제로 한다. 하지만 모든 포치가 그 정도의 조직력을 필요로 하지는 않는다. 팀 켈러가 남긴 마지막 당부는, 신약성경에 등장하는 원래의 포치가 "그저 지극히 환대하는 그리스도인의 가정, 즉 믿지 않는 이웃과 동료들을 끊임없이 초대하고, 그리스도의 신앙이 자연스럽게 모델이 되며 논의되는 장소"였다는 사실이다.[16] 그런 의미에서, 그레이 수탄토가 앞에서 쓴 글이 상기시켜 주듯, 문화 변증의 과업은 결코 전문 변증가나 목사, 신학자에게 한정되지 않는다.

그 일은, 아주 단순하게, 가정에서 시작된다.

# 13.
## 일상생활: 다양한 상황에서
## 복음으로 나아가는 대화

° 샘 찬

시카고의 겨울은 춥고 황량하다. 아내와 5년 동안 그곳에서 살았기에 잘 안다. 겨울이면 우울할 일들이 참 많다. 보도는 얼어붙고, 하늘은 잿빛이며, 도로는 위험하다. 하지만 봄이 되면 놀라운 일이 일어난다. 수천, 수만 송이의 튤립이 꽃을 피우는 것이다. 시카고의 중심가인 미시간 애비뉴는 분홍, 노랑, 빨강의 화려한 색깔 띠로 변하며, 우리의 우울함은 곧 기쁨으로 바뀐다.

이런 일이 가능한 이유는 겨울이 오기 직전에 매년 튤립 구근을 심는 전통이 시카고에 있기 때문이다. 튤립 구근이 눈 아래 묻혀 꽃을 피울 때를 기다리고 있다는 사실을 알기에 우리는 겨울을 견딜 수 있다. 구근은 반드시 꽃을 피운다!

이와 마찬가지로, 모든 문화의 스토리라인에는 '복음의 씨앗'이 묻혀 있다고 말할 수 있다. 혹은 C. S. 루이스가 표현한 것처럼, 하나님은 문화가 들려주는 이야기 속에 '좋은 꿈들'을 심어 두셨다.[1] 아무리 경건하지 않은 문화라 할지라도 그 안에 복음의 씨앗이 매복하여 꽃을 피울 때를 기다리며 묻혀 있다는 뜻이다. 이는 신자들이 이러한 '복음의 씨앗'을 식별할 기회가 도처에 널려 있음도 의미한다. 모든 대화, 모든 상황, 모든 장소에, 그곳이 아무리 신앙과 거리가 멀어 보일지라도, 비신자 친구들과 복음적인 대화를 하면서 싹을 틔우고 길러 낼 수 있는 '복음의 씨앗'은 존재하기 마련이다.

그렇다면 어떻게 이 일을 할 수 있을까? 사도행전 17장에 기록된 바울의 아테네 사역에서 배울 수 있다.

## "와! 우상이 정말 많군요"

사도행전 17장 16절에서 바울은 우상으로 가득한 아테네에 발을 들인다. 이보다 더 하나님 없는 문화적 스토리라인을 상상하기란 어렵겠지만, 바울은 그 속에 묻혀 있는 복음의 씨앗을 발견할 방법을 찾아낸다. 그리고 그는 씨앗을 잘 가꾸고 길러 내어 복음 대화를 꽃피운다.

맞다. 하지만 어떻게 가능했을까?

첫째, 바울은 아테네에 우상이 가득하다는 사실을 '관찰한다'. 우리는 그가 현지인에게 이렇게 말하는 모습을 상상해 볼 수 있다. "와! 우상이 정말 많군요." 아테네인의 문화적 텍스트(이 경우에는 우상)를 그들의 용어와 관용구, 은유를 사용하여 있는 그대로 묘사한 것이다.[2] 아테네인은 "맞아요, 정말 그렇죠. 우상이 아주 많습니다"라고 답할 것이다. 현지인은 고개를 끄덕이며 바울의 정확한 관찰에 동의한다.

둘째, 바울은 아테네인의 문화적 텍스트인 우상 뒤에 숨겨진 실존적 외침[3]을 '이해한다'. "너희를 보니 범사에 종교심이 많도다"(행 17:22). 바울은 우상 뒤에 담긴 의미를 해석한다. 즉 아테네인들이 초월자와 연결되기를 갈망하고 있다는 것이다. 그들은 우주에 있는 신들을 예배하고 달래기 위해 부르짖고 있다.

셋째, 바울은 이 문화적 스토리라인에 '공감한다'. "내가 … 너희가 위하는 것들을 보다가 '알지 못하는 신에게'라고 새긴 단도 보았으니"(행 17:23). 아테네인들은 신들을 예배하고 달래고 싶은 마음이 너무나 간절하여 혹시라도 빠뜨린 신이 있을까 봐 '알지 못하는 신'을 위한 제단까지 마련한다. 바울은 이를 조롱하지 않는다. 그 대신 그들의 간절함에 공감한다. 우리는 바울이 이렇게 말하는 것을 상상해 볼 수 있다. "이것이 사실이기를 바라지 않는 사람이 어디 있겠습니까? 모든 만약의 사태에 대비하고 싶지 않은 사람이 어디 있겠습니까? 우리는 모든 신을 빠짐없이 예배하고 달래고 싶어 하니까요."

넷째, 바울은 그들의 문화적 스토리라인을 '해체한다'. 그들 스토리라인의 '결핍'(무언가 빠져 있다는 점)을 입증함으로써 이 일을 수행한다. 예를 들어, 아테네인들은 이 신의 이름을 모른다. 이름을 모르는 신을 어떻게 예배할 수 있겠는가? 바울은 스토리라인의 '부조화'(서로 충돌하는 지점)를 드러냄으로써 해체 작업을 진행한다. 즉 아테네인들은 동시에 참일 수 없는 두 가지를 믿고 있다. 예를 들어, 아테네인들은 이 신이 알 수 없는 존재라고 주장하지만, 동시에 그들의 작가들은 "우리가 그의 소생이라"(행 17:28)고도 말한다. 그렇다면 어느 쪽인가? 그분은 알 수 없는 분인가, 알 수 있는 분인가? 또 다른 예로, 아테네인들은 이 알지 못하는 신이 우주를 만들었다고 믿으면서도, 동시에 그를 성전 안에 가두려 한다(행 17:24).

다섯째, 바울은 복음으로 그들의 문화적 스토리라인을 '성취한다'. 그는 이름을 모르는 그 신의 이름을 알려 주겠다고 제안한다(행 17:23). 그들이 알지 못하는 신을 자신은 알 수 있다고 말하며, 그들의 성전보다 더 크신 하나님을 예배하는 법을 보여 주겠다고 선포한다.

정리하자면 바울은 다음과 같이 했다.

1. 문화적 텍스트를 관찰한다: "와, 우상이 정말 많군요."
2. 실존적 외침을 이해한다: "종교심이 참 많으시네요. 알지 못하는 신을 위한 제단까지 만들 정도로요."
3. 문화적 스토리라인에 공감한다: "이것이 사실이기를 바라지 않는 사람이 어디 있겠습니까?"
4. 문화적 스토리라인을 해체한다: "하지만 당신들은 이 신의 이

름조차 모르고 있습니다."

5. 문화적 스토리라인을 성취한다: "제가 이 신의 이름을 여러분
에게 알려 드리겠습니다."

이제 일상에서 이 일들을 어떻게 할 수 있을지 살펴보자.


## 자녀의 주말 스포츠 활동을 보면서

자녀들의 스포츠 활동이라는 문화적 현상에서 시작해 보자. 전
세계에서 수많은 아이가 스포츠 활동을 한다. 주말마다 부모들은
아이들을 경기장에 데려다주기 위해 도로를 가득 메우고, 코칭이
나 매점 봉사를 자원하며, 경기장 사이드라인에 어깨를 맞대고 서
서 자기 아이를 응원한다. 아테네가 우상으로 가득했던 것처럼, 우
리 문화는 주말마다 자녀들의 스포츠 활동으로 가득하다.

우리가 사이드라인에 서 있는 부모라고 가정해 보자. 이곳에서
복음적 대화는 어떻게 이루어질까?

첫째, 옆에 서 있는 학부모에게 이렇게 말할 수 있다. "와, 이번
주말에도 아이들 경기가 정말 많네요." 이렇게 함으로써 우리는 자
녀 스포츠 활동이 하나의 문화적 텍스트임을 관찰한다. 물론 실제
대화가 방금 말한 것처럼 딱딱하지는 않을 것이다. 예를 들어, "저
는 애가 셋인데 오늘 가야 할 경기가 세 군데예요. 그쪽은 어떠세
요?"라고 물을 수 있다. 조금 더 대화하다가 "우리 삶에서 아이들

운동 경기가 정말 큰 비중을 차지하네요"라고 말하면, 상대 부모가 고개를 끄덕이며 "맞아요, 정말 그래요"라고 응답하는 모습을 쉽게 상상할 수 있다.

둘째, 자녀를 스포츠 활동에 등록하게 만드는 실존적 외침을 이해한다. 이렇게 말할 수 있다. "아이들이 집에서 컴퓨터 화면만 보며 게임하는 것보다는 나은 것 같아요. 야외 활동은 참 좋은 일이죠." 이를 통해 마음 깊은 곳에서 자녀가 잘되기를 바라고 있음을 이해한다. 우리는 스포츠가 아이들에게 유익하며, 심지어 인생에서 "앞서 나가는 데" 도움이 될 것이라고 믿는다.

셋째, 이 스토리라인에 공감한다. "아이들의 스포츠 활동 때문에 이리저리 뛰어다니느라 정말 바쁘긴 하지만, 아이들에게 정말 좋은 일이죠. 건강해지기도 하고 친구도 사귀니까요." 이것은 자녀에게 신체적 단련과 건강뿐만 아니라 인정, 성공, 진보까지 약속하는 멋진 스토리라인이다. 이것이 사실이기를 바라지 않는 사람이 어디 있겠는가?

넷째, 이 스토리라인을 해체한다. 이렇게 말해 보는 것이다. "그런데 스포츠가 대부분 이기는 데만 치중하는 게 안타까워요. 사실 우리 아이들이 다 이 종목에서 프로 선수가 될 것도 아니잖아요. 아이들에게는 승리가 전부가 아니라고 계속 말은 하지만, 막상 경기에 오면 이기는 데 집착하게 되네요." 여기서 우리는 자녀 스포츠 활동에 내재된 부조화를 드러낸다. 우리는 승리가 전부가 아님을 알고 아이들에게도 그렇게 말한다. 하지만 많은 부모가 아이들에게 더 잘하라고 소리를 지르고, 판정이 의심스러우면 심판과 격렬히 말싸움까지 벌인다. 이기는 것에 왜 그토록 목을 매는 것일까?

다섯째, 예수님으로 인해 이 문화적 스토리라인을 성취한다. 이렇게 말할 수 있다. "스포츠는 세상에 관한 은유 같아요. 이 거대하고 냉혹한 현실 세계에서는 우리가 가장 크고 빠르고 강해야 하잖아요. 안 그러면 산 채로 잡아먹히니까요. 하나님이 없는 세상이라면 오직 이기는 것만이 전부겠죠. 하지만 마음 깊은 곳에서는 그것이 진실이 아님을 알고 있어요. 결국 그게 우리가 아이들에게 들려주는 이야기니까요. 하지만 이 이야기는 성경의 하나님이 진짜일 때만 비로소 사실이 될 수 있어요. 오직 성경의 하나님만이 그분의 아들 예수님을 보내서 삶이 '적자생존'의 문제가 아님을 보여 주셨기 때문이죠. 예수님은 우리를 위해 가장 작고, 가장 약하고, 가장 온유한 분이 되셨어요. 삶은 강한 자들의 전유물이 아닙니다. 삶은 섬기고 예배하는 자들의 것이에요. 만약 그렇다면, 스포츠는 우리가 즐길 수 있도록 좋은 것(스포츠 같은!)을 허락하시는 하나님을 예배하고 공동체를 섬기는 한 방식이 될 수 있겠네요."

바울이 우상에서 예수님에게로 나아갔던 것과 같은 방식으로, 우리는 스포츠에서 복음으로 나아갔음을 알 수 있겠는가? 이미 말한 것처럼, 실제 대화는 이렇게 딱딱하거나 틀에 박히지 않을 것이다. 훨씬 어수선하고 유기적일 것이다. 위의 가상 대화는 10분 만에 하게 될 수도 있고 10주에 걸쳐 하게 될 수도 있다. 하지만 기간이 얼마가 되든, 이것이 결국 예수님을 주제로 대화하기 위해 우리가 밟을 수 있는 단계들이다.

# 신체 활동 기록 장치를 언급하며

이제 피트니스 트래커(신체 활동 기록 장치)의 세계로 들어가 보자. 많은 이들이 하루에 몇 걸음을 걷는지 측정하기 위해 신체 활동 기록 장치를 휴대한다. 손목에 핏빗(Fitbit)을 착용하든, 스마트워치로 걸음 수를 재든, 스마트폰을 이용하든 어쨌든 불과 몇 년 사이에 우리는 걸음 수를 세는 일에 집착하게 되었다. 대개 '만 보'는 하루 동안 충분히 활동했는지를 가늠하는 객관적 기준점이 된다. 아테네가 우상들로 가득 찼던 것처럼, 지금 우리는 만 보 걷기라는 문화 현상에 휩싸여 있다.

친구가 피트니스 트래커를 차고 있는 것을 보았다고 가정해 보자. 여기서 복음적 대화는 어떻게 이루어질 수 있을까?

첫째, 친구에게 이렇게 말할 수 있다. "와, 요즘 피트니스 트래커를 차는 사람들이 정말 많네." 다시 말하지만, 실제 대화는 이렇게 딱딱하지 않을 것이다. "피트니스 트래커 찼네? 그거 어때?"라고 물어볼 수 있다.

둘째, 걸음 수를 세도록 만드는 실존적 외침을 이해한다. "나도 스마트 기기로 걸음 수를 세거든. 하루에 충분히 움직였는지 확인하고 싶어서 말이야. 너는 어때?"라고 말할 수 있다. 이렇게 함으로써 우리가 활기차게 살고 싶어 한다는 점을 이해한다. 우리 안에는 건강, 아름다움, 완벽함, 성취에 대한 실존적 외침이 있다.

셋째, 이 스토리라인에 공감한다. "하루에 운동을 충분히 했는지 알 수 있는 만 보 걷기 같은 목표가 있다는 건 좋은 것 같아." 이것은 건강에 관한 운명을 통제할 수 있다고 말하는 힘 있는 메시지다. 우리를 가로막는 것은 걸음 수 부족뿐이며, 만 보라는 목표에 도달하기만 하면 우리는 더 건강하고, 더 날씬하고, 더 튼튼해질 수 있다. 이것이 사실이기를 바라지 않는 사람이 어디 있겠는가?

넷째, 이 스토리라인을 해체한다. "그런데 왜 꼭 만 보여야 하는지 궁금하지 않아? 왜 9,500보나 200보가 아니라 1만 보일까?" 1만 보라는 숫자는 우리가 결코 충분히 하고 있지 않다는 느낌을 갖게 하려고 의도적으로 설계된, 임의로 만들어진 숫자일 뿐이다. 우리의 문화적 스토리라인은 항상 성취, 자기 계발, 완벽이라는 기준점을 만들어 낸다. 매일 8시간의 수면이 필요하고, 채소 두 접시를 먹어야 하며 … 1만 보를 걸어야 한다. 문제는 우리가 매번 그 기준에 미달한다는 것이다. 이러한 기준점은 우리를 무력하게 만들고 결국 낙심하게 만든다. 우리는 사회가 요구하는 완벽한 기준에 결코 도달할 수 없다.

다섯째, 예수님으로 이 문화적 스토리라인을 성취한다. "내 기독교 신앙은 매일같이 충분히 하지 못했다고 말하는 내면의 목소리에서 나를 자유롭게 해 줘. 하나님은 그분의 아들 예수님을 보내셔서 완전함의 새로운 기준을 삼아 주셨어. 더 좋은 건, 예수님이 우리를 위해 완벽한 삶을 성취하셨을 뿐만 아니라, 우리 안에 성령을 주셔서 우리가 완벽해질 수 있도록 힘을 주신다는 거야. 그래서 우리를 위해 십자가에서 돌아가실 때 '다 이루었다!'라고 외치신 거지. 예수님 안에서 우리는 언제나 충분히 행한 사람이야. 예수님 안에서 하나님은 우리를 완벽하게 보시거든."

# 영화를 보면서

우리는 종종 친구들과 영화를 본다. 그렇다면 바울이 우상에서 출발하여 예수님으로 나아갔던 것처럼 어떻게 영화에서 출발해 복음으로 나아갈 수 있을까? 2022년 영화 〈탑건: 매버릭〉을 예로 들어 보자. 1986년 작 〈탑건〉의 후속편인 이 영화를 보지 못한 사람을 위해 설명하자면, 톰 크루즈가 주인공 매버릭 역을 연기하고 미해군 전투기를 조종하는 것이 영화의 내용이다.

이 영화를 선택한 이유는 막대한 예산이 투입된 대다수 액션 영화들이 공유하는 전형적인 스토리라인이 있기 때문이며, 톰 크루즈의 출연작 중 가장 높은 수익(전 세계 15억 달러)을 올린 영화이기 때문이다. 이는 우리 주변에서 많은 사람이 이 영화를 봤다는 뜻이며, 많은 사람이 봤다는 것은 이 스토리라인에 무언가 매력적인 요소가 있음이 분명하다는 뜻이다.

친구와 〈탑건: 매버릭〉을 봤다면 대화는 어떻게 흘러갈 수 있을까?

첫째, 친구에게 이렇게 말할 수 있다. "와, 정말 대단한 영화였어!" 이 영화가 전 세계적으로 얼마나 흥행했는지 언급할 수도 있을 것이다. 전 세계 수많은 사람이 이 영화를 즐겁게 관람했다. 영화에서 어떤 점이 좋았는지도 친구에게 물어볼 수 있다.

둘째, 영화의 문화적 스토리라인에 숨겨진 실존적 외침을 이해한다. "영화 전체가 사명의 필요성을 말한다는 거 눈치챘어? 매버릭은 비행기 조종에 능숙하지만, 사명을 찾지 못하면 그건 아무런 의미가 없잖아." 매버릭은 비행 금지 명령을 받고 비참함을 느낀다. 우리에게는 "나는 왜 여기에 있는가?"라는 질문에 대한 답이 필요하다.

셋째, 이 문화적 스토리라인에 공감하며 이렇게 말한다. "우리도 다 그렇게 느끼지 않겠어?" 예를 들어, 우리 역시 "나는 왜 여기에 있는가?"라는 질문에 답할 수 없다면 일하고 공부하고 노는 것이 모두 무의미해진다. 사명이 없다면 우리도 비참해진다.

넷째, 이 문화적 스토리라인을 해체한다. "그런데 이 영화가 그 자체만으로는 온전하지 못하다는 거 알아?" 그 이유는, 이 영화를 추천해 준 친구들이 이 후속편을 제대로 이해하려면 반드시 1986년 작 〈탑건〉을 먼저 봐야 한다고 말하기 때문이다. '더 큰 이야기'(현재의 이야기에 의미를 부여해 주는 배경 이야기 — 옮긴이)가 없다면 이 영화는 그저 빠른 전투기와 잘생긴 배우들이 전부일 뿐이다. 어떤 이야기도 홀로 존재할 수 없다. 모든 이야기는 더 큰 이야기의 일부가 되어야 한다. 하지만 이것이 사실이라면, 우리의 더 큰 이야기는 어디에 있는가? 더 큰 이야기가 없다면 우리 삶 또한 그저 일어나는 일련의 사건들에 불과할 뿐이다. 거기에는 아무런 목적도 이유도 없다.

다섯째, 복음으로 이 문화적 스토리라인을 성취한다. 매버릭에게 사명이 필요하듯 우리에게도 사명이 필요하다. 〈탑건: 매버릭〉에 더 큰 이야기가 필요하듯 우리에게도 더 큰 이야기가 필요하다. 하지만 만약 이 우주가 하나님 없이 물질과 우연으로만 이루어진 곳이라면 사명이나 이야기 같은 것은 존재할 수 없다. 우리는 이렇게 말할 수 있다. "우리에게 필요한 것은 아들 예수님을 보내셔서 우리의 '이야기'가 되게 하신 하나님이야. 그것이 바로 우리가 성경에서 발견하는 것, 즉 우리를 향한 하나님의 이야기지." 우리는 그들에게 "말씀이 육신이 되었다"라고 선포하는 요한복음 1장 14절을 이야기해 줄 수 있다. 즉 예수님은 우리에게 찾아오신, 우리를 위한 하나님의 이야기이며, 덕분에 우리는 이제 하나님의 더 큰 이야기의 일부가 될 수 있다. 예수님 안에서 우리는 사명과 목적을 발견하게 될 것이다.

## 비행기에 탔을 때

비행기 여행은 많은 사람의 일상이 되었다. 수많은 사람이 업무나 가족 휴가 차 비행기를 타고, 명절이나 연휴가 되면 공항은 인파로 뒤덮인다. 아테네가 우상으로 과포화 상태였던 것처럼 우리 문화는 비행기로 과포화 상태다. 한 가지 사실은 분명하다. 비행기 타는 것 자체를 즐기는 사람은 거의 없다는 점이다. 대다수 사람에게 그것은 고역이다.

친구들과 함께 비행기를 타러 간다고 가정해 보자. 대화가 어떻게 흘러갈 수 있을까?

첫째, 친구에게 이렇게 말할 수 있다. "와, 비행기 타는 건 정말 고역이야." 우리는 비행기를 타고 여행하는 것이 이제는 흔해진, 불편한 활동이 되어 버린 문화적 현상을 관찰한다. 공항까지 가고, 보안 검색대를 통과하고, 낯선 사람 옆 좁은 좌석에 앉아야 하고, 수하물을 기다려야 한다. 이 과정은 고통스러운 의례와도 같다. 나는 공항에서 웃고 있는 사람을 본 적이 별로 없다. 특히 수하물을 기다리는 동안에는 더욱 그렇다.

둘째, 더 나은 여행 방식을 갈구하는 실존적 외침을 이해한다. 우리는 안락하고 안정적이며 편리한 여행을 갈망하지만, 항공 여행은 이를 충족시키지 못한다. 오히려 그와 반대다. 예측하기 어렵고 번거롭다.

셋째, 더 나은 방식을 찾는 이 문화적 스토리라인에 공감한다. "언젠가는 더 나은 여행 방식이 생길 거야. 우리 손주들은 우리 세대를 돌아보며 참 안됐다고 생각하겠지"라고 말할 수 있다. 이것은 발명, 혁신, 진보를 약속하는 아주 멋진 스토리라인이다. 더 나은 여행 방식을 원치 않는 사람이 어디 있겠는가?

넷째, 다음과 같이 말하면서 이 스토리라인을 해체한다. "그런데 잠깐만! 우리가 지금 무슨 말을 하는 거지? 수천 년 동안 인류는 하늘을 날기 위해 애썼어. 이제 우리는 날 수 있잖아! 고대 문명이 꿈에서나 생각하던 일을 지금 우리는 하고 있다고. 그런데 왜 이제 와서 이걸 고역이라고 생각하는 걸까?" 이는 인간의 상태가 언제나 더 많은 것을 갈망한다는 점을 보여 준다. 설령 언젠가 레이저 빔으로 이동하거나, 화성으로 날아가거나, 감기를 정복할 수 있더라도, 우리는 여전히 감흥을 느끼지 못할 것이다.

다섯째, 예수님으로 이 문화적 스토리라인을 성취한다. 이렇게 말할 수 있다. "이건 우리에게 가장 필요한 것이 더 많은 안락함이나 더 많은 장난감, 더 많은 발명품이 아니라는 걸 보여 줘. 그런 게 있어도 우린 여전히 더 많은 걸 갈구할 테니까. 우리에게 가장 필요한 것은 바로 영생이야." 우리는 모든 것을 가졌던 한 남자가 예수님을 만난 이야기(막 10:17-31)를 친구에게 들려줄 수 있다. 그는 모든 것을 가졌지만 딱 하나가 없었다. 바로 예수님이다! 예수님은 우리를 행복하게 해 줄 것이라고 믿는 그 어떤 것보다 훨씬 더 좋으신 분이며, 오직 그분만이 우리 마음이 갈망하는 '그 이상의 무언가'를 주실 수 있다. 예수님은 우리에게 영원한 생명을 주신다.

## 빨래할 때

빨래보다 더 평범하고 하나님과 상관없어 보이는 일은 없을 것이다. 하지만 빨래는 우리가 주기적으로 반복하는 일이다. 공동 숙소에 산다면 친구와 함께하는 일이 될 수도 있다. 삶이 분주하다고 불평하며 친구들과 대화할 때의 소재가 되기도 한다. 그렇다면 어떻게 빨래에서 복음으로 나아갈 수 있을까?

첫째, 친구에게 이렇게 말할 수 있다. "와, 우리 정말 빨래를 자주 하네." 우리는 빨래가 평범하고 일상적인 생활의 일부가 된 문화현상을 관찰한다. 주기적으로 세탁기에 빨래를 넣고, 꺼내고, 말리기 위해 널고, 건조기에 넣고, 다시 꺼내고, 건조대에서 걷어 내고, 개고, 다림질하고, 갠 옷을 서랍에 넣는다. 그 모든 과정을 처음부터 다시 반복하기 위해서 말이다. 또 반복하고, 또 반복한다. 친구가 고개를 끄덕이며 "맞아, 정말 그래"라고 대답하는 모습을 쉽게 상상할 수 있다.

둘째, 매일 옷을 빨고, 말리고, 개고, 다리게 만드는 실존적 외침을 이해한다. 이렇게 말할 수 있다. "빨래는 일상에서 참 지루한 부분이지만, 왜 이 일을 해야 하는지는 알겠어." 이를 통해 마음 깊은 곳에서 목적 있는 활동을 갈망하고 있음을 보여 준다.

셋째, 문화적 스토리라인에 공감한다. 이렇게 말할 수 있다. "깨끗한 옷을 입으려면 그렇게 할 만한 가치가 있지." 이 스토리라인은 우리의 활동이 아무리 고통스럽거나 평범한 일이라도, 거기에 목적(이 경우에는 깨끗한 옷)이 있다면 할 만한 가치가 있음을 약속한다. 목적이 없다면 "내가 무엇을 하고 있는가?"라는 질문에는 답할 수 있어도 "왜 이 일을 하고 있는가?"라는 질문에는 답하지 못한다.

넷째, 스토리라인을 해체한다. 이렇게 말할 수 있다. "그런데 인생의 목적이 무엇인지 궁금해한 적 있어? 우리는 '나는 무엇인가?'라는 질문에는 답을 가지고 있어. 나는 인간이야. 하지만 '나는 왜 여기에 있는가?'라는 질문에는 답이 없어. 목적이 없다면 우리 인생은 빨래보다도 무의미해질 거야. 적어도 빨래를 왜 하는지는 알고 있잖아. 하지만 우리가 왜 존재하는지는 모르고 있지."

다섯째, 예수님으로 문화적 스토리라인을 성취한다. "하나님이 없다면 우리 자신을 벗어난 그 어떤 목적도 존재할 수 없어. 하지만 성경의 하나님과 함께라면 예수님 안에서 우리의 목적을 발견하게 돼. 예수님은 내 존재의 '이유'가 되시거든." 빨래를 할 가치가 있는 것처럼, 우리 인생 또한 예수님 덕분에 살 가치가 있다.

# 우리는 할 수 있다

처음 수란을 만들던 때가 기억난다. 엉망진창이었다. 하지만 몇 번 해 보니 요령이 생겼다. 평범한 일상에서 하는 문화 변증은 수란을 만드는 것과 같다.

바울이 아테네를 거닐며 "여러분을 보니 매우 종교적이군요"라고 말한 것처럼, 우리도 친구와 커피를 마시며 "손목에 피트니스 트래커 찼네"라며 대화를 시작할 수 있다. 처음 몇 번은 엉성하게 느껴질 수도 있지만 결국 요령이 생길 것이다.

하지만 이것은 수란보다 훨씬 가치 있는 일이다. 바울이 고린도후서 2장에서 말했듯, 우리는 그리스도의 "향기"를 퍼뜨리고 있다. 실제로 일상을 살아가는 우리에게서 이 향기가 뿜어져 나올 것이다. 머지않아 우리는 친구들에게 그리스도의 문화적 텍스트 자체가 될 것이며, 그들은 우리를 통해 예수님이라는 더 나은 이야기를 보게 될 것이다.

결론

# 어둡고 차가운 시대,
# 소망 있는 십자가 앞으로

콜린 핸슨

2022년 블라디미르 푸틴의 러시아군이 우크라이나를 침공했을 때 사람들은 별로 놀라지 않았다. 이미 푸틴이 몇 달 전부터 국경에 탱크와 보병을 집결시키고 있었기 때문이다. 정작 많은 이가 놀란 점은 푸틴이 내세운 침공의 명분이었다.

푸틴은 러시아 남서쪽 이웃 나라인 우크라이나를 '탈나치화'(de-Nazify)하겠다고 장담했다.

서구 전역에서 실소가 터졌다. 유대인 대통령이 이끄는 이웃 유럽 국가를 아무런 도발도 없는 상태에서 침공하는 것이야말로, 가장 나치스러운 행위처럼 보였기 때문이다. 하지만 러시아인의 기억 속에서 나치의 침략을 격퇴한 일은 거대한 국가적 서사이자, 광활한 영토에 흩어져 있는 여러 다른 민족들을 하나로 묶어 주는 서사다.

문화는 서사에 의해 창조된다. 우리가 들려주는 이야기는 우리가 살아가는 가치가 된다.

"우리는 과거의 구원에 우리의 행복을 빚지고 있다"라고 한병철은 그의 저서 《서사의 위기》에서 썼다. "이 구원에는 현재가 과거를 통합하고, 그로 인해 과거가 지속적인 영향력을 행사하며 심지어 과거를 부활시키기까지 하는 서사적 긴장이 필요하다."[1]

다시 말해, 만약 러시아인들이 우크라이나를 탈나치화한다고 생각한다면 그들의 명분은 정당하며, 시간이 아무리 오래 걸리든 얼마나 많은 사람이 죽든 그들은 승리할 것이다. 과거 애국자들의 피에 의해 신성시되는 침공이기 때문이다.

이 책에서는 세속적이고 내재적인 서사들이 어떻게 서구인들의 상상력 속에서 기독교적이고 초월적인 이야기를 대체해 왔는지를 탐구했다. 그리고 과거에 대하여는 겸손함을, 미래를 향하여는 소망을 품고, 오늘날 그리스도인들이 기독교 신앙을 변호할 수 있는 다양한 방식을 고찰했다. 이제 결론을 내리면서 우리 시대에 가장 널리 퍼진 역사적 서사와 그것이 문화 변증에 시사하는 바를 생각해 보고자 한다. 서구는 지금 갈림길에 서 있다. 오직 단 하나의 길만이 과거에 잠복하여 현재를 집어삼키려 하는 악마들로부터 우리를 안전하게 지켜 줄 수 있다.


## 현대의 트라우마


푸틴이 정당성을 확보하기 위해 80년도 더 지난 과거를 소환했다는 사실은, 오늘날 그의 정치적 의제가 가진 취약성을 자인하는 셈이다.

한병철은 "충분히 강력한 공동체적 서사가 결핍되어 있기에 우리 후기 현대 사회는 불안정하다"라고 썼다. "공유된 서사가 없다면, '공동의 행동'을 가능하게 하는 '정치적 영역'은 제대로 형성될 수 없다."[2]

공산주의 몰락 이후, 푸틴은 러시아 정교회의 여러 특권을 복구

시켰고 우크라이나 전쟁에서 교회의 영적 권위를 이용했다. 하지만 구약의 예언자 나단이 다윗 왕을 꾸짖었듯 모스크바의 사제들이 푸틴에게 도전할 수 있다고 생각하는 사람은 아무도 없다. 오늘날 국가는 세속적이며, 교회는 국가가 부여한 특권 아래 봉사할 뿐이다.

세속주의에 관한 이야기, 즉 서구가 어떻게 역사적 기독교의 하나님 개념에서 벗어났는지는 여러 층위에서 다뤄질 수 있다. 우리는 그리스도께서 오시기 6세기 전, '축의 시대'(Axial Age)까지 거슬러 올라가 내재성과 초월성의 충돌을 살펴볼 수도 있다.[3] 혹은 그리스도 이후 16세기, 어느 고독한 독일 수도사의 결단이 기독교 세계를 지배하려던 로마 가톨릭의 야욕을 산산조각 냈던 때를 살펴볼 수도 있다.[4] 미국에서 시작되어 이후 기독교 국가 체제의 두 역사적 기둥이었던 프랑스와 러시아 교회를 무너뜨린 여러 정치적 혁명을 검토해 볼 수도 있다. 아니면 21세기에 접어들어 인터넷이 널리 보급된 이후, 특히 미국에서 종교성이 급격히 추락한 현상을 살필 수도 있을 것이다.[5]

하지만 아마도 우리가 스스로에게 들려주고 또 들려주는 세속주의에 관한 가장 흔한 이야기는 제2차 세계대전일 것이다. 더럼 대학교의 역사학자 알렉 라이리는 강력한 울림을 주는 문화적 상징을 조사했다. 1939년 소련과 나치 독일이 폴란드를 침공하기 전까지, 서구 전역에서 가장 큰 울림을 주었던 상징은 그리스도의 십자가였다. 그러나 그 이후로는 다른 십자가, 즉 아돌프 히틀러가 나치당의 상징으로 채택하기 수 세기 전부터 힌두교와 불교도들에게 알려졌던 또 다른 십자가, 곧 만자(卍字) 십자가가 더 강력한 반응을 불러일으킨다.

라이리에게 있어 이러한 변화는, 제2차 세계 대전과 특히 홀로코스트를 막지 못한 기독교 국가 체제의 실패를 서사화한 것이다. 기독교와 그 사소한 도덕적 예법들은 나치의 폴란드 강제 수용소 트레블링카의 가스실을 폐쇄하지 못했다. 오늘날에는 예수라면 어떻게 하셨을지 궁금해하는 사람조차 드물다. 그 대신 사람들은 히틀러만큼 나쁜 사람이 되지 않으려 노력한다.[6] 그리고 히틀러를 유례없는 악의 화신으로 만들어 냄으로써, 그러한 대참사는 과거에 속한 것이지 우리의 미래에는 일어나지 않을 것이라고 자신을 안심시킨다.

그런데 한 가지 문제가 있다. 그것이 통하지 않는다는 점이다. 세속주의가 우리를 악에서 구해 내지 못했다는 것을 알기 때문이다. 서구는 그 전쟁이 우리 안에서 끄집어낸 것 때문에, 그 전쟁이 우리 안에서 드러낸 것 때문에 여전히 트라우마를 겪고 있다. 우리는 아직 치유되지 않았다.


## 좁은 길을 택하라


일본군 포로수용소를 직접 경험하지 않은 작가들이 쓴 소설과 실화 기반 작품에서도 치유를 향한 갈망을 발견할 수 있다. 리처드 플래너건의 소설《먼 북으로 가는 좁은 길》은 영국 및 아일랜드에서 출간된 최고의 영어 소설에 주는 맨부커상을 2014년에 수상했다. 태즈메이니아에 거주하는 플래너건은 호주의 전쟁 영웅 도리고 에반스를 소개한다. 에반스는 일본군 전쟁 포로로 버마(미얀마) 철도 건설 현장에서 상상하기 어려운 공포를 견뎌 낸 의사다. 에반스는 사랑받는 국민적 유명 인사가 되지만, 포로 생활의 기억을 떨쳐내지 못한다. 그 기록들은 오늘날 독자들도 악몽을 꾸게 할 만큼 잔인하다.

《먼 북으로 가는 좁은 길》은 주인공이 죽음에 이르는 생존 이야기이자, 불륜을 찬미하는 사랑 이야기이며, 의무를 고귀하게 여기다 비극으로 끝나는 영웅 이야기다. 우리는 이 이야기가 좋게 끝나기를 기대하지만 결국 평화도 소망도 없이 결말을 맺는다. 플래너건은 "그는 지옥에서 살게 될 것이다. 사랑 또한 그러하기 때문이다"라고 쓴다.[7] 그는 서구의 절망적인 분위기를 포착해 낸다. "그는 다시 불을 밝힐 수 없는 등대였다. 꿈속에서 그는 어머니가 주방에서 자신을 부르는 소리를 들었다. 얘야, 이리 오렴. 하지만 그가 안으로 들어갔을 때, 그곳은 어둡고 차가웠으며, 주방은 시커멓게 탄 서까래와 재뿐이었고 가스 냄새가 진동했다. 집에는 아무도 없었다."[8]

수상작인 이 소설을 로라 힐렌브랜드의 2010년 세계적 베스트셀러인《언브로큰》과 대조해 보라.[9] "생존, 회복력, 구속의 제2차 세계 대전 이야기"라는 당당한 부제가 붙은 이 책은 좀 더 미국적인 정신을 묘사한다. 힐렌브랜드는 일본 포로수용소뿐만 아니라 태평양을 표류하며 47일간 태풍과 상어의 공격에서 살아남은 올림

픽 선수 루이 잠페리니의 실화를 들려준다. 안젤리나 졸리 감독이 2014년 영화화하기도 했다. 잠페리니는 1946년 집으로 돌아와 지금의 아내와 결혼했다.

하지만 힐렌브랜드의 책 제목인 'Unbroken'(깨지지 않은)은 이야기의 핵심을 완전히 잘못 짚었다. 잠페리니는 깨어진(broken) 상태로 돌아왔다. 전쟁 트라우마로 알코올 중독자가 되었고, 임신한 아내를 학대했으며, 아내는 이혼을 요구했다. 그는 결코 깨지지 않은(unbroken) 상태가 아니었다.

서구 사회는 부서졌다. 우리가 저지를 수도 있는 악을 알기에 트라우마를 겪고 있다. 우리와 우리가 사랑하는 이들에게 가해질 수 있는 악을 알기에 트라우마를 겪고 있다. 그리스도가 아무런 위로도 주지 못한다고 확신하며, 히틀러는 과거의 인물일 뿐이라고 애써 안심하려 하지만, 등대의 불이 꺼졌음을 알기에 세상의 무게에 짓눌려 깨어져 있다. 그곳은 어둡고 차갑고, 집에는 아무도 없다.

소설 속 에반스의 이야기는 거기서 끝난다. 하지만 실제 잠페리니의 이야기는 거기서 끝나지 않았다. 그가 짊어진 죄의 무게는 그가 도움을 구하는 자리로 나아가도록 인도했다. 1949년 그는 로스앤젤레스에서 열린 역사적인 빌리 그레이엄 전도 집회에 참석했다. 예수 그리스도를 믿겠다고 신앙을 고백한 잠페리니의 영적 변화는 너무나 완전하여 자신을 학대한 일본 포로수용소 간수들을 용서하기에 이르렀다. 그는 술을 끊었다. 그의 악몽은 끝났다. 결혼 생활은 2001년 아내가 세상을 떠날 때까지 이어졌다. 잠페리니는

2014년 97세로 숨을 거둘 때까지 그리스도의 빛을 비추었다.

　문화 변증을 함에 있어, 우리는 제2차 세계 대전 당시 기독교가 보여 준 실패에 대한 어려운 질문을 회피하지 않는다. 디트리히 본회퍼 같은 영웅은 악에 맞선 예외적 존재였지 일반적 모습은 아니었다. 그러나 우리는 세속주의에 대해서도 어려운 질문을 던지기를 주저하지 않는다. 수천만 명의 목숨을 앗아간 이 전쟁의 참혹한 여파 속에서, 우리는 어떻게 개인의 자유와 집단적 책임을 통합할 수 있는가? 소설 속 에반스처럼 쾌락적 마비 상태를 통해 자유를 찾으려다 실패한 이들이 얼마나 많은가? 공산주의와 파시즘의 억압적인 집단주의적 사상에 맞서, 기독교는 개인의 정체성을 유지하면서도, 잠페리니가 가해자들을 용서했듯이 용서를 통해 공동체적 평화를 장려할 수 있는가?

　세속주의의 가장 큰 실패는 개인과 집단을 통합하지 못했다는 점이다. 제2차 세계 대전은 교회를 포함해 집단을 정죄했고, 이로 인해 오늘날 서구 사회에서는 개인의 자유가 가져야 할 목적마저 제거해 버리는 지경에 이르렀다. 이것이 바로 공동의 행동이 불가능하다고 느끼게 만드는 서사의 상실이다. 우리는 전례 없는 자유와 번영을 누리고 있으며, 이는 제2차 세계 대전 당시 우리 선조들의 희생 덕분인 경우가 많다. 하지만 우리는 그것을 사용할 선한 목적을 찾지 못하고 있다. 집에는 아무도 없다. 남은 것이라곤 대부분 잊힌 문명의 시커멓게 타 버린 서까래와 재뿐이다.

　이 책에서 보여 준 문화 변증을 통해, 기독교에 대한 기억과 그리스도와 함께 도래할 새 하늘과 새 땅에 대한 소망에 다시 눈뜨기를 소망한다. 문화 변증은 그리스도인들이 복음의 진리, 선함, 아름다움을 우리의 가장 깊은 갈망을 채워 줄 유일한 소망으로 공유하도록 돕는다. 우리의 가장 깊은 갈망은 하나님과의 개인적인 평화이며, 그 결과로 이어지는 서로 간의 공동체적 평화다. 그 갈망은 우리를 갈보리로, 수직의 기둥에 박힌 수평의 기둥 위에서 사랑을 위해 매달리신 바로 그 하나님의 아들에게로 인도한다. 서구가 마주한 이 갈림길 앞에서 엠마오로 가는 좁고 오래된 길을 택하자. 성경 어디에서든 발견되는 부활하신 그분을 따르자(눅 24:27).

## 감사의 말

우리 세 편집자는 가스펠코얼리션(The Gospel Coalition, TGC)에서 사역하는 기쁨을 누리고 있다. 우리는 이곳에서 매일 문화 변증을 고민한다. 이는 우리가 사는 세상을 이해하고, 우리가 살아가는 세속 시대에서 예수 그리스도의 복음을 명확하고 설득력 있게 전하는 전략을 세우는 일이다. TGC 사역에 끼친 팀 켈러의 영향력은 여전히 깊고 지속적이다. 팀 켈러는 20년 전 D. A. 카슨과 함께 이 단체를 공동으로 설립했으며, 우리의 가장 큰 지지자이자 대화 상대였다. 수년 동안 우리 가운데 몇몇은 이 책의 주제에 대해 팀과 대화할 기회가 있었다. 그 노력이 점차 결실을 맺어 켈러문화변증센터(이하 켈러센터)로 발전한 것은 지극히 자연스러운 일이었다.

켈러센터의 창립 연구원들은 그 횃불을 이어받아 참신하고 신실한 방식으로 사역에 임하고 있다. 2023년에 출범한 이후 켈러센터는 이 사역의 최전선에 많은 시간과 자원을 투입해 왔으며, 하나님께서 우리를 전도와 제자 양육의 과업에 신실하게 사용하시기를 기도하고 있다. 여러 면에서 이 책은 팀 켈러의 열정과 그가 생애 마지막 몇 년간 마음 깊이 품고 고민했던 영역에서 맺은 열매다. 이 책을 팀 켈러에게 헌정한다. 그와 같은 이들이 더욱 많아지기를!

## 서론
### : 이 시대의 문화 기후,
### 무종교·탈교회·세속적

1. James Davison Hunter, *Culture Wars: The Struggle to Control the Family, Art, Education, Law, and Politics in America* (New York: Basic, 1991).

2. Jim Davis and Michael Graham, with Ryan P. Burge, *The Great Dechurching: Who's Leaving, Why Are They Going, and What Will It Take to Bring Them Back?* (Grand Rapids: Zondervan Reflective, 2023). 짐 데이비스, 마이클 그레이엄, 라이언 버지, 《탈기독교시대 교회: 왜 교회를 떠나는가, 어떻게 다시 오게 할 것인가》(두란노 역간)

3. Mark Allen and Joshua D. Chatraw, *The Augustine Way: Retrieving a Vision for the Church's Apologetic Witness* (Grand Rapids: Baker Academic, 2023).

4. Justin Martyr, *The First and Second Apologies*, trans. Leslie William Barnard (Mahwah, NJ: Newman, 1997); Augustine, *The City of God*, trans. Marcus Dods (New York City: Modern Library, 1994). 두란노아카데미 편집부, 《초기 기독교 교부들》(두란노아카데미) 제5부 순교자 유스티노스의 제1변증서; 아우구스티누스, 《하나님의 도성》(크리스천다이제스트 역간)

5. Lesslie Newbigin, *Foolishness to the Greeks: The Gospel and Western Culture* (Grand Rapids: Eerdmans, 1986). 레슬리 뉴비긴, 《헬라인에게는 미련한 것이요》(IVP 역간)

6. Jonathan Haidt, *The Righteous Mind: Why Good People Are Divided by Politics and Religion* (New York: Vintage, 2012). 조너선 하이트, 《바른 마음: 나의 옳음과 그들의 옳음은 왜 다른가》(웅진지식하우스 역간)

7. Ted Turnau, *Popologetics: Popular Culture in Christian Perspective* (Phillipsburg, NJ: P&R, 2012).

8. Lesslie Newbigin, *The Gospel in a Pluralist Society* (Grand Rapids: Eerdmans, 1989); Alan Kreider, *The Patient Ferment of the Early Church* (Grand Rapids: Baker, 2016). 레슬리 뉴비긴, 《다원주의 사회에서의 복음》(IVP 역간); 앨런 크라이더, 《초기 교회와 인내의 발효》(IVP 역간)

9. Paul M. Gould, *Cultural Apologetics: Renewing the Christian Voice, Conscience, and Imagination in a Disenchanted World* (Grand Rapids: Zondervan, 2019), 21.

10. Mark Dever and Jamie Dunlop, *The Compelling Community: Where God's Power Makes a Church Attractive* (Wheaton, IL: Crossway, 2015). 마크 데버, 제이미 던롭, 《매력적인 공동체: 집단적 증거의 빛을 발산하는 공동체》(개혁된실천사 역간)

11. Charles Taylor, *A Secular Age* (Cambridge: Belknap, 2007). 찰스 테일러, 《세속의 시대》(새물결 역간)

12. Jonathan Rauch, *The Constitution of Knowledge: A Defense of Truth* (Washington, DC: Brookings Institution, 2021). 조너선 라우시, 《지식의 헌법: 왜 우리는 진실을 공유하지 못하는가》(에코리브르 역간)

13. Christian Smith, *To Flourish or Destruct: A Personalist Account of Human Goods, Motivations, Failure, and Evil* (Chicago: University of Chicago Press, 2015), 269-70.

14. Joseph Henrich, *The WEIRDest People in the World: How the West Became Psychologically Peculiar and Particularly Prosperous* (New York: Farrar, Straus and Giroux, 2020). 조지프 헨릭, 《위어드: 인류의 역사와 뇌 구조까지 바꿔 놓은 문화적 진화의 힘》(21세기북스 역간)

15. Tom Holland, interview with Collin Hansen, *Gospelbound*, podcast audio, March 10, 2020, https://www.thegospelcoalition.org/podcasts/gospelbound/the-revolution-the-west-wishes-it-could-forget/.

16. Tom Holland, *Dominion: How the Christian Revolution Remade the World* (New York: Basic, 2019), 12. 톰 홀랜드, 《도미니언: 기독교는 어떻게 서양의 세계관을 지배하게 되었는가》(책과함께 역간)

17. Tom Holland, interview with Collin Hansen, *Gospelbound*.

18. Christopher Watkin, *Biblical Critical Theory: How the Bible's Unfolding Story Makes Sense of Modern Life and Culture* (Grand Rapids: Zondervan Academic, 2022). 크리스토퍼 왓킨, 《성경적 비판 이론: 성경은 현대 사회와 문화에 대해 무엇을 말하는가》(IVP 역간)

19. Rebecca McLaughlin, *The Secular Creed: Engaging Five Contemporary Claims* (Austin: The Gospel Coalition, 2021).

20. Andrew Wilson, *Remaking the World: How 1776 Created the Post-Christian West* (Wheaton, IL: Crossway, 2023).

# 1.
## 지성, 마음,
## 상상력에 호소하다

1. William James, *The Will to Believe, and Other Essays in Popular Philosophy* (Auckland, New Zealand: Floating, 2010), 14-15.

2. Davis and Graham, with Burge, *The Great Dechurching*. 짐 데이비스, 마이클 그레이엄, 라이언 버지, 《탈기독교시대 교회》(두란노 역간)

3. Lesslie Newbigin, *The Gospel in a Pluralist Society* (Grand Rapids: Eerdmans, 1989); Newbigin, *Foolishness to the Greeks: The Gospel and Western Culture* (Grand Rapids: Eerdmans, 1988); Michael W. Goheen, *The Church and Its Vocation: Lesslie Newbigin's Missionary Ecclesiology* (Grand Rapids: Baker Academic, 2018)를 보라. 레슬리 뉴비긴, 《다원주의 사회에서의 복음》(IVP 역간), 《헬라인에게는 미련한 것이요》(IVP 역간); 마이클 고힌, 《교회의 소명: 레슬리 뉴비긴의 선교적 교회론》(IVP 역간)

4. 이것은 나의 책 *This Is Our Time: Everyday Myths in Light of the Gospel* (Nashville: B&H, 2017)의 구조이다. 트레빈 왁스, 《디스 이즈 아워 타임: 우리 시대의 진면목》(한국장로교출판사 역간)

5. Robert N. Bellah et al., *Habits of the Heart: Individualism and Commitment in American Life,* new ed. (Berkeley: University of California Press, 2007), 334.

6. Charles Taylor, *The Malaise of Modernity* (Toronto: House of Anansi, 1991); 나중에 다음 제목으로 출간됨, *The Ethics of Authenticity* (Cambridge, MA: Harvard University Press, 1992); Charles Taylor, *A Secular Age* (Cambridge, MA: Belknap, 2007). 찰스 테일러, 《불안한 현대 사회》(이학사 역간), 《세속의 시대》(새물결 역간)

7. Taylor, *Secular Age*, 475. 테일러, 《세속의 시대》(새물결 역간)

8. 최근 몇몇 저서는 표현적 개인주의의 발전과 영향력을 추적하고 있다. 관련 저작으로는 Trevin Wax, *Rethink Your Self: The Power of Looking Up Before Looking In* (Nashville: B&H, 2020); Carl Trueman, *The Rise and Triumph of the Modern Self: Cultural Amnesia, Expressive Individualism, and the Road to Sexual Revolution* (Wheaton, IL: Crossway, 2020); Graham Tomlin, *Why Being Yourself Is a Bad Idea: And Other Countercultural Notions* (London: SPCK, 2020) 등이 있다. 칼 트루먼, 《현대적 자아의 부상과 승리: 문화적 기억 상실, 표현적 개인주의, 성혁명으로 가는 길》(부흥과개혁사 역간)

9. Phil Zuckerman, *Living the Secular Life: New Answers to Old Questions* (New York: Penguin, 2014). 필 주커먼, 《종교 없는 삶: 불안으로부터 나는 자유로워졌다》(판미동 역간)

10. Timothy Keller, *How to Reach the West Again: Six Essential Elements of a Missionary Encounter* (New York: Redeemer City to City, 2020), 39를 보라. 팀 켈러, 《팀 켈러의 탈기독교시대 전도》(두란노 역간)

11. Mary Eberstadt, *Primal Screams: How the Sexual Revolution Created Identity Politics* (West Conshohocken, PA: Templeton, 2021)를 보라

12. Tara Isabella Burton, *Strange Rites: New Religions for a Godless World* (New York: PublicAffairs, 2020).

13. C. S. Lewis, "Sometimes Fairy Stories May Say Best What's to Be Said," *New York Times Book Review*, November 18, 1956, 3, https://www.nytimes.com/1956/11/18/archives /sometimes-fairy-stories-may-say-best-whats-to-be-said.html.

14. Ken Myers, Paul M. Gould, *Cultural Apologetics: Renewing the Christian Voice, Conscience, and Imagination in a Disenchanted World* (Grand Rapids: Zondervan Academic, 2019), 20에서 인용된 켄 마이어스의 말이다. 이 단락에 포함된 인용문들은 모두 같은 책에서 가져왔다.

15. Blaise Pascal, *Pensées and Other Writings: A New Translation*, trans. Honor Levi (Oxford: Oxford University Press, 1995), 12.

16. Taylor, *Secular Age*, 304. 테일러, 《세속의 시대》(새물결 역간)

17. Rodney Stark, *The Rise of Christianity: How the Obscure, Marginal Jesus Movement Became the Dominant Religious Force in the Western World in a Few Centuries* (1996; repr., San Francisco: HarperSanFrancisco, 1997), 18. 로드니 스타크, 《기독교의 발흥: 사회과학자의 시선으로 탐색한 초기 기독교 성장의 요인》(좋은씨앗 역간)

# 2.
## 복음만이 현대인의 갈망을
## 성취함을 설명하다

1. C. G. Jung, *Psychological Reflections. A New Anthology of His Writings, 1905–1961*, ed. Jolande Jacobi (Princeton, NJ: Princeton University Press, 1973), 341.

2. *The Bourne Identity*, directed by Doug Liman, 2002, Universal Pictures.

3. Tom Holland, *Dominion: How the Christian Revolution Remade the World* (New York: Basic, 2019), 17. 톰 홀랜드, 《도미니언》(책과함께 역간)

4. Holland, *Dominion*, 17. 홀랜드, 《도미니언》(책과함께 역간)

5. C. S. Lewis, *The Weight of Glory: And Other Addresses* (1949; repr., New York:HarperOne, 2001), 31을 보라. C. S. 루이스, 《영광의 무게》(홍성사 역간)

6. "창조, 타락, 구속"이라는 용어는 주로 20세기 중엽의 네덜란드 개혁신학에서 사용된 것으로 알려져 있으나, 유사한 도식은 적어도 아우구스티누스까지 거슬러 올라간다. 신학자 헤르만 도예베르트는 *Roots of Western Culture: Pagan, Secular and Christian Options* (Toronto: Wedge, 1979)에서 이 창조, 타락, 구속 도식(CFR schema)을 통해 기독교적 세계관의 독자성을 설명한다. 헤르만 바빙크의 *Reformed Ethics*, vol. 1, *Created, Fallen, and Converted Humanity* (Grand Rapids: Baker, 2019)을 보라. 이러한 도식에 대한 더 자세한 논의는 토머스 보스턴의 *Human Nature in its Fourfold State* (Edinburgh: Banner of Truth, 1964)를 참조하라. 헤르만 도예베르트, 《서양 문화의 뿌리》(크리스천다이제스트 역간); 헤르만 바빙크, 《개혁파 윤리학 1》(부흥과개혁사 역간)

7. Christoher Watkin, *Biblical Critical Theory: How the Bible's Unfolding Story Makes*

*Sense of Modern Life and Culture* (Grand Rapids: Zondervan Academic, 2022)를 보라. 왓킨, 《성경적 비판 이론》(IVP 역간)

8. Thomas Hobbes, *Leviathan* (1651; repr., Cambridge: Cambridge University Press, 1996). 토머스 홉스, 《리바이어던》(동서문화사 역간)

9. 참고, Gordon Hull, *Hobbes and the Making of Modern Political Thought* (London: Continuum, 2009).

10. Hobbes, *Leviathan*, 88. 홉스, 《리바이어던》(동서문화사 역간)

11. Jean-Jacques Rousseau, *The Discourses and Other Early Political Writings,* ed. Victor Gourevitch (Cambridge: Cambridge University Press, 1997) 152, 218.

12. Augustine, *The City of God*, trans. R. W. Dyson (Cambridge: Cambridge University Press, 1998). 아우구스티누스, 《하나님의 도성》(크리스천다이제스트 역간)

13. '전복적 성취'라는 용어는 신학적 기원을 지니며, 네덜란드 선교신학자 헨드릭 크래머(Hendrik Kraemer, 1888-1965)의 저술 "연속성인가 불연속성인가(Continuity or Discontinuity)"에 처음 등장한다. 해당 글은 *The Authority of Faith: International Missionary Council Meeting at Tambaram, Madras,* ed. G. Paton (Oxford: Oxford University Press, 1939) 5에 수록되어 있다. 대니얼 스트레인지(Daniel Strange)의 "그들의 반석은 우리의 반석과 같지 않다: 타 종교의 '전복적 성취'로서의 복음(For Their Rock Is Not as Our Rock: The Gospel as the 'Subversive Fulfillment' of the Religious Other)", *Journal of the Evangelical Theological Society* 56권 2호: 391-92도 참고하라. 스트레인지가 전복적 성취를 구체적으로 발전시킨 내용은 이 책 5장을 참고하라.

14. T. S. Eliot, *Four Quartets* (New York: Harcourt Brace, 1943), 39.

15. G. K. Chesterton, *Orthodoxy* (New York: Allen Lane, 1909), 180. G. K. 체스터턴, 《정통》(복있는사람 역간)


# 3.
## 복음 논증을
## 창의적으로 상황화하다

1. 이 대화는 2017년 12월 11일에 이루어졌다.

2. "타당성 구조"(plausibility structures)란 우리가 무엇을 믿으려 할 때, 주변 사람들이나 자신이 속한 문화적 환경에 얼마나 큰 영향을 받는지를 보여 주는 개념이다. Peter L. Berger, *The Sacred Canopy: Elements of a Sociological Theory of Religion* (1967; repr., New York: Anchor, 1990), 45를 보라.

3. Joshua D. Chatraw and Mark D. Allen, *The Augustine Way: Retrieving a Vision for the Church's Apologetic Witness* (Grand Rapids: Baker Academic, 2023), 35-69.

4. 여기서 말하는 '합리성'은 보편적인 논리 법칙을 부정하는 개념이 아니다. 서로 다른 학문이나 문화 속에서 다양한 이론들을 받아들이거나 거부하게 만드는, 기저에 깔린

서로 다른 이성적 관점들을 뜻한다. 이에 관한 더 자세한 내용은 Alasdair MacIntyre, *Whose Justice? Which Rationality?* (Notre Dame, IN: University of Notre Dame Press, 1988); Alister McGrath, *The Territories of Human Reason: Science and Theology in the Age of Multiple Rationalities* (Oxford: Oxford University Press, 2019)를 참고하라.

5. 본서의 기고자들이 팀 켈러가 그랬던 것처럼, 각자의 글에서 소위 '고전적' 변증이나 '증거론적' 변증이라 일컬어지는 방식을 포함하여 기독교를 옹호하는 다양한 유형의 논거를 사용한다는 사실은, '변증'과 '문화 변증' 사이의 어떠한 명확한 구분에도 의문을 제기하게 만든다.

6. 저명한 변증가에 의한 이러한 주장 사례는 다음을 참고하라. William Lane Craig, *Reasonable Faith: Christian Truth and Apologetics*, 3rd ed. (Wheaton: Crossway, 2008), 65.

7. Stephen O. Presley, *Cultural Sanctification: Engaging the World Like the Early Church* (Grand Rapids: Eerdmans, 2024), 85. 스티븐 프레슬리, 《문화적 성화: 초기 교회처럼 세상에 참여하기》(부흥과개혁사 역간)

8. Presley, *Cultural Sanctification*, 85. 프레슬리, 《문화적 성화》(부흥과개혁사 역간)

9. Presley, *Cultural Sanctification*, 91. 프레슬리, 《문화적 성화》(부흥과개혁사 역간)

10. John C. Cavadini, *Visioning Augustine: Challenges in Contemporary Theology* (Oxford: Wiley-Blackwell, 2019), 241.

11. 이 부분의 나머지는 채트로우와 앨런의 저서 *The Augustine Way*(아우구스티누스의 길)에서 탐구된 몇 가지 주제를 압축한 것이다.

12. Gerard O'Daly, *Augustine's City of God: A Reader's Guide* (New York: Oxford University Press, 1999), 39. 오데일리는 다음과 같이 덧붙인다. "아우구스티누스가 초기 변증가들과 관련 문헌에서 주제와 논거들을 빌려 온 것은 의심의 여지가 없으나, 그의 선구자들 중 그 누구도 그의 변증적 관심사와 전략에 지배적이거나 심오한 영향을 끼친 이는 없다"(52).

13. 아우구스티누스의 배경에 대해 더 자세히 알고 싶다면, Peter Brown, *Augustine of Hippo: A Biography* (Berkley: University of California Press, 2000), 441-73쪽을 참조하라. 피터 브라운 《아우구스티누스》(새물결 역간)

14. Babcock, introduction to *The Works of Saint Augustine*, vol. I/6, *The City of God* (1-10), ed. Boniface Ramsey, trans. William Babcock (Hyde Park, NY: New City, 2012), xiv.

15. 예, Paul R. Kolbet, *Augustine and the Cure of Souls: Revising a Classical Ideal* (Notre Dame, IN: University of Notre Dame Press, 2009); Curtis Chang, *Engaging Unbelief: A Captivating Strategy from Augustine and Aquinas* (Downers Grove, IL: InterVarsity, 2000).

16. Augustine, *The City of God*, 19.4. 아우구스티누스, 《하나님의 도성》(크리스천다이제스트 역간)

17. Augustine, *The City of God*, 19.20. 아우구스티누스, 《하나님의 도성》(크리스천다이제스트 역간)

18. Peter Kreeft, *Christianity for Modern Pagans: Pascal's Pensées* (San Francisco: Ignatius, 1993), 12-13. Blaise Pascal, *Pensées*, trans. A. J. Krailsheimer (New York: Penguin, 1995)를 참조하라. 블레즈 파스칼, 《팡세》(두란노서원 역간)

19. Benjamin Storey and Jenna Silber Storey, *Why We Are Restless: On the Modern Quest for Contentment* (Princeton, NJ: Princeton University Press, 2021), 33.

20. Pascal, *Pensées*, 4. 아우구스티누스와 마찬가지로 파스칼은 신앙을 설명할 때 의학적인 비유를 즐겨 썼다. 따라서 그의 변증 방식 역시 일종의 치유적 접근이라 부를 수 있다. 파스칼과 아우구스티누스의 관계를 더 살펴보려면, James R. Peters, *The Logic of the Heart: Augustine, Pascal, and the Rationality of Faith* (Grand Rapids: Baker Academic, 2009)을 참조하라. 어떤 의미에서 파스칼은 아우구스티누스를 자신이 살던 시대와 장소에 맞게 회복하고 있었다. 파스칼, 《팡세》(두란노서원 역간)

21. Pascal, *Pensées*, 4 (§ 12). 파스칼, 《팡세》(두란노서원 역간)

22. Storey and Storey, *Why We Are Restless*, 65-66.

23. 파스칼의 내기에 관해 더 자세히 알고 싶다면, Graeme Hunter, *Pascal the Philosopher: An Introduction* (Toronto: University of Toronto Press, 2013), 92-148를 참고하라.

24. Pascal, *Pensées*, 125. 파스칼, 《팡세》(두란노서원 역간)

25. 파스칼의 접근에 관한 현대적 적용을 알고 싶다면, Joshua D. Chatraw and Jack Carson, *Surprised by Doubt: How Disillusionment Can Invite Us to a Deeper Faith* (Grand Rapids: Brazos, 2023), 125-62를 참고하라.

26. Benjamin K. Forrest, Joshua D. Chatraw, and Alister E. McGrath, *The History of Apologetics: A Biographical and Methodological Introduction* (Grand Rapids: Zondervan Academic, 2019), 539.

27. McGrath, "C. S. Lewis: Imaginative Apologetics of a Reluctant Convert," in Forrest, Chatraw, and McGrath, *History of Apologetics*, 616.

28. C. S. Lewis, *The Weight of Glory* (1949; repr., San Francisco: HarperOne, 2001), 31. C. S. 루이스, 《영광의 무게》(홍성사 역간)

29. C. S. Lewis, "Christian Apologetics," in *God in the Dock* (Grand Rapids: Eerdmans, 1970), 96. C. S. 루이스, 《피고석의 하나님》(홍성사 역간)

30. McGrath, "C. S. Lewis," 611.

31. Austin Farrer, "The Christian Apologist," in *Light on C. S. Lewis*, ed. Jocelyn Gibb (London: Bles, 1965), 37.

32. C. S. Lewis, *Mere Christianity* (1952; repr. New York: HarperCollins, 2001), 136-37. C. S. 루이스, 《순전한 기독교》(홍성사 역간)

33. Lewis, *Weight of Glory*, 140. 루이스, 《영광의 무게》(홍성사 역간)

## 4.
## 세상에 순응하지도,
## 세상을 정죄하지도 않다

1. Alan Noble, "How Conservative Christian Colleges Can Keep Their Faith: Empathize with LGBT Students," *The Atlantic*, August 17, 2016, https://www.theatlantic.com/politics/archive/2016/08/christian-colleges-lgbt/495815/.

2. Billy Binion, "Getting a Home Depot Employee Fired for Calling for Trump's Assassination Is Still Cancel Culture," Yahoo! News, accessed December 16, 2024, https://www.yahoo.com/news/getting-home-depot-employee-fired-194802635.html.

3. "소망의 두 가지 악덕은 절망과 과신이며, 이는 모든 종류의 선교적 과업에 커다란 위험 요소가 된다"(Josef Pieper, *Faith, Hope, Love* [San Francisco, CA: Ignatius, 2012], 113). 절망에 빠지면 당신이 증언하려는 대상이 이미 지옥행을 선고받았다고 믿게 되어 그들에게 노력을 기울일 가치가 없다고 여기게 된다. 반면 과신에 빠지면 그들이 이미 그리스도인이라거나 하나님이 알아서 구원하실 것이라고 가정해 버려 당신이 행동할 필요성을 느끼지 못하게 된다. 소망이라는 덕은 하나님의 완전하신 뜻을 신뢰하는 동시에 담대한 행동을 할 것을 요구한다.

4. Esther Lightcap Meek, *A Little Manual for Knowing* (Eugene, OR: Cascade, 2014), 18.

5. 실천적 지혜의 덕은 현실을 정확히 직시하고, (하나님이 정의하신 선에 따라) 무엇이 옳은 행동인지 숙고하며, 결단을 내리고, 그 결정에 따라 단호하게 행동하는 과정을 포함한다. 이에 대한 더 자세한 내용은 Josef Pieper, *The Four Cardinal Virtues* (repr., Notre Dame, IN: University of Notre Dame Press, 2010)를 보라.

6. 그리스도께서 동일한 본문 뒷부분에서 제자들에게 치밀하게 고려된 수사법을 사용하지 말고 '아버지의 성령'께서 그들을 통해 말씀하시도록 하라고 명령하신 것은 사실이다(마 10:20). 그러나 '뱀처럼 지혜롭고 비둘기처럼 순결하라'는 일반 원리와 달리, 자신들을 박해하는 총독들과 재판관들 앞에서 할 말을 성령의 초자연적 능력에 전적으로 의존하라는 이 명령은, 나에게 있어 초기 교회의 특정 시기와 장소에 국한된 개별적인 명령으로 여겨진다.

7. Alan Noble, *You Are Not Your Own: Belonging to God in an Inhuman World* (Downers Grove, IL: InterVarsity Press, 2021). 앨런 노블, 《나는 나의 것이 아니다》(두란노 역간)

8. *City of God*(15.22) 잘 알려진 것처럼 아우구스티누스는 참된 미덕은 사랑의 순서가 바르게 된 것이라고 말한다.

# 5.
# 문화적 서사에 숨은 우상을
# 깨닫게 하다

1. Alexander Roberts and James Donaldson, eds., "Epistle to Diognetus" (1867), in *Ante-Nicene Christian Library* (Edinburgh: T&T Clark, 1885), https://www.earlychristianwritings.com/text/diognetus-roberts.html.

2. Clayton N. Jefford, ed., *The Epistle to Diognetus* (with the Fragment of Quadratus): *Introduction, Text, and Commentary* (Oxford: Oxford University Press, 2013)을 보라. Robert J. Strachan, "'In the World but Not of the World': The Concept of πολιτεία in the

Epistle to Diognetus," *Journal of the Evangelical Theological Society* 66, no. 4 (2023): 697-725을 보라.

3. David Aune, *The Westminster Dictionary of New Testament and Early Christian Literature and Rhetoric* (Louisville: Westminster John Knox, 2003), 385, Strachan, "In the World but Not of the World," 701 재인용.

4. 별도의 표기가 없는 한, 이 장에 인용된 모든 성경 구절은 NIV에서 사용함.

5. Daniel Strange, "For Their Rock Is Not as Our Rock: The Gospel as the 'Subversive Fulfillment' of the Religious Other," *Journal of the Evangelical Theological Society* 56, no. 2 (2013): 379-95; Strange, *Their Rock Is Not like Our Rock: A Theology of Religions* (Grand Rapids: Zondervan, 2014); Strange, *Plugged In: Connecting Your Faith with What You Watch, Read, and Play* (Epsom: Good Book, 2019)를 보라. 팀 켈러는 수많은 기고문과 강연에서 이 용어들을 활용한다(cf. Collin Hansen, *Timothy Keller: His Spiritual and Intellectual Formation* [Grand Rapids: Zondervan. 2023], 248), 예를 들어 "Lemonade on the Porch (Part 1): The Gospel in a Post-Christendom Society" 등이 있다. Spring 2023, https://gospelinlife.com/article/gospel-in-a-post-christendom-society/. 대니얼 스트레인지, 《복음과 문화 사이》(두란노 역간)

6. 크래머와 그의 사상에 대해서 더 자세한 사항을 알고 싶다면, Tim S. Perry, *Radical Difference: A Defence of Hendrik Kraemer's Theology of Religions* (Ontario: Wilfried Laurier, 2001)를 보라.

7. 해당 논문은 Hendrik Kraemer, "Continuity or Discontinuity,"로 *The Authority of Faith: International Missionary Council Meeting at Tambaram, Madras*, vol. 1. (London: Oxford University Press, 1939), 5에 실려 있다. 이보다 더 방대한 저작은 Hendrik Kraemer, *The Christian Message in a Non-Christian World* (London: Edinburgh House, 1938)이다.

8. Kraemer, "Continuity or Discontinuity," 3.

9. Kraemer, "Continuity or Discontinuity," 3.

10. Kraemer, "Continuity or Discontinuity," 5.

11. Kraemer, "Continuity or Discontinuity," 3.

12. Kraemer, "Continuity or Discontinuity," 5.

13. 한 가지 짚고 넘어갈 점은 크래머의 용어 풀이와 그의 전반적인 신학 체계에 신정통주의적 색채가 드리워져 있다는 것이다. 나는 그에게서 어느 정도 거리를 두고 싶다.

14. Henry R. van Til, *The Calvinistic Concept of Culture* (1959; repr., Grand Rapids: Baker Academic, 2001), 200.

15. Mike Goheen, "Gospel, Culture, and Cultures: Lesslie Newbigin's Missionary Contribution," *Philosophia Reformata* 66, no. 2 (2001): 178-88.

16. 고힌은 이 용어를 인식한 뉴비긴이 다음 논문에 빚지고 있다는 점을 주목한다. Willem Visser't Hooft in *Accommodation: True or False, South East Asia Journal of Theology*, 8, January 3, 1967, 5-18.

17. Goheen, "Gospel, Culture, and Cultures," 181.

18. Goheen, "Gospel, Culture, and Cultures," 182.

19. 여기서 나는 "형상들"(figures)이라는 용어를 사용하여 문화 요소들과 "우리가 세상 속

에서 살아가는 방식을 이해하는 법"을 묘사한 크리스토퍼 왓킨의 논의를 차용하고 있다. Christopher Watkin, *Biblical Critical Theory* (Grand Rapids: Zondervan, 2022), 4-10 을 보라.

20. 'δεισιδαιμονεστέρους'(사도행전 17장 22절에서 아테네 사람들을 향해 범사에 종교심이 많다고 할 때 사용한 단어)는 '*hapax legomenon*'(단 한 번 말해진 것)이다. 이에 대한 상세한 설명은 Flavien Pardigon, *Paul Against the Idol: A Contextual Reading of the Areopagus Speech* (Eugene, OR: Pickwick, 2019), 130-43을 참고하라.

21. Cornelius Van Til, *The Defense of the Faith* (Phillipsburg, NJ: P&R, 1967), 190. Greg L. Bahnsen, *Van Til's Apologetic: Readings and Analysis*, 459에서 인용. 코넬리우스 반틸, 《코넬리우스 반틸 변증학》(개혁주의신학사 역간)

22. 나는 예수 그리스도가 J. H. 바빙크가 발전시킨 형태론적 개념인 명백한 "마그네틱 포인트"(magnetic points)을 어떻게 전복적으로 성취하시는지 입증함으로써 이 논의를 더욱 상세히 전개한 바 있다. 이 마그네틱 포인트는 인간이 씨름하는 영구적인 질문이자 우리의 "종교적 의식"을 구성하는 요소들로, 전체성(totality), 규범(norm), 구원(deliverance), 운명(destiny), 초월적 능력(higher power) 같은 것을 의미한다. Daniel Strange, *Making Faith Magnetic: Five Hidden Themes Our Culture Can't Stop Talking About … and How to Connect Them to Christ* (Epsom: Good Book, 2022)를 보라.

23. Daniel Strange, *Plugged In: Connecting Your Faith to What You Watch, Read, and Play* (Epsom: Good Book, 2019), 119-20. 대니얼 스트레인지, 《복음과 문화 사이》(두란노 역간)

24. "그리스도께서는 한 민족의 삶을 자신의 손에 취하셔서, 왜곡되고 변질된 것을 새롭게 하시고 재확립하신다. 그분은 모든 사물과 모든 언어, 모든 관습에 새로운 의미를 채워 넣으시고 그것에 새로운 방향을 부여하신다. 이것은 '적응'(adaptation)도 '수용'(accommodation)도 아니다. 본질적으로, 하늘과 땅의 모든 권세를 받으신 그분께서 무언가를 정당하게 소유하시는 것이다." J. H. Bavinck, *An Introduction to the Science of Missions*, trans. David Hugh Freeman (Grand Rapids: Baker, 1960), 179. J. H. 바빙크, 《선교학 개론》(성광문화사 역간)

25. Tim Keller, *Center Church* (Grand Rapids: Zondervan, 2012), 120. 팀 켈러, 《팀 켈러의 센터처치》(두란노 역간)

26. Ted Turnau, *Popologetics: Popular Culture in Christian Perspective* (Phillipsburg: P&R, 2012).

27. Joshua D. Chatraw, *Telling a Better Story: How to Talk About God in a Skeptical Age* (Grand Rapids: Zondervan, 2020), 63-70.

28. Watkin, *Biblical Critical Theory*, 16-17. 왓킨, 《성경적 비판 이론》(IVP 역간)

29. 사도행전 17장의 바울의 격분을 기억하라.

30. Van Til, *An Introduction to Systematic Theology*, 206. 코넬리우스 반틸, 《코넬리우스 반틸의 조직신학 서론》(크리스찬 역간)

31. 이러한 "가면 벗기기"(unmasking)는 "엘렝틱스"(elenctics)라고 부르는 고유한 학문 영역이 있다. 다음을 보라. Daniel Strange, "An Apology for Elenctics: The Unmasking of Sin in the Retrieval of a Theological Discipline," in *Ruined Sinners to Reclaim: Human Corruption in Historical, Biblical, Theological and Pastoral Perspective*, ed. David Gibson and Jonathan Gibson (Wheaton, IL: Crossway, 2024), 821-44.

32. Watkin, *Biblical Critical Theory*, 526. 왓킨, 《성경적 비판 이론》(IVP 역간)

33. 이러한 역학관계에 대해서 더 알고 싶다면 다음을 참조하라. Watkin, *Biblical Critical Theory*, 525-27. 왓킨, 《성경적 비판 이론》(IVP 역간)

34. Keller, "Lemonade on the Porch."

# 6.
## 굳게 닫힌 마음을 열고
## 어두워진 지성을 밝히다

1. 본 장은 내가 최근 발표한 여러 저술에서 전개한 몇 가지 논증을 효율적으로 재구성하고 발전시킨 내용이다. 특히 다음을 참고하라. N. Gray Su*tanto, A Sense of the Divine: An Affective Model of General Revelation from the Reformed Tradition* (Cambridge: Cambridge University Press, 2025); Sutanto, *God and Humanity: Herman Bavinck and Theological Anthropology* (London: T&T Clark, 2024); Sutanto, *For Us and Our Salvation: The Biblical Doctrines of Humanity and Sin* (Bellingham, WS: Lexham, 2025); Sutanto, "On Revelation and the Psychical Effects of Sin: Toward a Constructive Proposal," in *Ruined Sinners to Reclaim: Sin and Depravity in Historical, Biblical, Theological, and Pastoral Perspective*, ed. David Gibson and Jonathan Gibson (Wheaton, IL: Crossway, 2024), 669-98.

2. Herman Bavinck, "The Unconscious," in *Essays on Religion, Science, and Society*, ed. John Bolt, trans. Harry Boonstra and Gerrit Sheeres (Grand Rapids: Baker Academic, 2008), 197.

3. Bavinck, "The Unconscious," 197.

4. Johan H. Bavinck, "Het problem der anknüpfung bij Evangelieverkondiging," *Vox Theologica* 11 (1940): 110, 저자 번역.

5. Herman Bavinck, *Magnalia Dei: Onderwijzing in de christelijke religie naar gereformeerde belijdenis* (Kampen: Kok, 1909), 36. 헤르만 바빙크, 《하나님의 큰일》(기독교문서선교회 역간)

6. John Calvin, *Institutes of the Christian Religion*, trans. Ford L. Battles, ed. John McNeill (London: SCM, 1961), 1.3.3. 존 칼빈, 《기독교 강요》(크리스천다이제스트 역간)

7. Bavinck, *Magnalia Dei*, 36. 바빙크, 《하나님의 큰일》(기독교문서선교회 역간)

8. 여기에는 헤르만 바빙크의 능력 심리학(Faculty Psychology)이 배경으로 깔려 있다. 바빙크는 몸을 입은 영혼이 두 가지 능력, 즉 지성과 의지를 가지고 있다는 고전적 견해를 유지한다. 하지만 그는 이 두 능력이 '무의식적' 층위와 '의식적' 층위를 모두 가지고 있다고 주장한다. 즉 지성은 무의식적으로 혹은 의식적으로 알 수 있으며, 의지 또한 무의식적으로 혹은 의식적으로 열망할 수 있다는 것이다. 감정과 정서는 지성과 의지의 무의식적(암묵적) 차원에 속하는 것이지, 제3의 독립된 능력을 가리키는 것이 아

니다. 다음을 참조하라. Sutanto, *God and Humanity*, chap. 2.

9. 정서 이론의 신학적 적용에 대해서는 다음을 참조하라. Sutanto, *God and Humanity*, esp. chaps. 3-4; Simeon Zahl, *The Holy Spirit and Christian Experience* (Oxford: Oxford University Press, 2022).

10. Johan Bavinck, "Christian Faith and Religious Consciousness," in *The J. H. Bavinck Reader*, trans. J. A. De Jong, ed. J. Bolt, J. Bratt, and P. J. Visser (Grand Rapids: Eerdmans, 2013), 285. 강조는 내가 한 것임.

11. Johan Bavinck, *The Church Between the Temple and the Mosque* (Glenside, PA: Westminster Seminary Press, 2023), 117-18.

# 7.
## 하나님 없는 삶이
## 왜 모순인지를 이해시키다

1. 본 장의 내용 중 일부는 이전에 발표된 다음의 기고문을 바탕으로 발전시킨 것이다. Gavin Ortlund, "Apologetics in an Age of Despair," The Gospel Coalition, June 23, 2023, https://www. thegospelcoalition.org/article/apologetics-age-despair/.

2. C. S. Lewis, *That Hideous Strength: A Modern Fairy-Tale for Grown-Ups* (1945; repr., New York: Scribner, 2003), 244. C. S. 루이스, 《그 가공할 힘》(홍성사 역간)

3. "마법"(enchantment)의 본성에 대해서는 다음을 참조하라. Rod Dreher, *Living in Wonder: Finding Mystery and Meaning in a Secular Age* (Grand Rapids: Zondervan, 2024), 7-17.

4. Charles Taylor, *A Secular Age* (Cambridge, MA: Belknap, 2007), 307. 찰스 테일러, 《세속의 시대》(새물결 역간)

5. Taylor, *A Secular Age*, 717. 테일러, 《세속의 시대》(새물결 역간)

6. Taylor, *A Secular Age*, 307. 테일러, 《세속의 시대》(새물결 역간)

7. Tim Keller, *Making Sense of God: An Invitation to the Skeptical* (New York: Viking, 2016), 80. 팀 켈러, 《팀 켈러의 답이 되는 기독교: 현대 세속주의를 의심하다》(두란노 역간)

8. 월터 카우프만은 이 구절에서 '신의 죽음'을 "궁극적 실재에 관한 형이상학적 추측이 아니라, 현대 문명에 대한 진단적 시도"라고 지적한다. *Nietzsche: Philosopher, Psychologist, Antichrist*, 4th ed. (Princeton, NJ: Princeton University Press, 1974), 100.

9. Friedrich Nietzsche, *The Gay Science*, as cited in R. J. Hollingdale, *Nietzsche: The Man and His Philosophy* (Cambridge: Cambridge University Press, 2001), 139.

10. 예를 들어 다음을 보라. Sam Harris, *The Moral Landscape: How Science Can Determine Human Values* (New York: Free Press, 2011), 15-16.

11. Jean-Paul Sartre, "Existentialism Is a Humanism," in *Existentialism from Dostoevsky to Sartre*, ed. Walter Kaufmann, rev. ed. (New York: Plume, 2004), 353. 장 폴 사르트르,

《실존주의는 휴머니즘이다》(이학사 역간)

12. Sartre, "Existentialism Is a Humanism," 353. 사르트르와 니체와 도스토옙스키의 관계에 대한 더 자세한 내용은 나의 책 *Why God Makes Sense in a World That Doesn't: The Beauty of Christian Theism* (Grand Rapids: Baker Academic, 2021), 130-33를 참조하라.

13. Albert Camus, *The Myth of Sisyphus and Other Essays* (New York: Vintage, 2012), 151. 알베르 카뮈, 《시지프 신화》(민음사 역간)

14. Lisa Marshall, "Suicide Rates in the US Are on the Rise: New Study Offers Surprising Reasons Why," CU Boulder Today, February 15, 2024, https://www.colorado.edu /today/2024/02/15/suicide-rates-us-are-rise-new-study-offers-surprising-reasons-why.

15. *The Letters of Saint Anselm of Canterbury*, vol. 1, trans. Walter Frolich (Kalamazoo, MI: Cistercian, 1990), 84.

16. *The Letters of Saint Anselm of Canterbury*, vol. 1, 144.

17. C. S. Lewis, *The Four Loves, in The Beloved Works of C. S. Lewis* (New York: International, 1984), 245. C. S. 루이스, 《네 가지 사랑》(홍성사 역간)

18. "Japan Appoints Minister of Loneliness, Can He Solve the Loneliness Problem?," OMF United States, August 17, 2021, https://omf.org/us/japan-appoints-minister-of-loneliness-can-he-solve-the-loneliness-problem/.

19. Alexandr Solzhenitsyn, "Men Have Forgotten God: The Templeton Address," in *In the World: Reading and Writing as a Christian*, ed. John H. Timmerman and Donald R. Hettinga (Grand Rapids: Baker, 2004), 145.

20. Peter J. Kreeft, *The Philosophy of Tolkien: The Worldview Behind the Lord of the Rings* (San Francisco: Ignatius, 2005), 33.

21. John R. W. Stott, *The Message of Acts* (Downers Grove, IL: InterVarsity, 1990), 290. 존 스토트, 《사도행전》(IVP 역간)

22. C. S. Lewis, *The Weight of Glory* (New York: Macmillan, 1949), 31. C. S. 루이스, 《영광의 무게》(홍성사 역간)

23. Taylor, *A Secular Age*, 711. 테일러, 《세속의 시대》(새물결 역간)

# 8.
## 기독교는 과연 선한가?

1. Richard Dawkins, *The God Delusion* (Boston, MA: Houghton Mifflin Harcourt, 2006), 31. 리처드 도킨스, 《만들어진 신》(김영사 역간)

2. Tom Holland, *Dominion: How the Christian Revolution Remade the World* (New York: Basic, 2019), 138-39. 톰 홀랜드, 《도미니언》(책과함께 역간)

3. Holland, *Dominion*, 99. 홀랜드, 《도미니언》(책과함께 역간)

4. Christian Smith, *Atheist Overreach: What Atheism Cannot Deliver* (Oxford: Oxford University Press, 2018).

5. Smith, *Atheist Overreach*, 15, 14.

6. Smith, *Atheist Overreach*, 49.

7. Yuval Noah Harari, *Sapiens: A Brief History of Humankind* (New York: HarperCollins, 2015), 32. 유발 하라리, 《사피엔스》(김영사 역간)

8. Harari, *Sapiens*, 253. 하라리, 《사피엔스》(김영사 역간)

9. Harari, *Sapiens*, 109. 하라리, 《사피엔스》(김영사 역간)

10. Harari, *Sapiens*, 110. 하라리, 《사피엔스》(김영사 역간)

11. Steven Pinker, "The False Allure of Group Selection," Edge, June 18, 2012, https://www.edge.org/conversation/steven_pinker-the-false-allure-of-group-selection.

12. 다음 책의 4, 5, 9, 10장을 참조하라. *Confronting Christianity: 12 Hard Questions for the World's Largest Religion* (Wheaton, IL: Crossway, 2019); and *The Secular Creed: Engaging 5 Contemporary Claims* (Austin, TX: The Gospel Coalition, 2021). 레베카 맥러플린, 《기독교가 직면한 12가지 질문》(죠이북스 역간)

13. Thomas F. Madden, *The New Concise History of the Crusades*, rev. ed. (Oxford: Roman and Littlefield, 2006), 2-4를 보라. 지하드(jihad)라는 단어는 내면적 투쟁과 외면적 투쟁 모두를 의미할 수 있으며, 이슬람 학자들은 꾸란에 등장하는 이른바 칼의 구절들의 의미를 두고 논쟁을 벌인다. 그러나 아무리 긍정적으로 해석하더라도, 꾸란에 나타난 수많은 전투의 부름과 군사 지도자로서 무함마드의 행적은 폭력의 문제에 있어 예수님 및 신약성경과 강렬한 대조를 이룬다.

14. 참고, Madden, *Crusades*, 2-3.

15. 이것에 대해서 더 알기 원한다면 다음을 참고하라. "Doesn't Religion Cause Violence?," in Rebecca McLaughlin, *Confronting Christianity: 12 Hard Questions for the World's Largest Religion* (Wheaton, IL: Crossway, 2018), 75-94. 맥러플린, 《기독교가 직면한 12가지 질문》(죠이북스 역간)

16. 기독교와 노예 제도의 역사에 관해 더 알기 원한다면 다음을 참고하라. "Doesn't the Bible Condone Slavery?" in *Confronting Christianity*, 175-92. 맥러플린, 《기독교가 직면한 12가지 질문》(죠이북스 역간)

17. Holland, *Dominion*, 494. 홀랜드, 《도미니언》(책과함께 역간)

18. Kyle Harper, *From Shame to Sin: The Christian Transformation of Sexual Morality in Late Antiquity* (Cambridge, MA: Harvard University Press, 2013).

## 9.
## 기독교는 과연
## 아름다운가?

1. Charles Taylor, *Cosmic Connections: Poetry in the Age of Disenchantment* (Cambridge, MA: Belknap, 2024), 55-56.
2. C. S. Lewis, *Mere Christianity* (New York: Touchstone, 1996), 120. C. S. 루이스, 《순전한 기독교》(홍성사 역간)
3. Lewis, *Mere Christianity*, 121. 루이스, 《순전한 기독교》(홍성사 역간)
4. John Owen, *Communion with the Triune God*, ed. Kelly M. Kapic and Justin Taylor (Wheaton, IL: Crossway, 2007), 145.
5. Owen, *Communion*, 149.
6. Junius Johnson, *The Father of Lights: A Theology of Beauty* (Grand Rapids: Baker Academic, 2020), 168.
7. Dane Ortlund, *Edwards on the Christian Life: Alive to the Beauty of God* (Wheaton, IL: Crossway: 2014), 18.
8. Jonathan Edwards, "Jesus Christ Glorious Exalted Above All Evil in the Work of Redemption," in *The Works of Jonathan Edwards* (Carlisle, PA: Banner of Truth Trust, 2009), 215.
9. Larry Hurtado, *Destroyer of the Gods: Early Christian Distinctiveness in the Roman World* (Waco, TX: Baylor University Press, 2016), 9. 래리 허타도, 《처음으로 기독교인이라 불렸던 사람들》(이와우 역간)
10. 이 주제에 대한 포괄적인 연구는 다음을 참고하라. John Dickson, *Bullies and Saints: An Honest Look at the Good and Evil of Christian History* (Grand Rapids: Zondervan Reflective, 2021). 존 딕슨, 《벌거벗은 기독교 역사: 악당인가 성자인가, 회복을 위해 마주해야 할 역사 속 기독교》(두란노 역간)
11. Saint Augustine, *The Works of Saint Augustine: A Translation for the 21st Century*, vol. 18, *Expositions of the Psalms 73–98*, ed. John E. Rotelle, trans. Maria Boulding (Hyde Park, NY: New City Press, 2002), 211-12.
12. Johnson, *Father of Lights*, 21.
13. Johnson, *Father of Lights*, 24.

## 10.
## 기독교는 과연
## 진리인가?

1. "살아 있는" 선택 사항("live" option)이라는 용어에 대해서는 다음을 보라. 윌리엄 제임

스(William James)의 유명한 에세이, "The Will to Believe," in *The Will to Believe and Other Essays in Popular Philosophy* (New York: Longmans, Green, and Co, 1897), 1-31.

2. Alexis De Tocqueville, *Democracy in America*, vol. 2, trans. Henry Reeve (New York: Appleton, 1899), 3. 알렉시 드 토크빌, 《미국의 민주주의 2》(한길사 역간)

3. Catherine Legg and Christopher Hookway, "Pragmatism," *The Stanford Encyclopedia of Philosophy*, ed. Edward N. Zalta, Summer 2021, https://plato.stanford.edu/archives/sum2021/entries/pragmatism.

4. Louis Menand, *The Metaphysical Club: A Story of Ideas in America* (New York: Farrar, Straus, and Giroux, 2001), xi.

5. 미국 복음주의 교계에서 더 성공적이고 구도자에게 민감한 분파들은 '일상생활'에 초점을 맞춘 '적용 중심적'이고 '원리 중심적'인 설교를 압도적으로 선호한다.

6. '표현적 개인주의'에 관한 독창적인 연구에 대해서는 다음을 보라. Robert N. Bellah et al., *Habits of the Heart: Individualism and Commitment in American Life* (Berkeley: University of California Press, 1985).

7. 진정성에 대해서는 이제 고전이 된 다음의 저서를 보라. Charles Taylor, *A Secular Age* (Cambridge, MA: Belknap, 2007), 475. 찰스 테일러, 《세속의 시대》(새물결 역간)

8. Philip Rieff, *The Triumph of the Therapeutic: Uses of Faith after Freud* (New York: Harper Torchbooks, 1966).

9. Taylor, *A Secular Age*, 300. 테일러, 《세속의 시대》(새물결 역간)

10. 이것은 본래 더 과학적이고 냉철했던 실용주의가 변질된 결과가 아니다. 윌리엄 제임스 본인도 '영적인 것'에 대한 열렬한 신봉자였으며, 접골 요법, 마음 치유, 최면술과 같은 비주류 의료 행위들을 옹호했을 뿐만 아니라, '범심론적 영역'의 존재를 입증하기 위해 심령술사들을 테스트하는 실험을 직접 수행하기도 했다. Menand, *The Metaphysical Club*, 90-91. 실제로 19세기 심령주의 운동의 탄생은 현대 과학의 탄생 및 실천과 항상 그 기원을 공유해 왔는데, 이에 대해서는 다음을 보라. Dominic Green, *The Religious Revolution: The Birth of Modern Spirituality, 1848–1898* (New York: Farrar, Strauss and Giroux, 2022). 더 깊은 층위의 영적 자아 안에서 자연적 질서와 초자연적 질서의 통일된 장을 찾아내려는 충동은 단언컨대 훨씬 더 오래전부터 존재해 왔다. Michael Horton, *Shaman and Sage: The Roots of "Spiritual but Not Religious" in Antiquity*, vol. 1, *The Divine Self* (Grand Rapids: Eerdmans, 2024).

11. 또 다른 초월주의자의 말을 인용하자면, "내가 나 자신과 모순되는가? / 좋다, 그렇다면 나는 나 자신과 모순되는 것이다. / (나는 거대하며, 내 안에는 수많은 군상이 들어 있다)." Walt Whitman, "Song of Myself," in *Leaves of Grass*, final "Death-Bed" ed. (Philadelphia: McKay, 1892), 51.

12. Byung-Chul Han, *The Crisis of Narration*, trans. Daniel B. Steuer (Cambridge: Polity, 2024). 어떤 면에서 한병철은 포스트모던의 조건을 "거대 서사에 대한 불신"으로 정의한 장 프랑수아 리오타르의 유명한 정의를 현대적으로 갱신하여 제시하고 있다. Lyotard, *The Postmodern Condition: A Report on Knowledge*, trans. Geoff Bennington and Brian Massumi (Minneapolis: Minnesota University Press, 1984), xxiii-xxiv. 그러나 스크린, 스마트폰, 소셜 미디어의 출현이 불러온 판이하게 다른 사회적 여건을 고려할 때 이러한 갱신은 반드시 필요하다. 한병철, 《서사의 위기》(다산초당 역간)

13. Han, *Crisis*, vii. 한병철, 《서사의 위기》(다산초당 역간)

14. Han, *Crisis*, 66. 한병철, 《서사의 위기》(다산초당 역간)

15. 사이버 발칸화(Cyberbalkanization)는 물질적·사회적 관점에서 분석할 가치가 있는, 널리 논의되는 현상이다. 신학적으로 이는 바벨탑 사건 이후의 추가적인 파편화, 즉 언어와 언술, 영적 고백들이 뒤섞여 혼란에 빠진 상태로 볼 수 있다.

16. 나는 '교차 압박'(cross-pressured)과 '취약화'(fragilized)라는 용어를 테일러에게서 빌려 왔다. 첫 번째 용어는 자아가 믿음을 가질 때(혹은 불신할 때) 겪게 되는 중첩된 힘들의 긴장 상태를 묘사한다. 후자는 믿음 그 자체의 상태, 즉 교차 압박을 받는 위치에 있는 사람들이 믿음을 유지하는 방식을 의미한다. Taylor, *A Secular Age*, 302, 531. 테일러, 《세속의 시대》(새물결 역간)

17. 이에 대해서는 다음 책 1장을 보라. Rebecca McLaughlin, *Confronting Christianity: 12 Hard Questions for the World's Largest Religion* (Wheaton, IL: Crossway, 2019). 맥러플린은 이러한 종류의 자료들을 상당히 많이 수집했으나, 내가 여기서 논의하는 유사-실용주의적 방식으로는 활용하지 않았다.

18. 예를 들어 다음을 보라. Andy Bannister, "When Your Neighbor Accepts Christianity as Good (but Not True)," The Gospel Coalition, August 26, 2024, https://www.thegospelcoalition.org/article/christianity-good-not-true/.

19. 본 장에서 진리에 관한 전면적인 성경 신학을 제시하려는 것은 아니다. 더 자세한 내용은 다음을 참조하라. Roger Nicole, "The Biblical Concept of Truth," in *Scripture and Truth*, ed. D. A. Carson and John D. Woodbridge (Grand Rapids: Zondervan, 1983), 287-98. 요한복음에서 참진리이신 예수에 관한 심화된 고찰은 다음을 보라. Andrew T. Lincoln, *Truth on Trial: The Lawsuit Motif in the Fourth Gospel* (Peabody, MA: Hendrickson, 2000).

20. 다시 말해, 부활의 역사성을 입증할 수 있는 요약된 핵심 논거를 지적으로 잘 준비해 두는 것은 언제나 유익하다. 이 분야의 방대한 역작으로는 다음 책이 있다. N. T. Wright, *The Resurrection of the Son of God* (Minneapolis: Fortress, 2003). 더 간략하게는 Timothy Keller, *Hope in Times of Fear: The Resurrection and the Meaning of Easter* (New York: Viking, 2021), 1-21가 있다. 이 책은 부활의 실존적·우주적 함의로 넘어가기 전, 부활에 대한 탁월하고 압축적인 역사적 변증을 제시한다. 솔직히 이 책 전체가 내가 여기서 필요하다고 주장하는 바를 그대로 구현해 낸 거장의 강의와도 같다. 톰 라이트, 《하나님의 아들의 부활》(크리스천다이제스트 역간); 팀 켈러, 《부활을 입다》(두란노 역간)

21. 이에 대해서는 인권이 실제적 근거가 없고 단지 우리가 우리 자신에게 들려주는 이야기에 불과하다는 유발 하라리의 주장을 두고 톰 홀랜드와 조던 피터슨 사이에 벌어진 논쟁을 분석한 나의 기고문을 보라. Derek Rishmawy, "Is There a 'There' There? Peterson, Harari, and Holland on Human Rights," The Gospel Coalition, February 9, 2024, https:// www.thegospelcoalition.org/article/peterson-harari-holland/.

22. Søren Kierkegaard, *Kierkegaard's Journals and Notebooks*, vol. 1, *Journals AA–DD*, ed. Niels Jørgen Cappelørn et al. (Princeton, NJ: Princeton University Press, 2007), journal AA:12, entry for 1 Aug. 1835, 19.

**11.**
**교회: 복음을 삶으로 보여 주는**
**매력적인 공동체**

1. Lesslie Newbigin, *The Gospel in a Pluralist Society* (Grand Rapids: Eerdmans, 1989), 227. 레슬리 뉴비긴, 《다원주의 사회에서의 복음》(IVP 역간)

2. Jim Davis and Michael Graham, with Ryan P. Burge, *The Great Dechurching: Who's Leaving, Why Are They Going, and What Will It Take to Bring Them Back?* (Grand Rapids: Zondervan Reflective, 2023), 25-28. 짐 데이비스, 마이클 그레이엄, 라이언 버지, 《탈기독교시대 교회》(두란노 역간)

3. James Davison Hunter, *To Change the World: The Irony, Tragedy, and Possibility of Christianity in the Late Modern World* (Oxford: Oxford University Press, 2010), 32, 45. 제임스 헌터, 《기독교는 어떻게 세상을 변화시키는가: 포스트모더니즘 시대 정치신학의 한계와 가능성》(새물결플러스 역간)

4. Lesslie Newbigin, *The Gospel in a Pluralist Society* (Grand Rapids: Eerdmans, 1989), 188. 뉴비긴, 《다원주의 사회에서의 복음》(IVP 역간)

5. Andy Crouch, *Culture Making: Recovering Our Creative Calling* (Downers Grove, IL: IVP, 2008), 24.

6. Crouch, *Culture Making*, 28.

7. 문화 순응과 문화 탈피에 관한 아이디어는 다음의 책에서 논의된다. Richard Lovelace, *Dynamics of Spiritual Life: An Evangelical Theology of Renewal* (1970; repr., Downers Grove, IL: InterVarsity Press, 2020), 184-200.

8. Martin Luther, *Works of Martin Luther*, trans. and ed. Adolph Spaeth et al. (Philadelphia: Holman, 1915), 1:29-38, https://www.projectwittenberg.org/pub/resources/text/wittenberg/luther/web/ninetyfive.html.

9. Hampton Sides, *In the Kingdom of Ice: The Grand and Terrible Polar Voyage of the USS Jeannette* (New York: Anchor, 2015), 43.

10. Westminster Confession of Faith 5.3, https://www.ligonier.org/learn/articles/westminster-confession-faith. "웨스트민스터 신앙고백서" 5장 3항

11. '두 세계 사이에'(Between Two Worlds)는 영국 복음주의자 존 스토트가 기독교 설교에 관해 쓴 유명한 저서의 제목으로, 이는 "설교 사역이란 … 계시된 말씀과 현대 세계 사이에 다리를 놓는 활동"이라는 그의 통찰에 뿌리를 두고 있다. Stott, *Between Two Worlds: The Art of Preaching in the Twentieth Century* (Grand Rapids: Eerdmans, 1982), 178. 존 스토트, 《현대 교회와 설교》(생명의샘 역간)

12. Newbigin, *Gospel in a Pluralist Society*, 227. 뉴비긴, 《다원주의 사회에서의 복음》(IVP 역간)

**12.**
**앞마당: 불신자가 편안하게**
**복음을 탐색하는 공간**

1. Tim Keller, "Lemonade on the Porch (Part 1): The Gospel in a Post-Christendom Society," Gospel in Life, Spring 2023. https://gospelinlife.com/article/gospel-in-a -post-christendom-society/; James Eglinton, "Lemonade on the Porch (Part 2)—Why and How to Build Porches: The Gospel in a Post-Christendom Society," Gospel in Life, Summer 2023, https://gospelinlife.com/article/lemonade-on-the-porch-part-2/.

2. J. H. Bavinck, *Personality and Worldview*, ed. and trans. James Eglinton (Wheaton, IL: Crossway, 2023).

3. 카이퍼에 관한 입문서로는 다음을 참조하라. James Bratt, *Abraham Kuyper: Modern Calvinist, Christian Democrat* (Grand Rapids: Eerdmans, 2013); Richard Mouw, *Abraham Kuyper: A Short and Personal Introduction* (Grand Rapids: Eerdmans, 2011); and Robert Joustra and Jessica Joustra, eds., *Calvinism for a Secular Age: A Twenty-First Century Reading of Kuyper's Stone Lectures* (Downers Grove, IL: IVP Academic, 2022). 리처드 마우, 《아브라함 카이퍼》(SFC 역간); 제시카 자우스트라, 로버트 자우스트라 편집, 《세속 시대를 위한 칼뱅주의》(다함 역간)

4. Abraham Kuyper, *Pro Rege 1: Living Under Christ the King*, trans. Albert Gootjes (Bellingham, WA: Lexham, 2016), 13.

5. Kuyper, *Pro Rege 1*, 44. 이를 탐구하던 카이퍼는 테일러의 '믿음의 조건들'과 유사한 개념을 다루었다. Charles Taylor, *A Secular Age* (Boston, MA: Belknap, 2007), 539-617를 보라. 찰스 테일러, 《세속의 시대》(새물결 역간)

6. Kuyper, *Pro Rege* 1, 3-12.

7. 이에 관한 카이퍼와 다양한 현대 철학자 및 신학자들 사이의 상호작용에 대한 탐구는 다음을 참고하라. James Eglinton, "Kuyper on Religion," in Joustra and Joustra, *Calvinism for a Secular Age*, 32-51. 자우스트라, 자우스트라 편집, 《세속 시대를 위한 칼뱅주의》(다함 역간)

8. Kuyper, *Pro Rege 1*, 41.

9. Kuyper, *Pro Rege 1*, 43.

10. 이 점에서 카이퍼의 논증은 현대 세속화된 사람들(신자와 비신자 모두)이 서로 다른 방식으로 파편화된 '교차 압박' 속의 삶을 살아가며, 비록 양상은 다를지라도 모두가 세속화의 영향 아래 있다고 보는 찰스 테일러의 최근 묘사와 그리 멀지 않다. 참고, Taylor, *A Secular Age*, 594-617. 테일러, 《세속의 시대》(새물결 역간)

11. 참고, Timothy Keller, *Center Church: Doing Balanced, Gospel-Centered Ministry in Your City* (Grand Rapids: Zondervan, 2012), 89-134. 팀 켈러, 《팀 켈러의 센터처치》(두란노 역간)

12. 참고, Glen Scrivener, *The Air We Breathe: How We All Came to Believe in Freedom, Kindness, and Equality* (Epson, UK: Good Book, 2022); Tom Holland, *Dominion: The Making of the Western Mind* (New York: Basic, 2019); Larry Siedentop, *Inventing the*

*Individual: The Origins of Western Liberalism* (Boston: Harvard University Press, 2014). 글렌 스크리브너, 《기독교, 우리가 숨 쉬는 공기》(IVP 역간); 톰 홀랜드, 《도미니언》(책과함께 역간); 래리 시덴톱, 《개인의 탄생》(부글북스 역간)

13. Keller, "Lemonade on the Porch (Part 1)."

14. Eglinton, "Lemonade on the Porch (Part 2)."

15. 물론 공적 예배를 드릴 때 '포치'의 요소들을 예전 안에 직접 통합하는 방식도 가능하다. 예를 들어 팀 켈러는 설교가 '포치'의 요소를 포함할 수 있다는 점을 인식하고 있었다. 즉 설교는 복음을 전하는 '동시에' 청중이 복음에 대해 보이는 초기 반응이 사실은 문화적으로 종속되고 국지화된 형태의 우상 숭배가 표현된 것임을 설명해 줄 수 있기 때문이다. Eglinton, "Lemonade on the Porch (Part 2)."

16. Keller, "Lemonade on the Porch (Part 1)."

## 13.
## 일상생활: 다양한 상황에서
## 복음으로 나아가는 대화법

1. C. S. Lewis, *Mere Christianity* (New York: Touchstone, 1980), 54. C. S.루이스, 《순전한 기독교》(홍성사 역간)

2. 문화는 자기만의 서사를 표현하기 위해 '텍스트'를 창조한다. 이러한 텍스트는 반드시 기록된 문자일 필요는 없다. 시, 패션, 예술, 노래, 정원, 건물, 스포츠, 헤어스타일, 영화 등 문화의 세계관을 표현하는 것이라면 무엇이든 텍스트가 될 수 있다. '문화적 텍스트'에 관한 더 자세한 내용은 다음을 참고하라. Kevin J. Vanhoozer, "What Is Everyday Theology? How and Why Christians Should Read Culture," in *Everyday Theology: How to Read Cultural Texts and Interpret Trends*, ed. Kevin J. Vanhoozer, Charles A. Anderson, and Michael J. Sleasman (Grand Rapids: Baker, 2007), 26.

3. 나에게 있어 실존적 외침이란 전도서 3장 11절에서 "하나님이 … 사람들에게는 영원을 사모하는 마음을 주셨느니라"에 암시된 바와 같이, 초월과 하나님과의 만남을 향한 하나님이 허락하신 정당한 부르짖음이다. 대니얼 스트레인지는 그의 책 *Making Faith Magnetic: Five Hidden Themes Our Culture Can't Stop Talking About … and How to Connect Them to Christ* (Epsom: Good Book, 2021)에서 이를 '자석처럼 붙는 포인트'(magnetic sticking point)라고 부른다.

## 결론
: 어둡고 차가운 시대,
소망 있는 십자가 앞으로

1. Byung-Chul Han, *The Crisis of Narration* (Hoboken, NJ: Polity, 2024), 16-17. 한병철, 《서사의 위기》(다산초당 역간)

2. Han, *Crisis of Narration*, 64. 한병철, 《서사의 위기》(다산초당 역간)

3. Michael Horton, *Shaman and Sage: The Roots of the "Spiritual but Not Religious" in Antiquity* (Grand Rapids: Eerdmans, 2024).

4. Heiko A. Oberman, *Luther: Man Between God and the Devil* (New Haven, CT: Yale University Press, 1982).

5. Jim Davis and Michael Graham, with Ryan Burge, *The Great Dechurching: Who's Leaving, Why Are They Going, and What Will It Take to Bring Them Back?* (Grand Rapids: Zondervan Reflective, 2023). 짐 데이비스, 마이클 그레이엄, 라이언 버지, 《탈기독교시대 교회》(두란노 역간)

6. Alec Ryrie, *Unbelievers: An Emotional History of Doubt* (Cambridge, MA: Belknap, 2019).

7. Richard Flanagan, *The Narrow Road to the Deep North* (New York: Vintage, 2013), 353. 리처드 프래너건, 《먼 북으로 가는 좁은 길》(문학동네 역간)

8. Flanagan, *Narrow Road to the Deep North*, 352. 프래너건, 《먼 북으로 가는 좁은 길》(문학동네 역간)

9. Laura Hillenbrand, *Unbroken: A World War II Story of Survival, Resilience, and Redemption* (New York: Random House, 2010). 로라 힐렌브랜드, 《언브로큰》(21세기북스 역간)

## 샘 찬(Sam Chan)

트리니티 복음주의 신학대학원에서 박사 학위를 받았다. 시티 바이블 포럼(City Bible Forum) 산하 기관인 EvQ 전도 학교의 수석 트레이너 겸 멘토다. 타 기독교 문화권의 복음 전도에 대해 전 세계를 다니며 강연한다. 특히 고등학생, 직장인, 변호사, 의사, 대학생들에게 복음을 전하고 있다. *Evangelism in a Skeptical World*(회의적인 세상에서 복음 전하기) 저자이며, EspressoTheology.com에서 블로그를 운영한다.

## 조슈아 D. 채트로우(Joshua D. Chatraw)

샘포드 대학교 비슨 신학대학원의 빌리 그레이엄 전도 및 문화 참여 석좌교수. 저서로는 《십자가 중심 변증학》(공저), *The Augustine Way*(아우구스티누스의 길), *Surprised by Doubt*(회의에 놀라다), *Telling a Better Story*(더 나은 이야기 들려주기) 등이 있다. 켈러문화변증센터의 창립 연구원이자 목회자–신학자센터(the Center for Pastor Theologians) 연구원으로 활동한다.

## 제임스 P. 에글린턴(James P. Eglinton)

에든버러 대학교에서 박사 학위를 받았으며, 에든버러 대학교 개혁신학 멜드럼 시니어 교수로 재직 중이다. 저서로 《바빙크》, *Trinity and Organism*(삼위일체와 유기체)이 있다. 《헤르만 바빙크의 설교론》을 편집 및 번역했으며, *Christian Worldview*(기독교 세계관), *Neo-Calvinism and the French Revolution*(신칼뱅주의와 프랑스 혁명) 등을 공편했다. 〈크리스채너티 투데이〉, 〈더 타임스〉, 〈더 헤럴드〉, 〈네덜란드 다흐블라트〉, ABC(호주 방송 협회) 등 유수의 매체에 기고하고 있다.

## 스카일러 R. 플라워즈(Skyler R. Flowers)

미시시피주 옥스퍼드에 위치한 그레이스바이블교회의 협동 목사이며, 켈러문화변증센터의 프로그램 부(副)디렉터다. 플로리다 올랜도의 리폼드 신학교에서 목회학 석사 학위를 받았고, 현재 애버딘 대학교에서 박사 과정을 밟고 있다.

## 레이첼 길슨(Rachel Gilson)

크루(Cru, CCC[Campus Crusade for Christ]의 새 이름 — 옮긴이)의 신학 발전 및 문화 리더십 팀에서 섬기고 있다. 저서로 *Born Again This Way*(이 방식으로 거듭나다), *Parenting Without Panic in an LGBT-Affirming World*(LGBT를 긍정하는 세상에서 패닉 없이 육아하기)가 있다. 고든콘웰 신학교(MDiv)에서 공부했으며, 현재 사우스이스턴 침례신학교에서 공공신학 박사 과정을 밟고 있다.

## 콜린 핸슨(Collin Hansen)

가스펠코얼리션(The Gospel Coalition) 콘텐츠 부대표 및 편집장이며, 켈러문화변증센터 실행이사다. 팟캐스트 가스펠바운드(Gospelbound)를 진행하며, 《하나님의 사람, 팀 켈러》, 《교회의 재발견》을 포함해서 다수의 책을 저술하거나 편집했다. 〈뉴욕 타임스〉, 〈워싱턴 포스트〉 등에 기고했으며 CNN, Fox News, NPR, BBC, ABC News 등 주요 방송에서 논평가로 활동했다. 비슨 신학대학원 겸임교수이자 자문위원회 공동의장을 맡고 있다.

## 레베카 맥러플린(Rebecca McLaughlin)

케임브리지 대학교에서 르네상스 문학 박사 학위를, 런던 오크 힐 칼리지에서 신학 및 목회학 학위를 받았다. 〈크리스채너티 투데이〉 '2020 올해의 책'으로 선정된 《기독교가 직면한 12가지 질문》 외에, 《교회, 꼭 다녀야 하나요?》, 《예수님의 부활, 믿을 수 있나요?》, 《하나님 없이도 잘 살 수 있지 않나요?》 등의 저서가 있다.

## 이반 메사(Ivan Mesa)

남침례 신학교에서 박사 학위를 받았으며, 가스펠코얼리션의 편집국장이다. *Before You Lose Your Faith*(믿음을 잃기 전에)를 편집했고, *Scrolling Ourselves to Death*(스크롤하다 죽음에 이르기) 등을 공편했다.

## 앨런 노블(Alan Noble)

베일러 대학교에서 박사 학위를 받았으며, 오클라호마 침례 대학교 영문학 부교수다. 〈디 애틀랜틱〉(*The Atlantic*), 복스(Vox), 버즈피드(BuzzFeed), TGC(The Gospel Coalition), 〈크리스채너티 투데이〉, 〈퍼스트 싱즈〉(*First Things*) 등에 기고하고 있으며, 저서로는《나는 내 것이 아니다》, *Disruptive Witness*(방해하는 증인) 등이 있다.

## 개빈 오틀런드(Gavin Ortlund)

풀러 신학교에서 박사 학위를 받았으며, 트루스 유나이츠(Truth Unites) 대표이자 내슈빌 임마누엘교회 상주 신학자다. 피닉스 신학교 역사신학 객원교수로 있으며,《겸손, 나를 내려놓는 기쁨》, *Why God Makes Sense in a World That Doesn't*(이해할 수 없는 세상에서 왜 하나님은 해답이 되시는가) 등 여러 책을 썼다.

## 데릭 리슈마위(Derek Rishmawy)

트리니티 복음주의 신학대학원에서 박사 학위를 받았으며, 캘리포니아 대학교 어바인(UCI)에서 RUF(Reformed University Fellowship) 캠퍼스 사역자로 섬기고 있다.

## 대니얼 스트레인지(Daniel Strange)

브리스톨 대학교에서 박사 학위를 받았으며, 문화 참여 센터인 크로스랜즈 포럼(Crosslands Forum) 디렉터다. 런던 프로젝트(City to City)의 신학 리더십을 맡고 있다. 남침례 신학교 객원교수이며, 켈러문화변증센터 연구원이다.《복음과 문화 사이》,《도시를 품는 센터처치》(공저), *Their Rock Is Not Like Our Rock:*

*A Theology of Religions*(그들의 반석은 우리의 반석과 다르다: 종교신학), *Making Faith Magnetic*(복음의 매력에 빠지게 하다)의 저자이며, 〈테멜리오스〉(*Themelios*) 편집위원이다.

## N. 그레이 수탄토(N. Gray Sutanto)

에든버러 대학교에서 박사 학위를 받았으며, 워싱턴 DC 리폼드 신학교 조직신학 부교수다. *God and Knowledge*(하나님과 지식), *God and Humanity*(하나님과 인류) 저자이며, *Neo-Calvinism*(신칼뱅주의) 공저자다. 헤르만 바빙크의 *Christian Worldview*(기독교 세계관)를 공동 번역했다. 국제장로교회(International Presbyterian Church) 안수 목사다.

## 밥 튠(Bob Thune)

리폼드 신학교에서 석사 학위를 받았으며, 네브래스카주 오마하에 있는 코람데오교회 설립자이자 담임 목사다. *Gospel Eldership*(복음적 장로직)과 *Gospel Training for Deacons*(집사를 위한 복음 훈련)를 썼으며, *The Gospel-Centered Life*(복음 중심의 삶)과 *The Gospel-Centered Community*(복음 중심의 공동체) 공저자다. 팟캐스트 '데일리 리터지'(The Daily Liturgy)를 운영한다. 목회와 저술 활동 외에도 인문 교양과 기독교 세계관을 함께 가르치는 학교의 운영을 돕고 있으며 교회 지도자를 교육하고 가스펠코얼리션 이사로도 섬긴다.

## 크리스토퍼 왓킨(Christopher Watkin)

호주 멜버른 모나쉬 대학교, 프랑스 및 프랑스어권 연구 부교수다. 저서로는 《성경적 비판 이론》, *Difficult Atheism*(까다로운 무신론) 등이 있다. 그의 강연과 인터뷰는 thinkingthroughthebible.com에서 확인할 수 있으며, 엑스(X, 구 트위터) 계정 (DrChrisWatkin)을 통해서도 소통할 수 있다.

**트레빈 왁스**(Trevin Wax)

북미선교부 리소스 및 마케팅 부대표이며 시더빌 대학교 객원교수다. 루마니아 선교사 출신으로 가스펠코얼리션 정기 칼럼니스트이며, 〈워싱턴 포스트〉, 〈월드〉, 〈크리스채너티 투데이〉 등에 기고하고 있다. 휘튼 칼리지에서 선교와 사역에 대해 가르쳤고 옥스퍼드 대학교에서 기독교와 문화에 대해 강연했다. 〈가스펠 프로젝트〉 창립 편집자이자 *Christian Standard Bible*(기독교 표준 성경) 발행인으로 일했으며, 현재 켈러문화변증센터 연구원이다.《디스 이즈 아워 타임: 우리 시대의 진면목》,《일그러진 복음》,《우리 시대의 6가지 우상》등 많은 책을 썼다. 팟캐스트(Reconstructing Faith)도 진행한다.